南紀・熊野古道

白浜・高野山・伊勢神宮

MAP

録 街歩き地図

南紀・熊野古道
浜・高野山・伊勢神宮

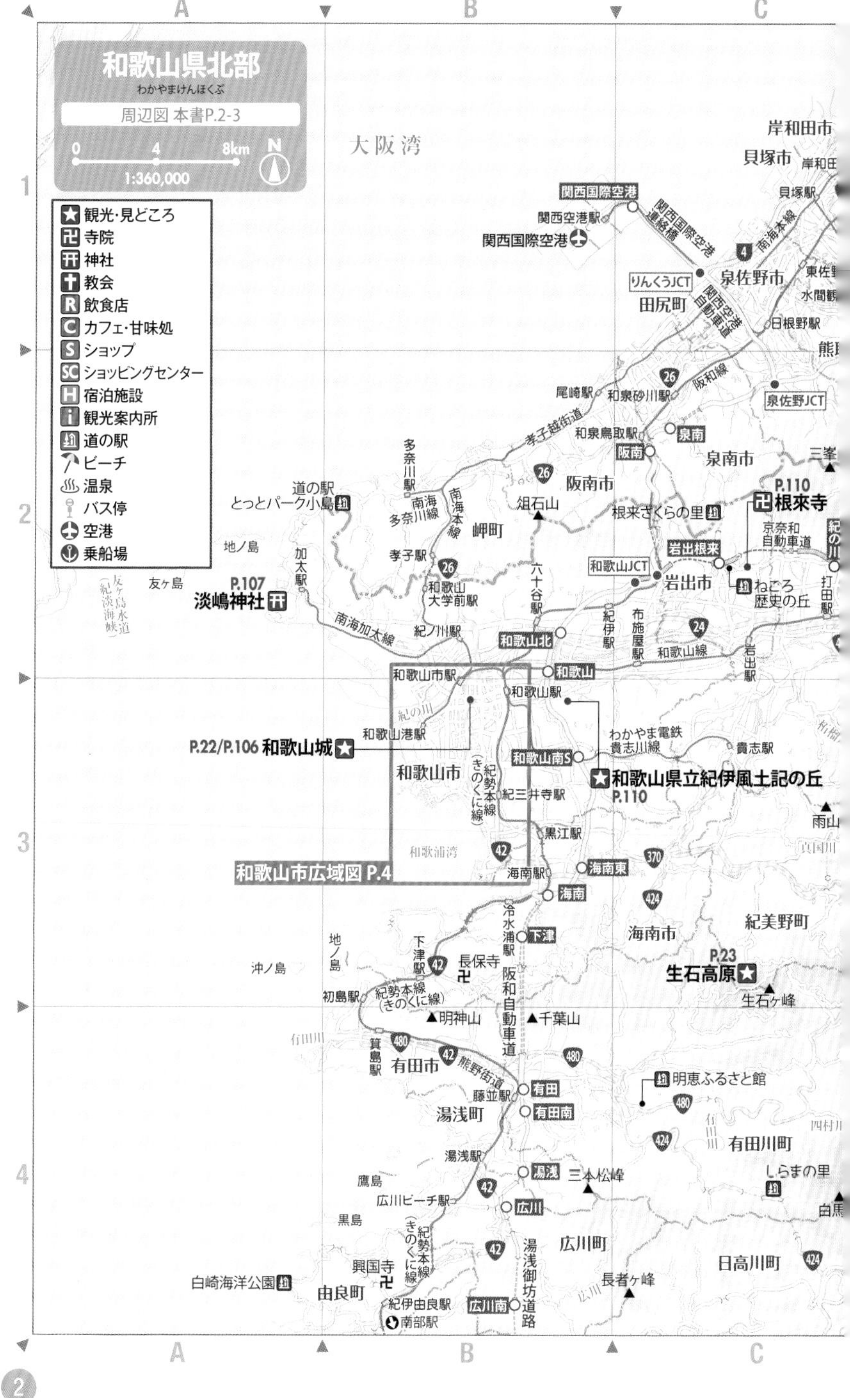

和歌山県北部
わかやまけんほくぶ
周辺図 本書P.2-3
1:360,000
観光·見どころ
寺院
神社
教会
飲食店
カフェ·甘味処
ショップ
ショッピングセンター
宿泊施設
観光案内所
道の駅
ビーチ
温泉
バス停
空港
乗船場
大阪湾
岸和田市
貝塚市
関西国際空港
関西空港駅
関西国際空港連絡橋
泉佐野市
田尻町
りんくうJCT
関西空港自動車道
阪和線
泉佐野JCT
尾崎駅
和泉砂川駅
孝子越街道
和泉鳥取駅
阪南
泉南
泉南市
阪南市
多奈川駅
南海多奈川線
南海本線
岬町
俎石山
道の駅 とっとパーク小島
P.110 根來寺
根来さくらの里
京奈和自動車道
岩出根来
和歌山JCT
岩出市
ねごろ歴史の丘
打田駅
地ノ島
友ヶ島
友ヶ島水道(紀淡海峡)
加太駅
孝子駅
和歌山大学前駅
六十谷駅
P.107 淡嶋神社
南海加太線
紀ノ川駅
和歌山北
紀伊駅
布施屋駅
和歌山線
岩出駅
和歌山
和歌山市駅
和歌山駅
紀の川
和歌山港駅
P.22/P.106 和歌山城
わかやま電鉄貴志川線
貴志駅
和歌山南S
和歌山県立紀伊風土記の丘 P.110
和歌山市
紀勢本線(きのくに線)
紀三井寺駅
黒江駅
和歌浦湾
和歌山市広域図 P.4
海南駅
海南東
海南
冷水浦駅
下津
海南市
紀美野町
地ノ島
沖ノ島
下津駅
長保寺
阪和自動車道
P.23 生石高原
生石ヶ峰
初島駅
紀勢本線(きのくに線)
明神山
千葉山
箕島駅
有田市
熊野街道
有田
藤並駅
有田南
湯浅町
明恵ふるさと館
有田川町
湯浅駅
湯浅
三本松峰
鷹島
広川ビーチ駅
広川
しらまの里
黒島
紀勢本線(きのくに線)
湯浅御坊道路
広川町
日高川町
興国寺
長者ヶ峰
白崎海洋公園
由良町
紀伊由良駅
広川南
南部駅

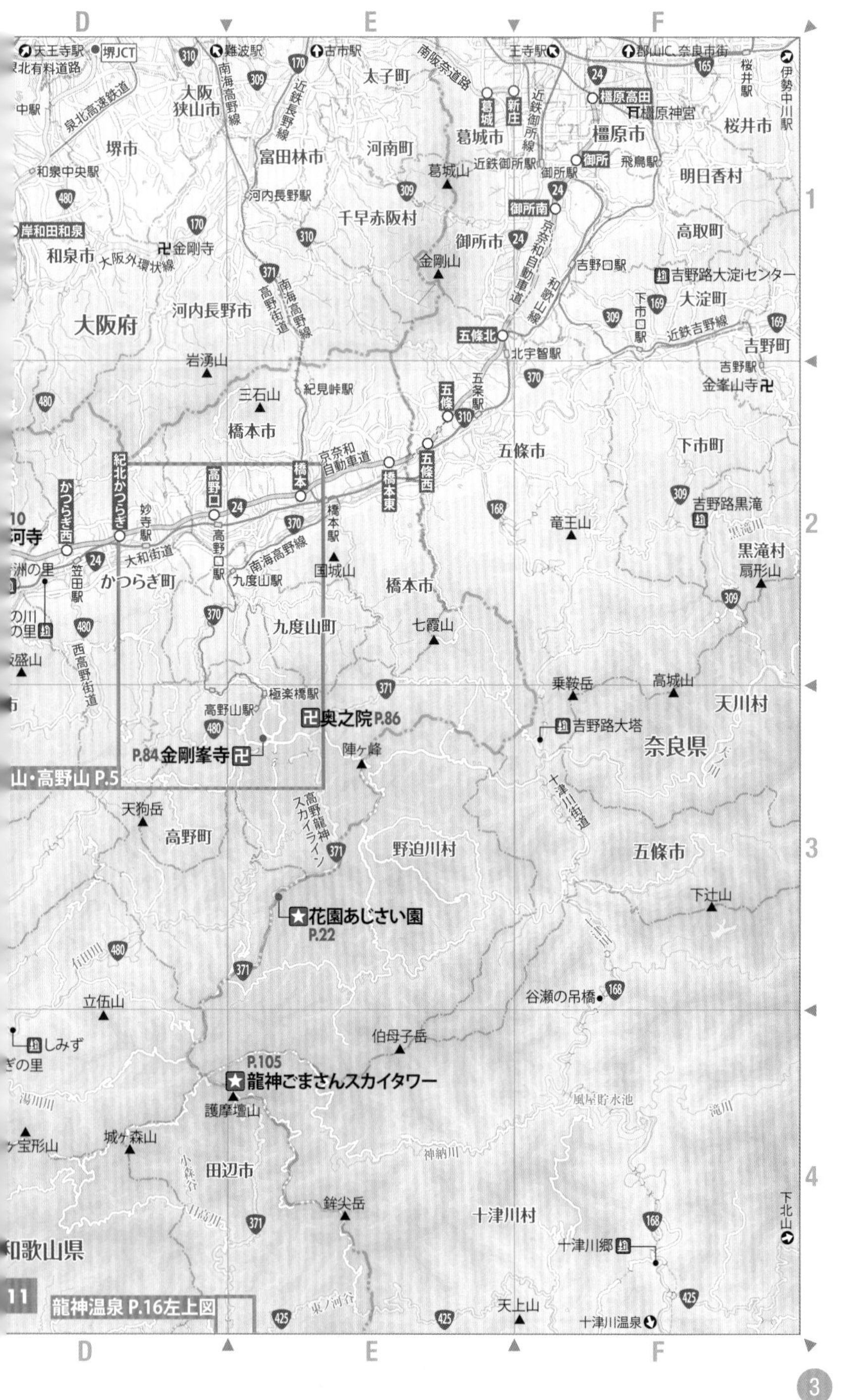
D
E
F
1
2
3
4
天王寺駅
堺JCT
難波駅
古市駅
南阪奈道路
王寺駅
郡山IC、奈良市街
伊勢中川駅
泉北有料道路
南海高野線
近鉄長野線
太子町
葛城
新庄
近鉄御所線
橿原高田
橿原神宮
桜井駅
大阪狭山市
泉北高速鉄道
葛城市
橿原市
桜井市
堺市
富田林市
河南町
葛城山
近鉄御所駅
御所
飛鳥駅
和泉中央駅
御所駅
明日香村
河内長野駅
千早赤阪村
御所南
岸和田和泉
京奈和自動車道
高取町
和泉市
金剛寺
御所市
大阪外環状線
金剛山
吉野口駅
吉野路大淀iセンター
高野街道
和歌山線
下市口駅
大淀町
河内長野市
大阪府
五條北
近鉄吉野線
吉野町
北宇智駅
岩湧山
吉野駅
五条駅
金峯山寺
三石山
紀見峠駅
五條
橋本市
京奈和自動車道
五條市
下市町
紀北かつらぎ
高野口
橋本
橋本東
五條西
かつらぎ西
妙寺駅
橋本駅
吉野路黒滝
竜王山
黒滝川
河寺
大和街道
高野口駅
南海高野線
国城山
黒滝村
扇形山
笠田駅
かつらぎ町
九度山駅
橋本市
九度山町
七霞山
西高野街道
極楽橋駅
乗鞍岳
高城山
天川村
高野山駅
奥之院 P.86
吉野路大塔
P.84 金剛峯寺
陣ヶ峰
奈良県
山・高野山 P.5
高野龍神スカイライン
十津川街道
天狗岳
高野町
野迫川村
五條市
下辻山
花園あじさい園
P.22
有田川
谷瀬の吊橋
立伍山
伯母子岳
しみず
P.105
龍神ごまさんスカイタワー
湯川川
護摩壇山
風屋貯水池
滝川
城ヶ森山
神納川
田辺市
小森谷
鉾尖岳
十津川村
下北山
日高川
和歌山県
十津川郷
11
龍神温泉 P.16左上図
東ノ河谷
天上山
十津川温泉

和歌山市広域図
わかやましこういきず
周辺図 P.2-3
1:60,000
和歌山城 P.22/P.106
和歌山県立近代美術館 P.107
和歌山市中心部 P.6上図
紀州東照宮 P.109
雑賀崎 P.110
P.110 万葉館
P.160 シーサイド観潮
P.165 萬波 MANPA RESORT
紀三井寺 P.107
P.107 和歌山マリーナシティ
和歌山市駅
和歌山駅
紀和駅
難波駅
和歌山港駅
宮前駅
紀三井寺駅
田中口駅
南海フェリー
フェリー発着所
和歌山市役所
和歌山県庁
ぶらくり丁
ガーデンパーク和歌山
南海マリーナ
新日鐵住金和歌山製鉄所
紀の川
和歌浦湾
和歌山市
海南市
和歌山県立自然博物館
温山荘園
マリーナシティ海釣り公園

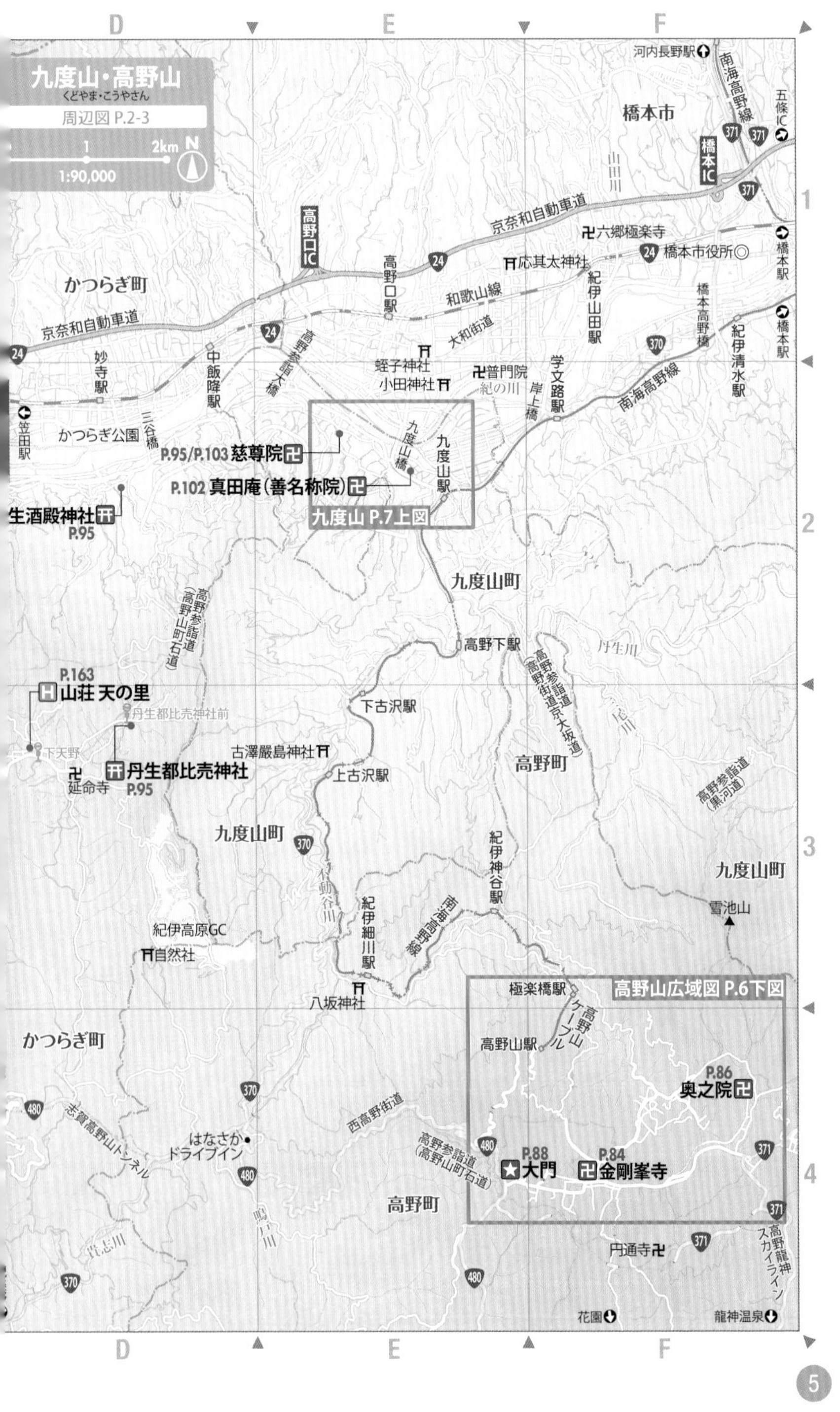

九度山・高野山
くどやま・こうやさん
周辺図 P.2-3
1:90,000
河内長野駅
南海高野線
五條IC
橋本市
橋本IC
京奈和自動車道
六郷極楽寺
橋本市役所
応其太神社
紀伊山田駅
高野口IC
高野口駅
和歌山線
かつらぎ町
京奈和自動車道
大和街道
橋本高野橋
紀伊清水駅
橋本駅
高野参詣大橋
蛭子神社
小田神社
普門院
紀の川
学文路駅
岸上橋
南海高野線
妙寺駅
中飯降駅
笠田駅
かつらぎ公園
三谷橋
九度山橋
九度山駅
P.95/P.103 慈尊院
P.102 真田庵（善名称院）
生酒殿神社 P.95
九度山 P.7上図
九度山町
高野参詣道（高野山町石道）
高野下駅
高野参詣道（高野街道京大坂道）
丹生川
P.163 山荘 天の里
丹生都比売神社前
下天野
下古沢駅
古澤嚴島神社
延命寺
丹生都比売神社 P.95
上古沢駅
高野町
高野参詣道（黒河道）
九度山町
紀伊神谷駅
九度山町
雪池山
不動谷川
紀伊細川駅
南海高野線
紀伊高原GC
自然社
八坂神社
極楽橋駅
高野山広域図 P.6下図
高野山ケーブル
かつらぎ町
高野山駅
P.86 奥之院
志賀高野山トンネル
西高野街道
はなさかドライブイン
高野参詣道（高野山町石道）
P.88 大門
P.84 金剛峯寺
高野町
鳴谷川
貴志川
円通寺
高野龍神スカイライン
花園
龍神温泉

和歌山市中心部
わかやましちゅうしんぶ
周辺図 P.4
1:25,000
難波駅
南海本線
紀勢本線
和歌山市駅
南海和歌山港線
和歌山市立博物館
和歌山港駅
和歌山市立こども科学館
北大通り
本願寺鷺森別院
伏虎義務教育学校
ぶらくり丁
和歌山市
築地通り
大新通り
本町公園
城北通り
北新橋西詰
慈光圓福院
県立体育館
大門川
コーナン
阪和線
北大通り
宮北小
吉田
シティinn
紀勢本線（和歌山線）
大新小
大新公園
グランヴィア和歌山
けやき大通り
和歌山駅前
紀勢本線（きのくに線）
P.165 ドーミーイン PREMIUM 和歌山
ダイワロイネットホテル和歌山 P.165
和歌山市役所
妙慶寺
西汀丁
坊主丁
城東中
公園前
三木町
和歌山気象台
わかやま歴史館
和歌山市観光案内所
西之丸庭園（紅葉渓庭園）
和歌山信愛高・中
P.107 井出商店
和歌川
大立寺
光泉寺
田中町
和歌山城 P.22/P.106
国体道路
新南小
屋形町
三年坂通り
大橋西詰
和歌山県庁
県庁前
広瀬小
紀三井寺駅
県民文化会館
和歌山県立近代美術館 P.107
和歌山県立博物館 P.110
アバローム紀の国
和歌山大附属小
コーナン
屋形通り
中央通り
NHK
和歌山大附属中
珊瑚寺
寺町通り
宇治
鈴丸丁
高野山広域図
こうやさんこういきず
周辺図 P.5
1:35,000
九度山駅
極楽橋駅
高野山ケーブル
高野参詣道（高野街道京大坂道）
高野町
高野山駅
南海りんかんバス専用道路
清不動堂
高野山森林公園
奥之院 P.86
高野山中心部 P.8-9
弁天岳
女人堂 P.89
参道
奥の院前
西高野街道
P.23/P.80 壇上伽藍
金剛峯寺 P.84
大門 P.88
千手院橋
一の橋
玉川旅館
天風てらす P.26
高野龍神スカイライン
高野参詣道（女人道）
大門南駐車場
高野山霊宝館 P.88

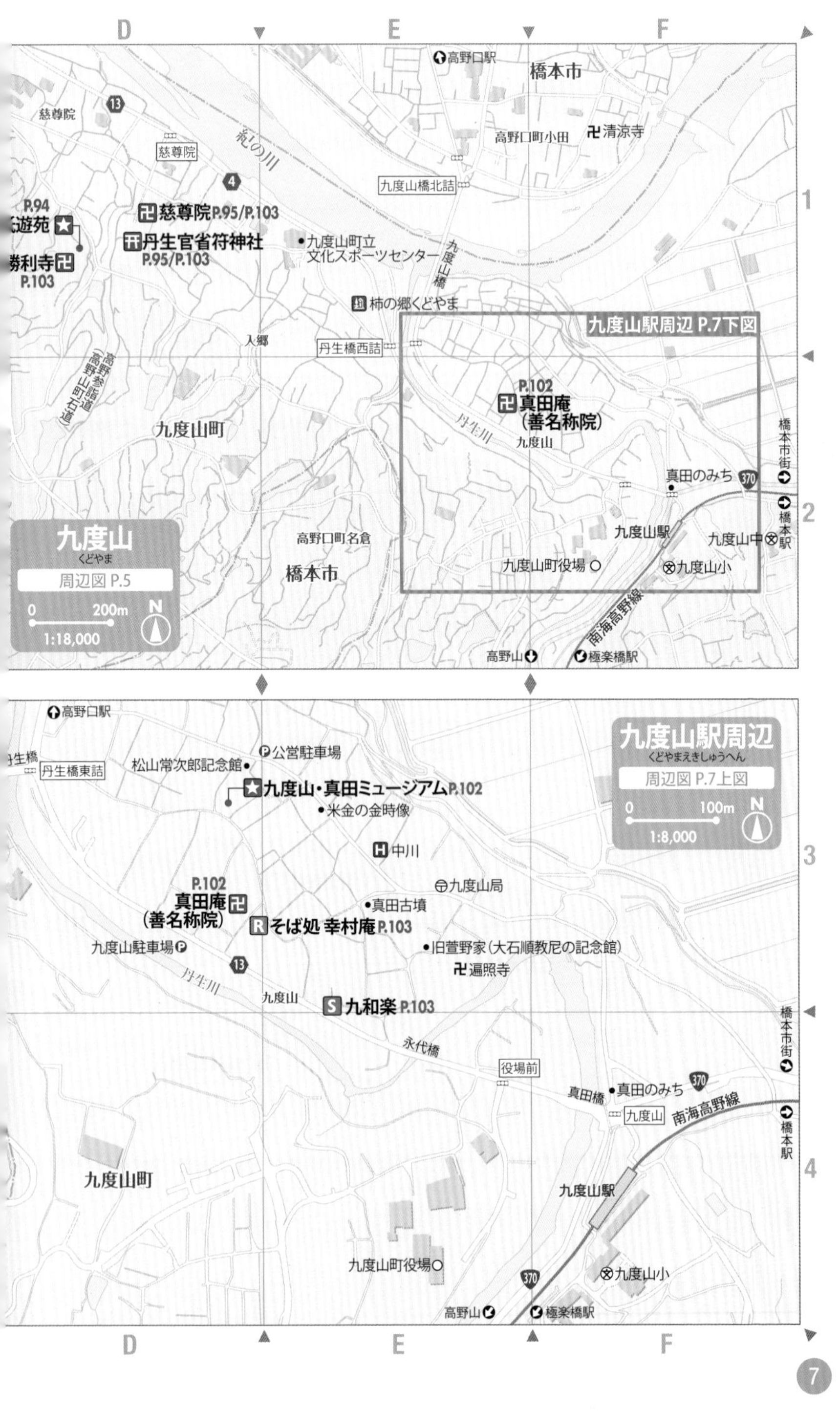

D
E
F
1
2
3
4
橋本市
高野口駅
清涼寺
高野口町小田
慈尊院
紀の川
九度山橋北詰
P.94
遊苑
勝利寺
P.103
慈尊院 P.95/P.103
丹生官省符神社
P.95/P.103
九度山町立
文化スポーツセンター
九度山橋
柿の郷くどやま
九度山駅周辺 P.7下図
入郷
丹生橋西詰
高野参詣道（高野山町石道）
P.102
真田庵
（善名称院）
丹生川
九度山
九度山町
真田のみち
橋本市街
橋本駅
九度山駅
九度山中
高野口町名倉
橋本市
九度山町役場
九度山小
南海高野線
高野山
極楽橋駅
九度山
くどやま
周辺図 P.5
0
200m
1:18,000
N
高野口駅
丹生橋
丹生橋東詰
松山常次郎記念館
公営駐車場
九度山・真田ミュージアム P.102
米金の金時像
中川
九度山駅周辺
くどやまえきしゅうへん
周辺図 P.7上図
0
100m
1:8,000
九度山局
真田古墳
P.102
真田庵
（善名称院）
そば処 幸村庵 P.103
九度山駐車場
旧萱野家（大石順教尼の記念館）
遍照寺
九度山
九和楽 P.103
永代橋
役場前
真田橋
真田のみち
九度山
南海高野線
九度山町
九度山駅
九度山町役場
九度山小
高野山
極楽橋駅

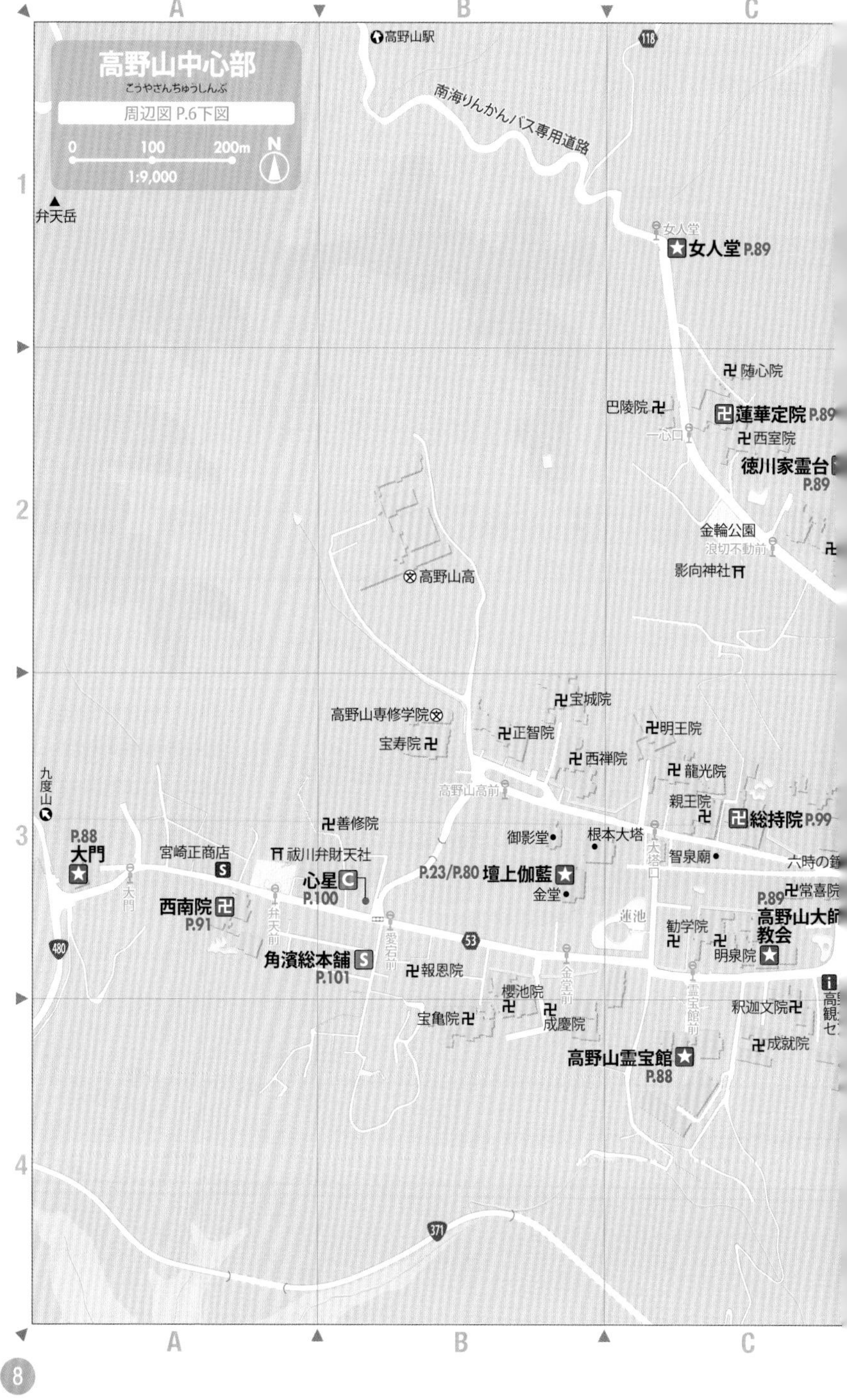

高野山中心部
こうやさんちゅうしんぶ
周辺図 P.6下図
0 100 200m
1:9,000
N
高野山駅
118
南海りんかんバス専用道路
弁天岳
女人堂
女人堂 P.89
随心院
巴陵院
蓮華定院 P.89
一心口
西室院
徳川家霊台
P.89
金輪公園
浪切不動前
影向神社
高野山高
宝城院
高野山専修学院
正智院
明王院
宝寿院
西禅院
龍光院
九度山
高野山高前
親王院
総持院 P.99
善修院
御影堂
根本大塔
P.88
大門
宮崎正商店
祓川弁財天社
大塔口
智泉廟
六時の鐘
心星
P.100
P.23/P.80 壇上伽藍
金堂
常喜院
大門
西南院
P.91
弁天前
蓮池
P.89
高野山大師教会
勧学院
480
53
明泉院
角濱総本舗
P.101
愛宕前
報恩院
金堂前
櫻池院
霊宝館前
釈迦文院
宝亀院
成慶院
成就院
高野山霊宝館
P.88
371
A
B
C
1
2
3
4

D
E
F
高野山
高野町
⊗高野山中
高野山中前
1
転軸山
森林公園
鷲谷御子大明神社
卍光台院
鷲谷
2
善 本店 P.101
青巌寺卍
卍龍泉院
高野山総合診療所
卍泰雲院
高野町役場
P.90
高野山温泉 福智院
清涼院卍
卍本覚院
高野警察前
本王院卍
卍無量光院
P.99
一乗院
卍普門院
峯寺
P.99
央食堂さんぼう
卍普賢院
燈籠堂
P.100 光海珈琲
一の橋
C 梵恩舎 P.100
P.79
P.101 高野山大師堂
清浄心院卍
3
蓮花院卍
高野山宿坊協会 中央案内所
三宝院卍
赤松院
千手院橋（西）
卍高室院
の橋口
千手院橋
千手院橋（東）
大円院卍
卍成福院
遍照光院卍 地蔵院卍
熊谷寺
屋
小田原通り
蓮花谷
苅萱堂前
53
P.101
高野局
R 花菱
小田原通り
卍持明院
苅萱堂
恵光院 P.91
数屋四郎兵衛
卍西門院
北室院
P.89
P.98
P.79
安養院
S みろく石本舗 かさ國 P.101
密厳院卍
高野山宿坊協会
⊗高野山大
上池院卍
大明王院卍
一の橋案内所
高野館
濱田屋
卍光明院
不動院 P.90
熊野古道小辺路
⊗高野山小
高野山会館
4
金剛三昧院
P.89/P.91

和歌山県南部
わかやまけんなんぶ
周辺図 本書P.2-3
1:360,000
P.2-3
P.104 龍神温泉 元湯
龍神温泉 P.16左
P.133 紀州備長炭振興館
P.132 南部梅林
P.132/P.135 紀州梅干館
P.128 闘雞神社
P.21/P.117 白良浜
P.115/P.118 アドベンチャーワールド
南紀白浜空港
みなべ・田辺・白浜 P.12
P.126 恋人岬(婦夫
すさみ P.22-23下図
太平洋
和歌山駅
広川IC
長者ヶ峰
広川町
紀伊由良駅
湯浅御坊道路
SanPin中津
日高町
日高川町
清冷山
紀伊内原駅
道成寺
御坊市
美浜町
和佐駅
西御坊駅
真妻山
水の郷日高川 龍游
行者山
稲原駅
印南町
高城山
印南駅
紀勢本線(きのくに線)
みなべ町
阪和自動車道
田辺市
切目駅
切目崎
岩代駅
南部駅
槇山
芳養駅
紀伊田辺駅
紀伊新庄駅
ふるさと 大塔
麦粉森山
田辺湾
朝来駅
上富田町
白浜駅
紀伊富田駅
白浜町
塩津山
椿駅
紀伊日置駅
志原海岸
周参見駅

D
E
F
1
2
3
4
奈良県
和歌山県
十津川村
北山村
天上山
五條
下北山
五郷
P.26
十津川温泉
玉置山
玉置神社
おくとろ
P.69 北山川観光筏下り
熊野市
冷水山
新宮市
P.24/P.69 丸山千枚田
熊野・板屋九郎兵衛の里
熊野市街
中辺路・熊野本宮 P.16-17下図
和歌山県
一族山
熊野街道
高尾山
P.32 熊野本宮大社
御浜町
三重県
近露王子
熊野古道中辺路
P.131 引作の大楠
子ノ泊山
熊野市駅
野竹法師
紀宝町
P.50 熊野川川舟センター
紀宝町ウミガメ公園
白見山
紀伊井田駅
新宮・那智勝浦・太地 P.19
法師山
大塔山
新宮市
足郷山
新宮駅
鵜殿駅
P.36/P.64 熊野速玉大社
紀伊半島
烏帽子山
新宮南
三輪崎駅
峯山
紀伊佐野駅
那智の滝
大森山
P.40/P.72 熊野那智大社
宇久井駅
那智勝浦町
那智勝浦
那智駅
那智湾
笠置山
紀伊天満駅
保天美山
紀伊勝浦駅
那智勝浦新宮道路
森浦湾
湯川駅
瀧之拝太郎
太地町立くじらの博物館 P.140
古座川町
鳥屋ノ森山
太地駅
下里駅
洞山
八郎山
太地町
紀伊浦神駅
紀勢本線（きのくに線）
古座川峡 一枚岩 P.136
峯ノ山
紀伊田原駅
虫喰岩
田原海岸 P.25
すさみ南
紀勢本線（きのくに線）
串本町
古座駅
江住駅
田子駅
和深駅
熊野街道
田並駅
田の崎
紀伊姫駅
橋杭岩 P.25/P.136
串本駅
紀伊大島
P.21/P.138 潮岬
串本 P.23上図

印南町
みなべ町
龍神
南部川
紀州石神田辺梅林
P.129
印南IC
黒潮フルーツライン
阪和自動車道
紀州備長炭記念公園
竜神山
芳養川
御坊
P.132 南部梅林
みなべIC
奇絶峡
右会津川
高尾山
印南駅
岩代駅
南部駅
田辺市
P.132/P.135 紀州梅干館
南部湾
紀勢本線（きのくに線）
みなべ P.14上図
田辺 P.13上図
芳養駅
南紀田辺IC
田辺スポーツパーク
紀伊田辺駅
P.130 南方熊楠顕彰館
P.128 天神崎
闘雞神社 P.128
紀伊新庄駅
高畑山
田辺湾
救馬溪観音
上富田町
P.131 神島
上富田IC
P.166 ホテルハーヴェスト南紀田辺
朝来駅
南紀白浜GC
P.114
とれとれPARK
くちくまの
P.21/P.117
白良浜
白浜駅
P.116
三段壁
南紀白浜空港
アドベンチャーワールド P.115/P.118
白浜広域図 P.14下図
紀伊富田駅
南紀白浜IC
白浜町
富田川
熊野街道
塩津山
紀勢自動車道
みなべ・田辺・白浜
みなべ・たなべ・しらはま
周辺図 P.10-11
0 1.5 3km
1:160,000
N
P.161 海椿葉山
椿駅
米山
椿温泉
椿はなの湯
紀勢本線（きのくに線）
周参見駅
すさみ
日置川IC

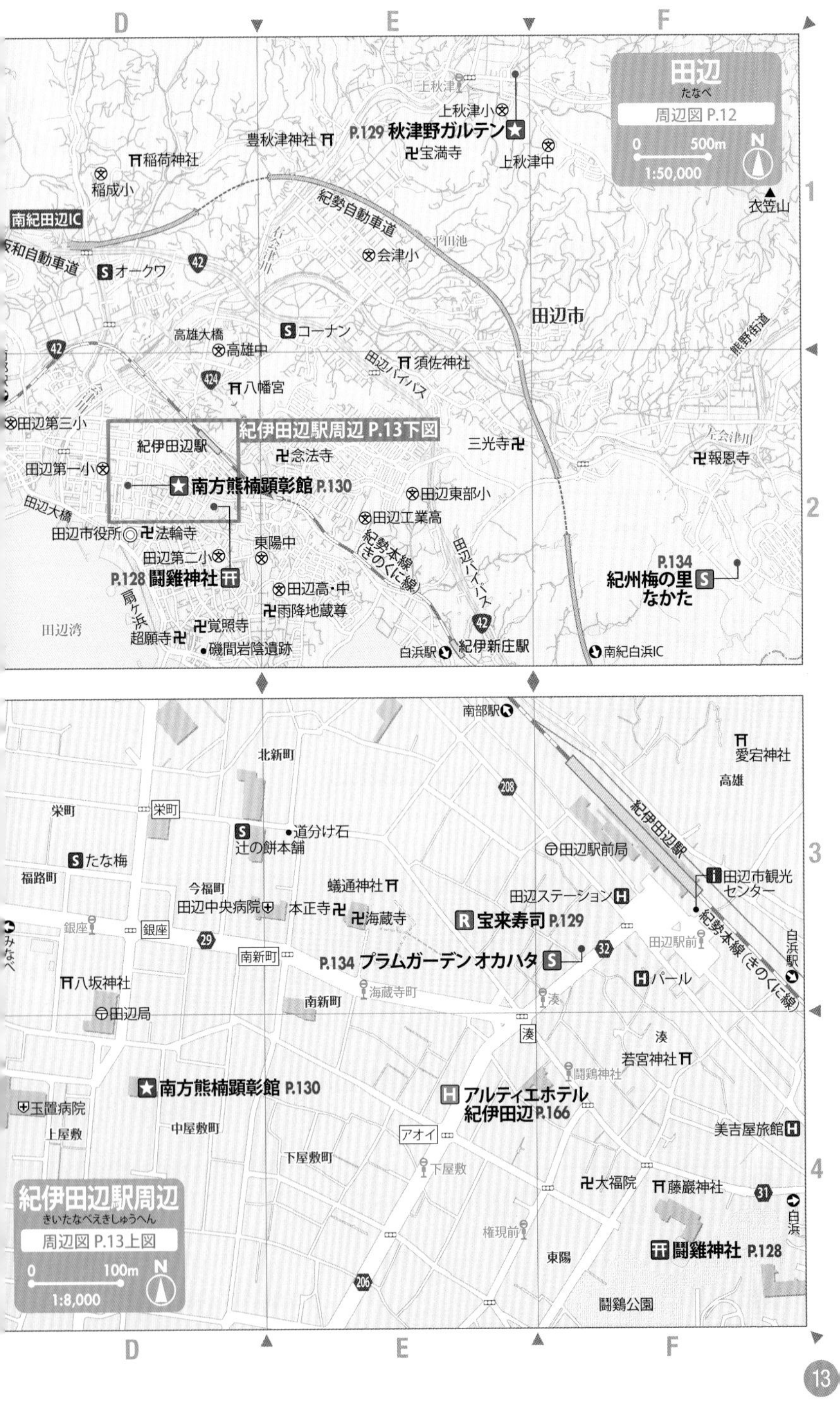

田辺
たなべ
周辺図 P.12
1:50,000
上秋津小
P.129 秋津野ガルテン
宝満寺
上秋津中
豊秋津神社
稲荷神社
稲成小
衣笠山
南紀田辺IC
阪和自動車道
紀勢自動車道
オークワ
会津小
田辺市
コーナン
高雄大橋
高雄中
須佐神社
田辺バイパス
八幡宮
熊野街道
田辺第三小
紀伊田辺駅周辺 P.13下図
紀伊田辺駅
三光寺
念法寺
報恩寺
田辺第一小
南方熊楠顕彰館 P.130
田辺東部小
田辺大橋
田辺工業高
田辺市役所
法輪寺
田辺第二小
東陽中
紀勢本線（きのくに線）
P.134
紀州梅の里 なかた
P.128 闘雞神社
田辺高・中
雨降地蔵尊
扇ヶ浜
田辺湾
覚照寺
超願寺
磯間岩陰遺跡
白浜駅
紀伊新庄駅
南紀白浜IC
南部駅
北新町
愛宕神社
高雄
栄町
道分け石
辻の餅本舗
たな梅
田辺駅前局
紀伊田辺駅
田辺市観光センター
福路町
今福町
蟻通神社
田辺ステーション
田辺中央病院
本正寺
海蔵寺
宝来寿司 P.129
銀座
みなべ
南新町
P.134 プラムガーデン オカハタ
田辺駅前
白浜駅
八坂神社
海蔵寺町
湊
パール
田辺局
若宮神社
闘鶏神社
南方熊楠顕彰館 P.130
アルティエホテル 紀伊田辺 P.166
玉置病院
上屋敷
中屋敷町
アオイ
美吉屋旅館
下屋敷町
下屋敷
大福院
藤巖神社
白浜
紀伊田辺駅周辺
きいたなべえきしゅうへん
周辺図 P.13上図
1:8,000
権現前
東陽
闘雞神社 P.128
闘鶏公園

みなべ
周辺図 P.12
1:50,000
P.132 みなべうめ振興館
南部梅林
ぷらむ工房 P.135
紀州梅干館
P.132/P.135
千里の浜 P.133
HOTEL & RESORTS WAKAYAMA MINABE
P.166
P.133 Café de manma
P.135 梅いちばん 南部店
みなべ町
田辺市
白浜広域図
しらはまこういきず
周辺図 P.12
1:60,000
P.130 南方熊楠記念館
京都大学 白浜水族館
P.115
P.25/P.117 円月島
P.115 南紀白浜グラスボート
P.120 珊瑚礁
白良浜 P.15上図
白良浜 P.21/P.117
P.115 フィッシャーマンズワーフ白浜
千畳敷
P.21/P.116
千畳敷 P.15下図
平草原公園 P.116
P.116 三段壁
P.116 三段壁洞窟
P.114
とれとれPARK
とれとれ市場
P.124
アドベンチャーワールド P.115/P.118
ナギサビール P.124
P.122 秘境カフェ 権現平
白浜町
南紀白浜空港

白良浜
しららはま
周辺図 P.14下図
0 150m
1:15,000
N
本覚寺
白浜第一小
南紀白浜クルージング
五漁丸
P.115
P.162 ホテル川久
白浜シーサイド
白浜御苑
東白浜
紀州汐彩の宿
月崎
P.166
Aコース
御船足湯
常喜院下
常喜院
綱不知湾
P.115
熊野三所神社
むさし
白浜局
十河
旭ケ丘
測候所前
花飾璃
桟橋
綱不知公園
綱の湯
白浜桟橋
みふね
Sea Birth
P.124
白良荘グランドホテル
P.165
白浜海岸公園
白浜バスセンター
㐂楽 P.121
フリーゲート白浜
ルアンドン白浜
シーサイドペンションプチ白浜
銀翠
柳橋足湯
P.124
福菱～Kagerou Cafe～
垣谷
P.125 白良湯
白浜町
白浜銀座足湯横丁
幸鮨 P.120
P.163 白浜古賀の井リゾート&スパ
妙大雲 P.26
鉛山湾
白良浜
白良浜
P.21/P.117
白浜はまゆう病院
しらすな
KKR白浜美浜荘
31
湯宿 長生庵
大浦
白浜駅
白浜エネルギーランド
P.121 甚力
走り湯
白浜中
白浜小南病院
P.125 長生の湯
古賀浦
霊泉橋
P.15下図
クアハウス白浜
ホテル三楽荘
P.166
千畳敷
せんじょうじき
周辺図 P.14下図
0 150m
1:15,000
N
鉛山湾
P.15上図
P.161 南紀白浜マリオットホテル
風車
P.121
P.125 牟婁の湯
白浜温泉局
P.125 崎の湯
フィッシャーマンズワーフ白浜
P.115
鎌倉商店
湯崎
金徳寺
白浜海中展望塔
SHIRAHAMA KEY TERRACE
HOTEL SEAMORE P.26/P.159
白浜第二小
新湯崎
オーシャンフロントステイ
龍鳳苑
むろべ
ポイントバケーション南紀白浜
しらはま温泉
山神社
P.159 浜千鳥の湯 海舟
オーベルジュ サウステラス P.166
草原の湯
白南風
P.158
INFINITO HOTEL&SPA
南紀白浜
P.123
Café ペトラの里
天山閣 湯楽庵
P.123
Tanto Kuwanto
天山閣
海ゆう庭
P.122
カフェラウンジ パシフィック
INFINITO HOTEL&SPA
南紀白浜
千畳口
千畳敷
P.21/P.116
千畳
紀州博物館
白浜スカイライン
白浜町
南千畳
千畳の湯
34
白浜GC
松風
三段壁

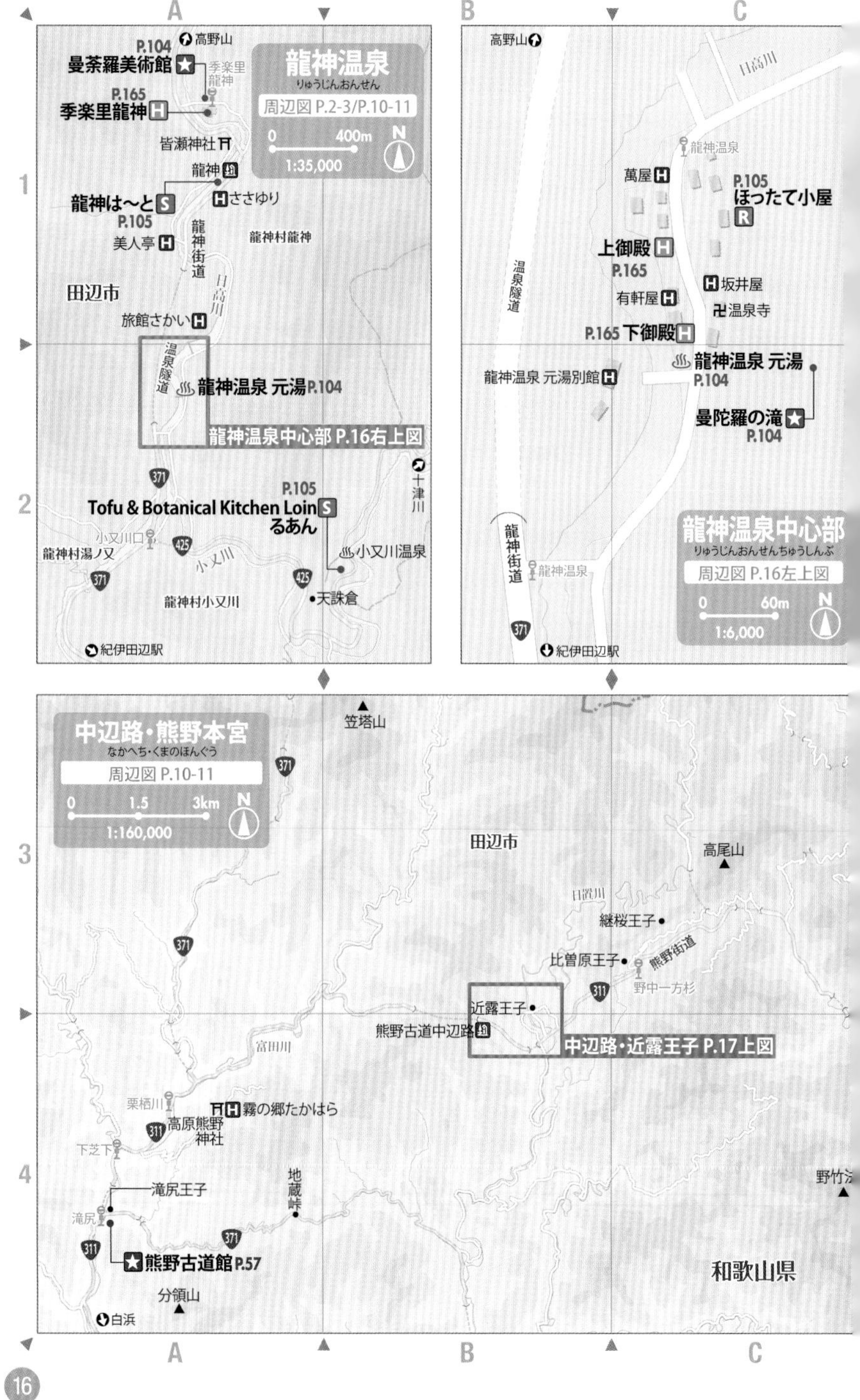
龍神温泉
りゅうじんおんせん
周辺図 P.2-3/P.10-11
0 400m
1:35,000
高野山
P.104
曼荼羅美術館
季楽里龍神
P.165
季楽里龍神
皆瀬神社
龍神
龍神は～と
P.105
ささゆり
美人亭
龍神村龍神
龍神街道
日高川
田辺市
旅館さかい
温泉隧道
龍神温泉 元湯 P.104
龍神温泉中心部 P.16右上図
十津川
P.105
Tofu & Botanical Kitchen Loin
るあん
小又川口
龍神村湯ノ又
小又川
小又川温泉
龍神村小又川
天誅倉
紀伊田辺駅
高野山
日高川
龍神温泉
萬屋
P.105
ほったて小屋
上御殿
P.165
坂井屋
有軒屋
温泉寺
P.165 下御殿
温泉隧道
龍神温泉 元湯
P.104
龍神温泉 元湯別館
曼陀羅の滝
P.104
龍神温泉中心部
りゅうじんおんせんちゅうしんぶ
周辺図 P.16左上図
0 60m
1:6,000
龍神街道
龍神温泉
紀伊田辺駅
中辺路・熊野本宮
なかへち・くまのほんぐう
周辺図 P.10-11
0 1.5 3km
1:160,000
笠塔山
田辺市
高尾山
日置川
継桜王子
比曽原王子
熊野街道
野中一方杉
近露王子
熊野古道中辺路
中辺路・近露王子 P.17上図
富田川
栗栖川
霧の郷たかはら
高原熊野神社
下芝下
滝尻王子
地蔵峠
滝尻
熊野古道館 P.57
分領山
白浜
和歌山県

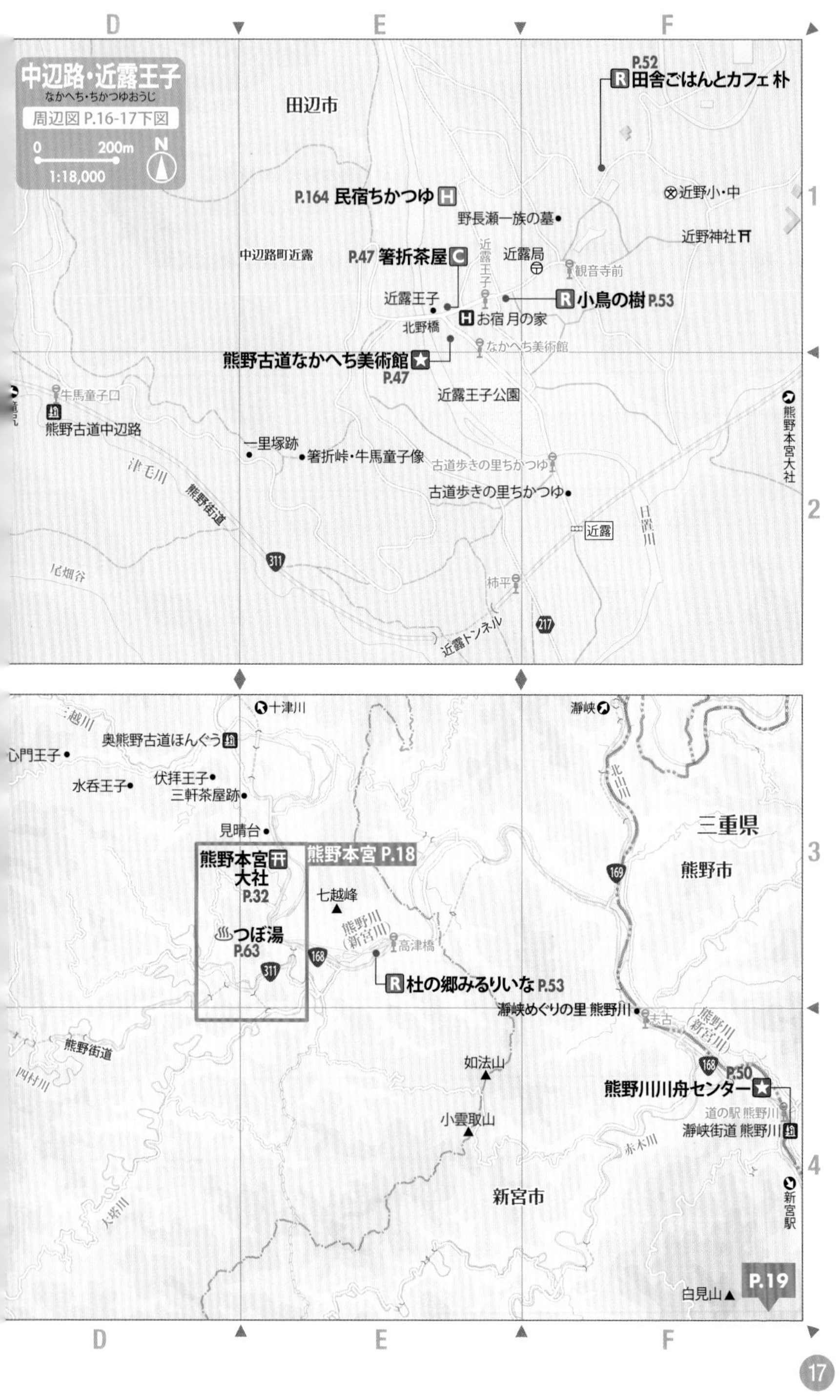

中辺路・近露王子
なかへち・ちかつゆおうじ
周辺図 P.16-17下図
0 200m
1:18,000
N
D
E
F
1
2
3
4
田辺市
P.52
R 田舎ごはんとカフェ 朴
P.164 民宿ちかつゆ H
野長瀬一族の墓
近野小・中
近野神社
中辺路町近露
P.47 箸折茶屋 C
近露王子
近露局
観音寺前
近露王子
R 小鳥の樹 P.53
H お宿 月の家
北野橋
なかへち美術館
熊野古道なかへち美術館 P.47
近露王子公園
牛馬童子口
熊野古道中辺路
熊野本宮大社
一里塚跡
箸折峠・牛馬童子像
古道歩きの里ちかつゆ
古道歩きの里ちかつゆ
津毛川
熊野街道
近露
日置川
311
尾畑谷
柿平
217
近露トンネル
十津川
瀞峡
三越川
奥熊野古道ほんぐう
心門王子
伏拝王子
水呑王子
三軒茶屋跡
北山川
見晴台
三重県
熊野本宮大社 P.32
熊野本宮 P.18
169
熊野市
七越峰
熊野川（新宮川）
つぼ湯 P.63
高津橋
168
311
R 杜の郷みるりいな P.53
瀞峡めぐりの里 熊野川
志古
熊野川（新宮川）
熊野街道
四村川
如法山
168
P.50
熊野川川舟センター
道の駅 熊野川
瀞峡街道 熊野川
小雲取山
赤木川
新宮駅
新宮市
大塔川
P.19
白見山

湯の峰温泉
ゆのみねおんせん
0 100m
1:8,000
小栗判官力石
湯の谷荘
やまね
よしのや旅館
あたらしや
つぼ湯 P.63
東光寺
湯筒
湯の峰温泉公衆浴場 P.63
あづまや P.164
湯の峰温泉
てるてや
瀧よし
くらや
あづまや荘
熊野街道
大日越
発心門王子
十津川
P.57 世界遺産 熊野本宮館
P.57 和歌山県世界遺産センター
祓殿王子
熊野本宮観光協会
P.32 熊野本宮大社
P.61 熊野本宮大社例大祭
P.35 茶房 珍重菴
瑞鳳殿
本宮大社前
P.48 三軒茶屋 本宮店
本宮中
本宮町本宮
コーナン
168
大斎原前
大斎原 P.35
P.61 八咫の火祭り
本宮町湯峯
月見ケ丘神社
つぼ湯 P.63
湯の峰温泉 上図
備崎橋
大日山
熊野川(新宮川)
本宮
大日山トンネル
松葉橋
新宮
湯の峯荘 P.164
下湯の峰
本宮町渡瀬
湯峰局
田辺市
四村川
311
本宮町下湯川
渡瀬橋
本宮町耳打
串崎大師
P.63 わたらせ温泉大露天風呂
渡瀬温泉センター おとなしの郷 P.63
わたらせ温泉 ホテル ささゆり P.164
わたらせ温泉 ホテル やまゆり
渡瀬温泉
渡瀬隧道
本宮町檜葉
双子谷橋
近露
本宮町川湯
P.63 川湯温泉 公衆浴場
241
山水館 川湯みどりや P.164
川湯温泉
冨士屋
大塔川
仙人風呂 P.63
熊野本宮
くまのほんぐう
周辺図 P.16-17下図
0 200 400m
1:22,000
A B C
1 2 3 4

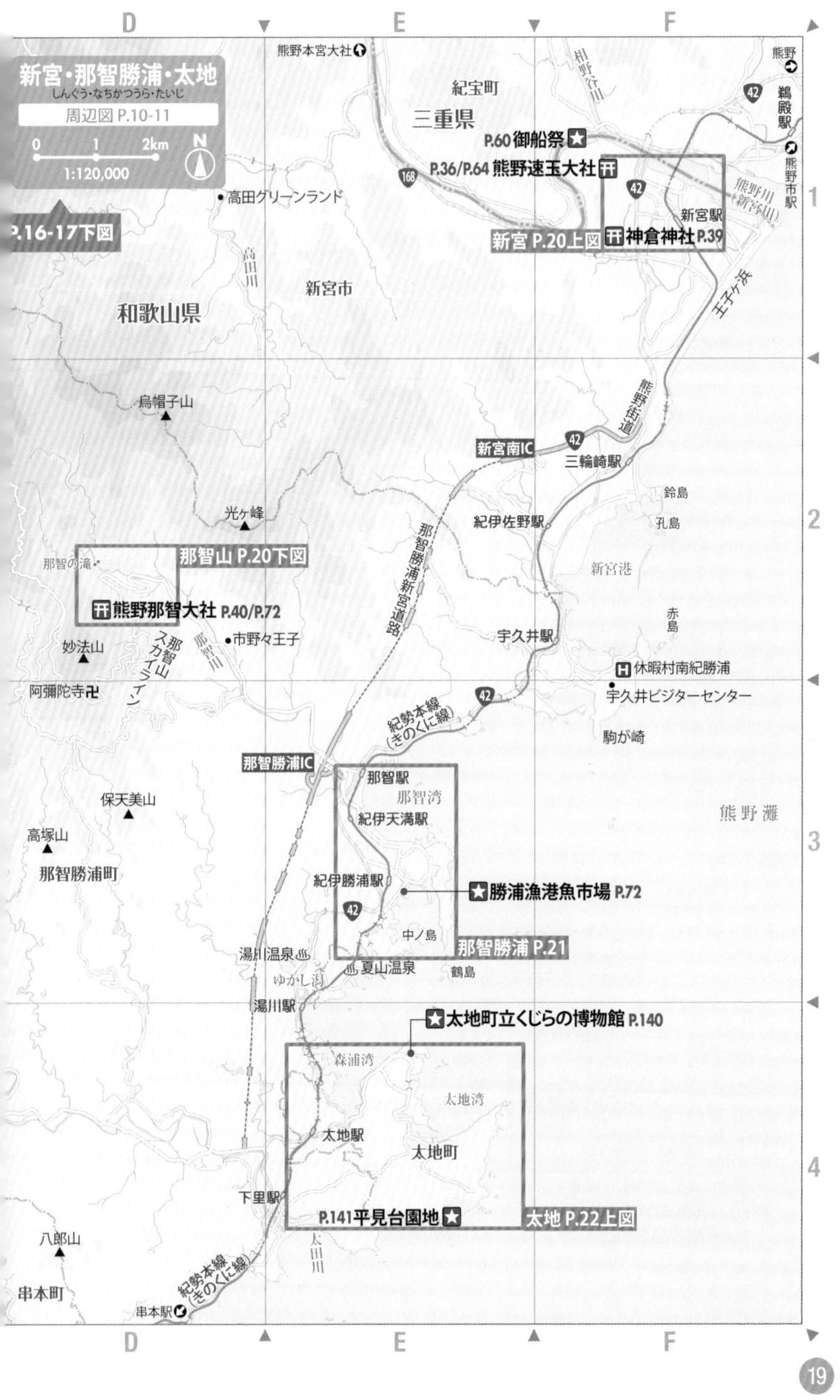

新宮・那智勝浦・太地
しんぐう・なちかつうら・たいじ
周辺図 P.10-11
0 1 2km
1:120,000
N
P.16-17下図
熊野本宮大社
紀宝町
三重県
相野谷川
熊野
鵜殿駅
熊野市駅
P.60 御船祭
P.36/P.64 熊野速玉大社
熊野川（新宮川）
新宮駅
新宮 P.20上図
神倉神社 P.39
高田グリーンランド
高田川
新宮市
和歌山県
王子ヶ浜
烏帽子山
熊野街道
新宮南IC
三輪崎駅
鈴島
孔島
光ヶ峰
紀伊佐野駅
那智勝浦新宮道路
那智山 P.20下図
那智の滝
熊野那智大社 P.40/P.72
新宮港
赤島
那智山スカイライン
那智川
市野々王子
宇久井駅
妙法山
休暇村南紀勝浦
阿彌陀寺
宇久井ビジターセンター
紀勢本線（きのくに線）
駒が崎
那智勝浦IC
那智駅
那智湾
熊野灘
保天美山
紀伊天満駅
高塚山
那智勝浦町
紀伊勝浦駅
勝浦漁港魚市場 P.72
中ノ島
那智勝浦 P.21
湯川温泉
夏山温泉
ゆかし潟
鶴島
湯川駅
太地町立くじらの博物館 P.140
森浦湾
太地湾
太地駅
太地町
下里駅
P.141 平見台園地
太地 P.22上図
太田川
八郎山
串本町
紀勢本線（きのくに線）
串本駅
1
2
3
4

新宮
しんぐう
周辺図 P.19
0 200m
1:18,000
熊野速玉大社 P.36/P.64
佐藤春夫記念館 P.67
川原家横丁
熊野
和歌山県
三重県
熊野市駅
紀宝町
熊野川（新宮川）
尾崎酒造 P.65
P.65 茶房 花風月
速玉大社前
権現前
新宮（丹鶴）城跡 P.65
丹鶴城公園
蓬莱山
P.66 総本家めはりや本店
瑞泉寺
香梅堂
横町局
東宝茶屋 P.66
P.164 ホテルニューパレス
阿須賀神社 P.64
歴史民俗資料館
本廣寺
清凉寺
オークワ
西村記念館
税務署
新宮局
P.65 仲氷店
専光寺
42
遍照院
宗応寺
裁判所前
新宮駅前
P.65 徐福公園
熊野地局
神倉小
裁判所
浮島の森 P.65
中央通
初野地局
裁判所南
徐福寿司 駅前店 P.66
新宮駅
ステーション
新宮市役所
中上健次資料収集室
新宮市立図書館
神倉神社 P.39
お燈祭 P.60
ユーアイ
サンシャイン
紀勢本線（きのくに線）
市田川
新宮市
新宮高前
熊野街道
阿弥陀院
新宮高
那智勝浦
緑丘中
紀伊勝浦駅
王子局
那智山
なちさん
周辺図 P.19
0 150m
1:15,000
那智勝浦町
那智の滝
那智原生林
お滝拝所
飛瀧神社
那智川
那智の滝前
曼荼羅の郷河川公園
多富気王子
瀧見寺
那智山青岸渡寺 三重塔
和笑庵
大門坂
P.43 大門坂茶屋
美滝山荘
大門坂
P.73 山口光峯堂
和か屋本店
那智山局
46
那智山
那智山青岸渡寺
那智山
大門坂駐車場前
市野々
P.40/P.72 熊野那智大社
那智山スカイライン
46
P.61 那智の扇祭り
那智駅

紀伊勝浦駅周辺
きいかつうらえきしゅうへん
0 100m
1:8,000
Hotel & RentaCar660
はな
紀伊勝浦駅
紀勢本線(きのくに線)
滝の湯
築地西
築地
bodai(母大) P.73
勝浦温泉旅館組合
シャルモント
八雲鮨 P.73
桂城 P.73
ホテル中の島 案内所
港局
万清楼
紀の松島めぐり P.20/P.73
勝浦港
勝浦漁港
コーナン
鮪乃湯
海乃湯
勝浦漁港魚市場 P.72
浜の宮王子
新宮
新宮駅
なち
那智駅
補陀洛山寺 P.73
那智駅前
浜ノ宮
那智の浜
那智勝浦 インター入口
那智川
汐入橋
勝浦臨海
紀勢本線(きのくに線)
天満
紀伊天満駅
パルスイン勝浦
熊野街道
体育文化会館
那智湾
渡の島
天満局
滝見乃湯 P.74
P.160
かつうら御苑
勝浦御苑前
弁天島
一の滝
熊野カフェ
北浜
勝浦
勝浦公園
朝日
勝浦
朝日局
小阪屋
勝浦小
天然温泉公衆浴場はまゆ
正念寺
法泉寺
八幡神社
朝日公園
紀伊勝浦駅周辺 上図
那智勝浦町
紀伊勝浦駅
築地
勝浦港
勝浦漁港魚市場 P.72
湯川
那智勝浦町立温泉病院
那智勝浦町役場
忘帰洞・玄武洞 P.74
ホテル浦島 P.160
光明宝院
太地
熊野街道
湯川
勝浦港
紀勢本線(きのくに線)
湯快リゾート 南紀勝浦温泉 越之湯
P.159 碧き島の宿 熊野別邸 中の島
浦島稲荷神社
狼煙山
太地駅
那智勝浦
なちかつうら
周辺図 P.19
0 150 300m
1:18,000
中ノ島
汐見の湯 P.74
ホテルなぎさや P.165
D E F
1 2 3 4

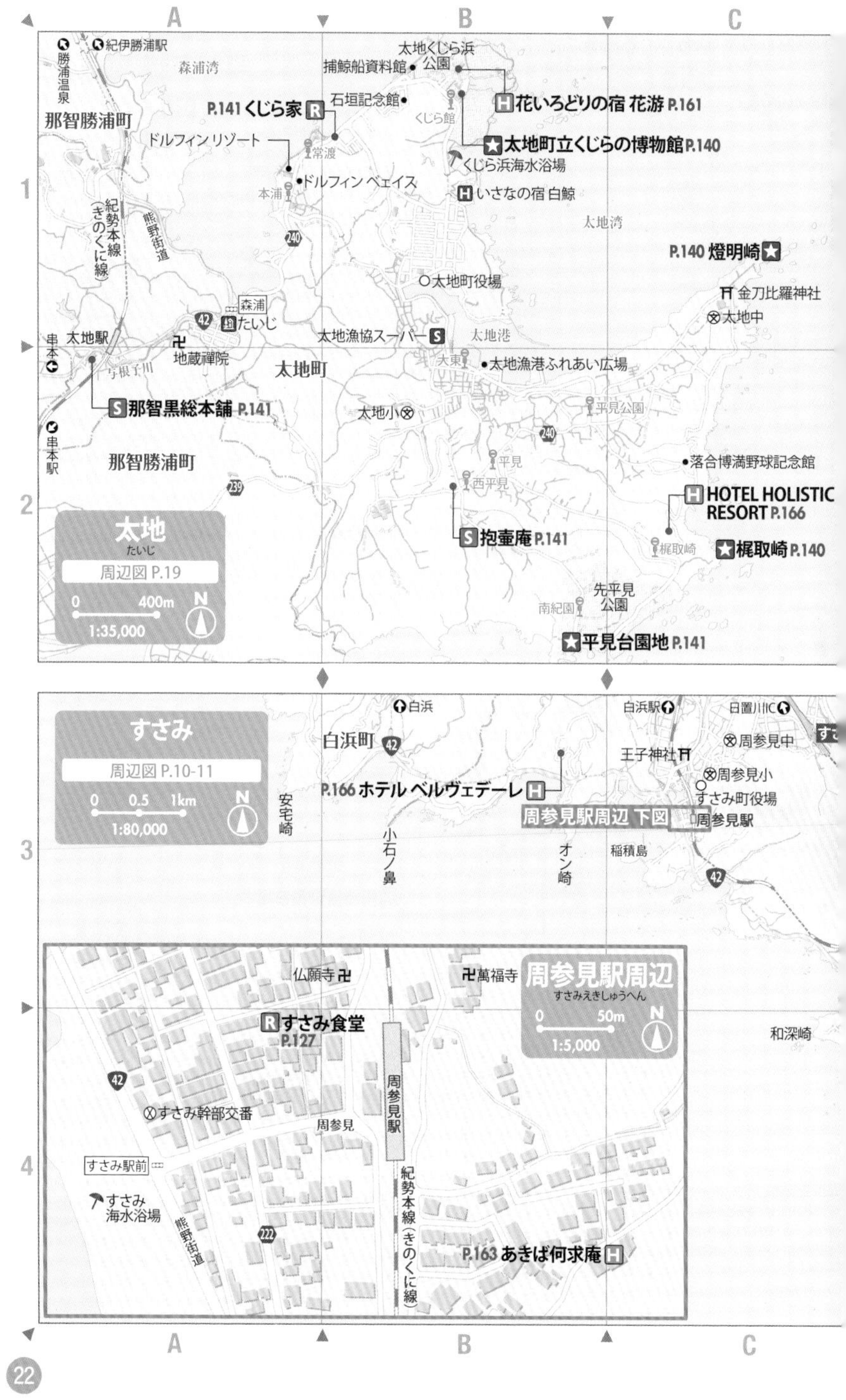

太地
たいじ
周辺図 P.19
0 400m
1:35,000
紀伊勝浦駅
勝浦温泉
森浦湾
那智勝浦町
捕鯨船資料館
太地くじら浜公園
石垣記念館
くじら館
P.141 くじら家
花いろどりの宿 花游 P.161
ドルフィン リゾート
常渡
太地町立くじらの博物館 P.140
くじら浜海水浴場
ドルフィン ベェイス
本浦
いさなの宿 白鯨
紀勢本線(きのくに線)
熊野街道
太地湾
P.140 燈明崎
太地町役場
金刀比羅神社
森浦
たいじ
太地中
太地駅
太地漁協スーパー
太地港
串本
地蔵禅院
大東
太地漁港ふれあい広場
太地町
那智黒総本舗 P.141
平見公園
太地小
串本駅
那智勝浦町
平見
落合博満野球記念館
西平見
HOTEL HOLISTIC RESORT P.166
抱壷庵 P.141
梶取崎
梶取崎 P.140
先平見公園
南紀園
平見台園地 P.141
すさみ
周辺図 P.10-11
0 0.5 1km
1:80,000
白浜
白浜駅
日置川IC
白浜町
周参見中
王子神社
周参見小
安宅崎
P.166 ホテル ベルヴェデーレ
すさみ町役場
周参見駅周辺 下図
周参見駅
小石ノ鼻
オン崎
稲積島
仏願寺
萬福寺
周参見駅周辺
すさみえきしゅうへん
0 50m
1:5,000
すさみ食堂 P.127
和深崎
周参見駅
すさみ幹部交番
周参見
すさみ駅前
すさみ海水浴場
熊野街道
紀勢本線(きのくに線)
P.163 あきば何求庵

串本
くしもと
周辺図 P.10-11
0 1km
1:100,000
N
D
E
F
1
2
3
4
古座川峡
串本町
太地駅
太地
九龍島
紀伊姫駅
紀勢本線（きのくに線）
くしもと橋杭岩
橋杭岩
光明寺
法雲寺
HOTEL & RESORTS WAKAYAMA KUSHIMOTO
熊野街道
橋杭小
橋杭岩 P.25/P.136
熊野灘
戸島崎
金山展望台
串本駅周辺 P.24上図
串本駅
砥崎
大島港
蓮生寺
紀伊大島
大森山
P.138 樫野埼灯台
大島小
串本海中公園 P.136
串本ダイビングパーク
串本中
串本古座高
苗我島
猪喰鼻
紀伊大島 P.24下図
P.139 海金剛
大耳崎
馬坂園地
近畿自然歩道
くしもと大橋
アンドノ鼻
住崎
赤崎
朝貴神社
通夜島
須江崎
潮岬中
潮岬小
出雲小
波ノ浦
出雲崎
潮岬灯台前
潮岬観光タワー
潮岬観光タワー P.138
潮岬 P.21/P.138
潮岬灯台 P.138
参見川
小河内川
上地谷
坪井谷
すさみ町
清水山
第二トンネル
和深川
紀勢自動車道
江住川
双子山
紀勢本線（きのくに線）
長井坂 P.127
長井坂トンネル
熊野古道（大辺路）
くろしお牧場
長井川
見老津第二トンネル
江住トンネル
江須之川
ータンランド・すさみ
P.126 恋人岬（婦夫波）
見老津駅
すさみ南IC
陸ノ黒島
戎島
沖ノ黒島
江住駅
串本駅
太平洋
P.127 日本童謡の園公園
熊野街道
すさみ
江住海岸公園
すさみ町立 エビとカニの水族館 P.127
串本
江須崎島

串本駅周辺
くしもとえきしゅうへん
周辺図 P.23上図
0
100m
1:10,000
N
紀伊勝浦駅
那智勝浦
串本駅
串本
串本町観光協会
串本駅前
串本町
紀勢本線（きのくに線）
周参見駅
料理 萬口 P.137
駅前通り
串本儀平 本店 P.137
運動公園
武道館
熊野街道
すさみ
串本
旧役場前
串本局
町立文化センター
町立体育館
42
熊野街道
P.137 串本応挙芦雪館
宮川
無量寺
JA
農協前
串本小
42
東海岸通り
串本漁港
上浦
串本港
潮岬
本町通り
紀伊大島
シーカンス
熊野灘
樫野港
樫野崎
串本町
樫野釣公園センター
樫野埼灯台
P.138
P.139 Ottoman Konak 樫野崎店
串本市街
トルコ軍艦遭難慰霊碑
樫野口
樫野灯台口
樫野埼駐車場
トルコ記念館 P.139
40
紀伊大島
樫野
樫野港口
ゲストハウスKUSHIMOTO
船ゴラ礁
樫野
太平洋
わだ家
紀伊大島
きいおおしま
雷公神社
周辺図 P.23上図
海金剛 P.139
南紀串本リゾート大島
日米修交記念館
P.137
0
200m
1:20,000
N

伊勢
いせ
周辺図 本書P.2-3
0 350 700m
1:35,000
斎宮駅
伊勢赤十字病院
厚生中
伊勢・船江温泉 みたすの湯
瑞泉院
ミタス伊勢
阿竹神社
勢田川
山田上口駅
宮町駅
近鉄山田線
養草寺
有緝小
伊勢河崎商人館
河邊七種神社
橘神社
二見浦駅
参宮線
河崎
伊勢市駅
P.147 月夜見宮
パールピア
伊勢工高
いせトピア
厚生小
伊勢市駅前
伊勢市駅北口
参宮線
伊勢学園高
梅香寺
常照寺
等観寺
伊勢市駅
伊勢シティ
伊勢署
伊勢まなび高
倉田山中
倉田山公園
早修小
P.144 伊勢神宮 外宮
宇治山田高
外宮北
観光文化会館
伊勢市役所
光明寺
宇治山田駅
神田久志本町1
伊勢高
豊受
稲荷神社
外宮前
P.157 神宮美術館
皇學館大
P.157 式年遷宮記念せんぐう館
神宮徴古館前
皇學館中・高
伊我理神社
旧豊宮崎文庫
明倫小
宇治山田駅前
P.147 倭姫宮
倭姫前
神宮文庫 P.157
貝吹山
神宮徴古館 農業館 P.157
近鉄鳥羽線
高倉山
修道小
世義寺
田上大水神社
県庁舎前
三重県伊勢庁舎
御幸道路
伊勢IC
二見JCT
長峯神社
本誓寺
中山寺
南勢バイパス
やすらぎ公園
五十鈴川駅
朝川
宮山小
五十鈴中
月読宮 P.147
伊勢西IC
鳥羽駅
御木本道路
中村町
進修小
宇治山田神社・那自売神社
猿田彦神社
お伊勢まいり資料館
佐瑠女神社
宇治浦田町
勢和多気JCT
伊勢自動車道
競技場前
五十鈴公園
P.152 おかげ横丁
伊勢志摩スカイライン
神宮会館前
おはらい町 P.152
P.166 神宮会館
いにしえの宿 伊久 P.166
伊勢市
伊勢道路
五十鈴トンネル
養命ノ滝
鼓ヶ岳
大水神社
内宮前
神宮司庁
宇治橋
子安神社
宇治神社
伊勢神宮 内宮 P.24/P.148
島路川
風日祈宮
五十鈴川

三重県南部
みえけんなんぶ
周辺図 本書P.2-3
0
1.5
3km
1:180,000
N
上北山村
奈良県
三重県
尾鷲市
熊野市
紀北町
御浜町
坂本貯水池
坂本ダム
海山IC
相賀駅
紀伊長島駅
紀勢自動車道
紀勢本線
便石山
馬越峠
尾鷲北IC
尾鷲駅
尾鷲湾
尾鷲駅周辺 P.27上図
P.69
夢古道おわせ
大曽根浦駅
P.57 三重県立熊野古道センター
尾鷲南IC
熊野街道
新八鬼山トンネル
熊野尾鷲道路
高峰山
備後川
九鬼駅
三木里駅
三木里IC
谷ノ山
高代山
保色山
亥谷山
亥ケ谷山トンネル
賀田湾
コスギ灯台
賀田IC
賀田駅
逢神曽根トンネル
熊野尾鷲道路
紀勢本線
大又川
熊野街道
龍門山
神須ノ鼻
楯ヶ崎遊歩道入口
二木島駅
室古神社
二木島湾
楯ヶ崎 P.71
熊野新鹿IC
新鹿駅
新鹿湾
大蛇峰
P.71 大馬神社
大泊トンネル
大馬谷口
波田須駅
熊野大泊IC
大泊駅
鬼ヶ城東口
熊野市駅
鬼ヶ城 P.71
太平洋
P.68 産田神社
産田神社
熊野市駅周辺 P.27下図
有井駅
花の窟 P.54/P.70
熊野街道
P.10-11
里創人 熊野倶楽部 P.164
熊野街道
熊野灘
神志山駅
志原川
新宮駅
新宮
下北山
瀞峡
又口川
古川
矢ノ川
A
B
C
1
2
3
4

尾鷲駅周辺
おわせえきしゅうへん
周辺図 P.26
1:12,000
尾鷲神社 P.69
尾鷲神社の大クス
金剛寺
妙長寺
八幡神社
ホテル ビオラ P.165
尾鷲市
尾鷲駅
紀勢本線
フェニックス
おわせ
尾鷲観光物産協会
念仏寺
土井子供くらし館
尾鷲市立天文科学館
中村山公園
光円寺
尾鷲市体育文化会館
市立図書館
尾鷲市役所
裁判所
おわせお魚いちば おとと P.69
尾鷲総合病院
イオン
ダイソー
税務署
尾鷲署
熊野市駅周辺
くまのしえきしゅうへん
周辺図 P.26
1:18,000
熊野市駅
木本神社
志ら玉屋
市民会館
熊野古道 おもてなし館
イル レガーロ P.68
熊野市駅前特産品館
熊野市観光公社
熊野市役所
弁天神社
獅子岩 P.71
七里御浜 P.70
花の窟 P.54/P.70
お綱かけ神事 P.61
熊野市
熊野灘
紀勢本線

とりはずして使える

MAP

付録 街歩き地図

南紀・熊野古道
白浜・高野山・伊勢神宮

切り取り線

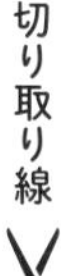

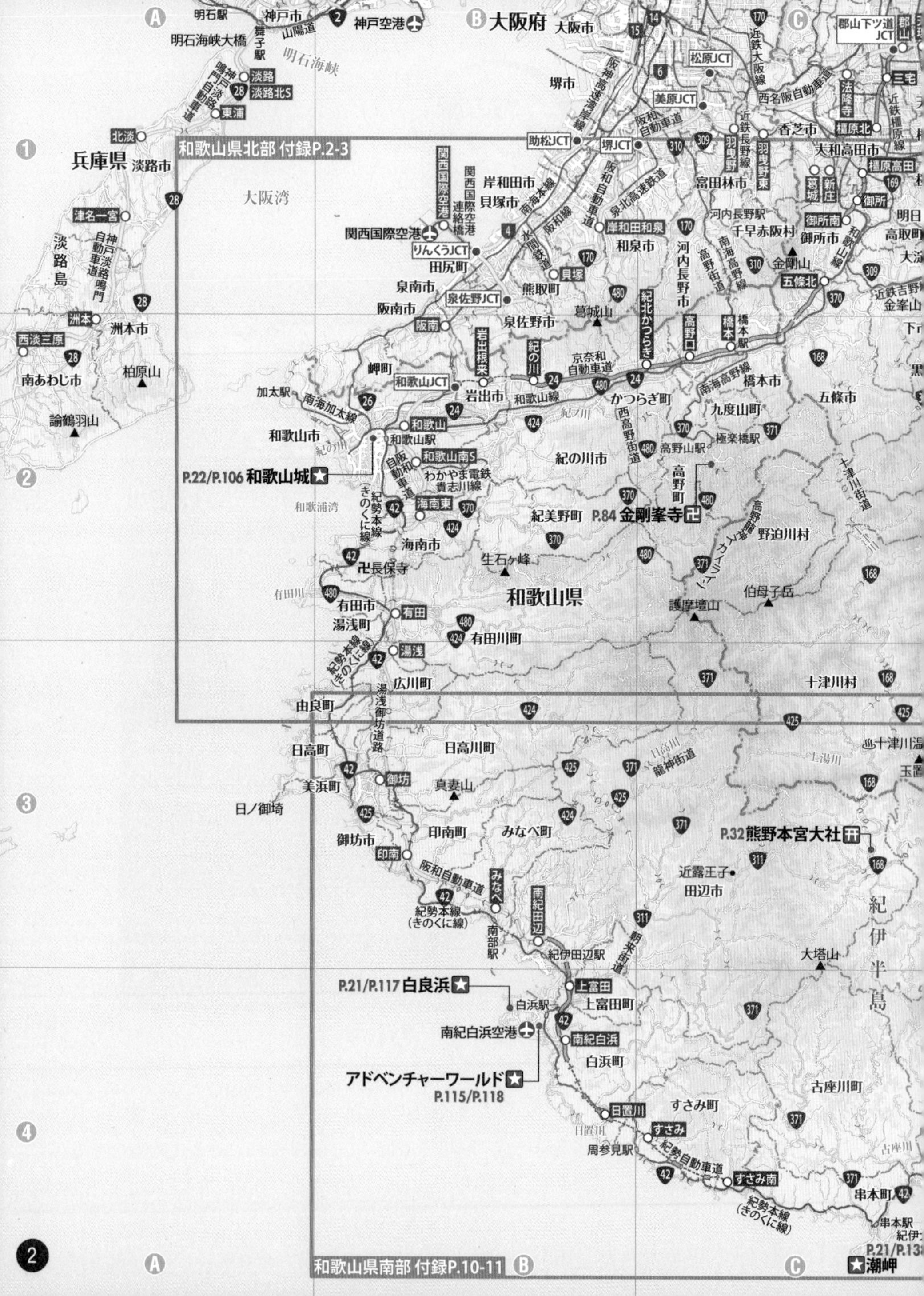
A
B
C
1
2
3
4
明石駅
神戸市
神戸空港
大阪府
大阪市
明石海峡大橋
舞子駅
山陽道
明石海峡
神戸淡路鳴門自動車道
淡路
淡路北S
東浦
北淡
兵庫県
淡路市
和歌山県北部 付録P.2-3
大阪湾
津名一宮
淡路島
洲本
洲本市
西淡三原
南あわじ市
柏原山
諭鶴羽山
堺市
阪神高速湾岸線
松原JCT
美原JCT
近鉄大阪線
西名阪自動車道
郡山下ツ道JCT
三宅
法隆寺
近鉄橿原線
香芝市
橿原北
大和高田市
橿原高田
葛城
新庄
御所
御所南
御所市
明日
高取町
大淀
助松JCT
堺JCT
阪和自動車道
近鉄長野線
羽曳野
羽曳野東
富田林市
河内長野駅
千早赤阪村
金剛山
和歌山線
五條北
近鉄吉野
金峯山
関西国際空港
関西国際空港連絡橋
岸和田市
貝塚市
南海本線
水間鉄道
阪和線
泉北高速鉄道
岸和田和泉
和泉市
河内長野市
高野街道
南海高野線
関西国際空港
りんくうJCT
田尻町
貝塚
泉南市
熊取町
泉佐野JCT
阪南市
阪南
泉佐野市
葛城山
紀北かつらぎ
高野口
橋本
橋本駅
岬町
岩出根来
紀の川
京奈和自動車道
和歌山JCT
岩出市
和歌山線
かつらぎ町
南海高野線
橋本市
五條市
加太駅
南海加太線
和歌山
和歌山駅
和歌山市
紀の川
西高野街道
九度山町
高野山駅
極楽橋駅
紀の川市
和歌山南S
阪和自動車道
わかやま電鉄貴志川線
P.22/P.106 和歌山城
高野町
十津川街道
和歌浦湾
紀勢本線(きのくに線)
海南東
紀美野町
P.84 金剛峯寺
高野龍神スカイライン
野迫川村
海南市
長保寺
生石ヶ峰
和歌山県
有田川
有田市
有田
湯浅町
護摩壇山
伯母子岳
有田川町
湯浅
紀勢本線(きのくに線)
湯浅御坊道路
広川町
十津川村
由良町
日高町
日高川町
日高川
龍神街道
十津川温泉
上湯川
玉置
美浜町
御坊
真妻山
日ノ御埼
御坊市
印南町
みなべ町
P.32 熊野本宮大社
印南
阪和自動車道
近露王子
田辺市
みなべ
南紀田辺
紀勢本線(きのくに線)
南部駅
紀伊田辺駅
熊野街道
紀伊半島
大塔山
P.21/P.117 白良浜
上富田
上富田町
白浜駅
南紀白浜空港
南紀白浜
白浜町
アドベンチャーワールド
P.115/P.118
古座川町
日置川
すさみ町
日置川
すさみ
周参見駅
古座川
紀勢自動車道
すさみ南
串本町
紀勢本線(きのくに線)
串本駅
紀伊
P.21/P.13
潮岬
和歌山県南部 付録P.10-11

南紀全図
なんきぜんず
0
10
20km
N
1:720,000
伊勢湾
熊野灘
太平洋
奈良県
三重県
和歌山県
志摩半島
★斎宮歴史博物館 P.155
伊勢 付録P.25
P.154 天の岩戸★
P.147 伊雑宮
瀧原宮 P.147
花の窟 P.54/P.70
三重県南部 付録P.26
熊野速玉大社 P.36/P.64
熊野那智大社 P.40/P.72
★太地町立くじらの博物館 P.140
伊賀市
名張市
津市
松阪市
伊勢市
鳥羽市
志摩市
尾鷲市
熊野市
宇陀市
曽爾村
御杖村
東吉野村
川上村
上北山村
紀北町
大台町
大紀町
度会町
多気町
明和町
玉城町
南伊勢町
御浜町
紀宝町
太地町
名張駅
家城駅
六軒駅
松阪駅
斎宮駅
多気駅
伊勢市駅
五十鈴川駅
鳥羽駅
滝原駅
三瀬谷駅
紀伊長島駅
船津駅
三野瀬駅
尾鷲駅
熊野市駅
新宮駅
紀伊勝浦駅
太地駅
室生口大野駅
志摩磯部駅
上之郷駅
沓掛駅
賢島駅
松阪
勢和多気JCT
二見JCT
大宮大台
紀勢大内山
紀伊長島
海山
尾鷲北
尾鷲南
三木里
熊野大泊
新宮南
那智勝浦
玉城
伊勢西
鳥羽南・白木
一本松
針
小倉
神野口
近鉄大阪線
名松線
紀勢本線
近鉄山田線
参宮線
近鉄志摩線
伊勢自動車道
紀勢自動車道
多気ヴィソンS
伊勢志摩スカイライン
和歌山街道
伊勢奥津駅
熊野街道
熊野尾鷲道路
伊勢道路
室生寺
大峯山寺
堀坂山
白猪山
三峰山
赤目四十八滝
七ツ釜滝
不動七重滝
大台ヶ原
合歓の郷
答志島
菅島
的矢湾
安乗崎
大王崎
五ヶ所湾
英虞湾
二見浦
熊野川（新宮川）
本沢川

あなただけの
プレミアムな
おとな旅へ！
ようこそ！

NANKI KUMANOKODO
SHIRAHAMA KOUYASAN ISEJINGU

陽光の海と深山の壮大聖地
自然と信仰の営みのなかへ

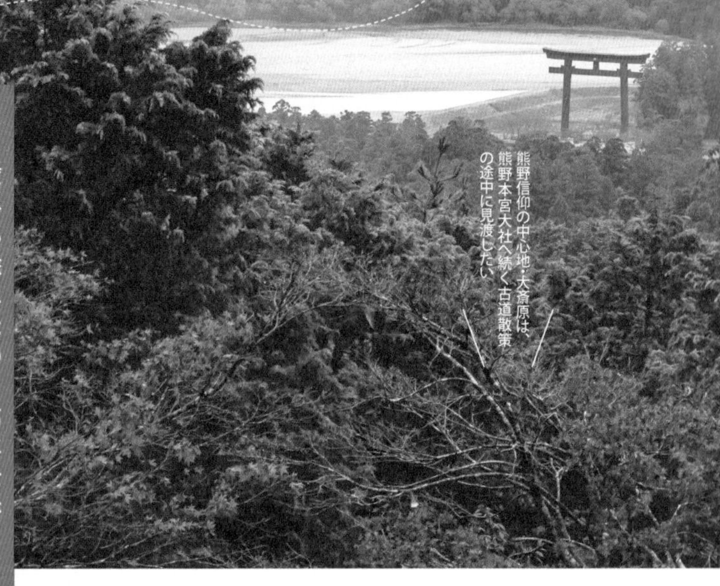

熊野信仰の中心地・大斎原は、熊野本宮大社へ続く古道散策の途中に見渡したい

温暖の白浜に遊ぶのもいいが、一生に一度は熊野詣をしたい。高野山にも詣でたい。その一度が二度になり三度になるかもしれない。宿坊もあり湯処もあるから2泊か3泊の予定を組む。旅は例外なく「信仰」のモードに包まれて、心を洗われる体験となる。人々のその感覚が、この地に揺るぎない聖地を育てた。健脚ならば熊野古道を歩き、高野山とを繋ぐ山道もあるが、車やバスでもアクセスできる。世界でも有数の規模を誇る聖地体験は、深く深く記憶に残る。

原始の記憶を留める
聖なる地をたどる旅

SIGHTSEEING
熊野三山へ続く山深い参詣道で散策を楽しみたい
熊野古道 ➡ P.44
SIGHTSEEING
水害により流失した大斎原の旧社寺の面影を伝える
熊野本宮大社 ➡ P.32
SIGHTSEEING
山上の宗教都市、高野山に築かれた修禅道場
壇上伽藍 ➡ P.80

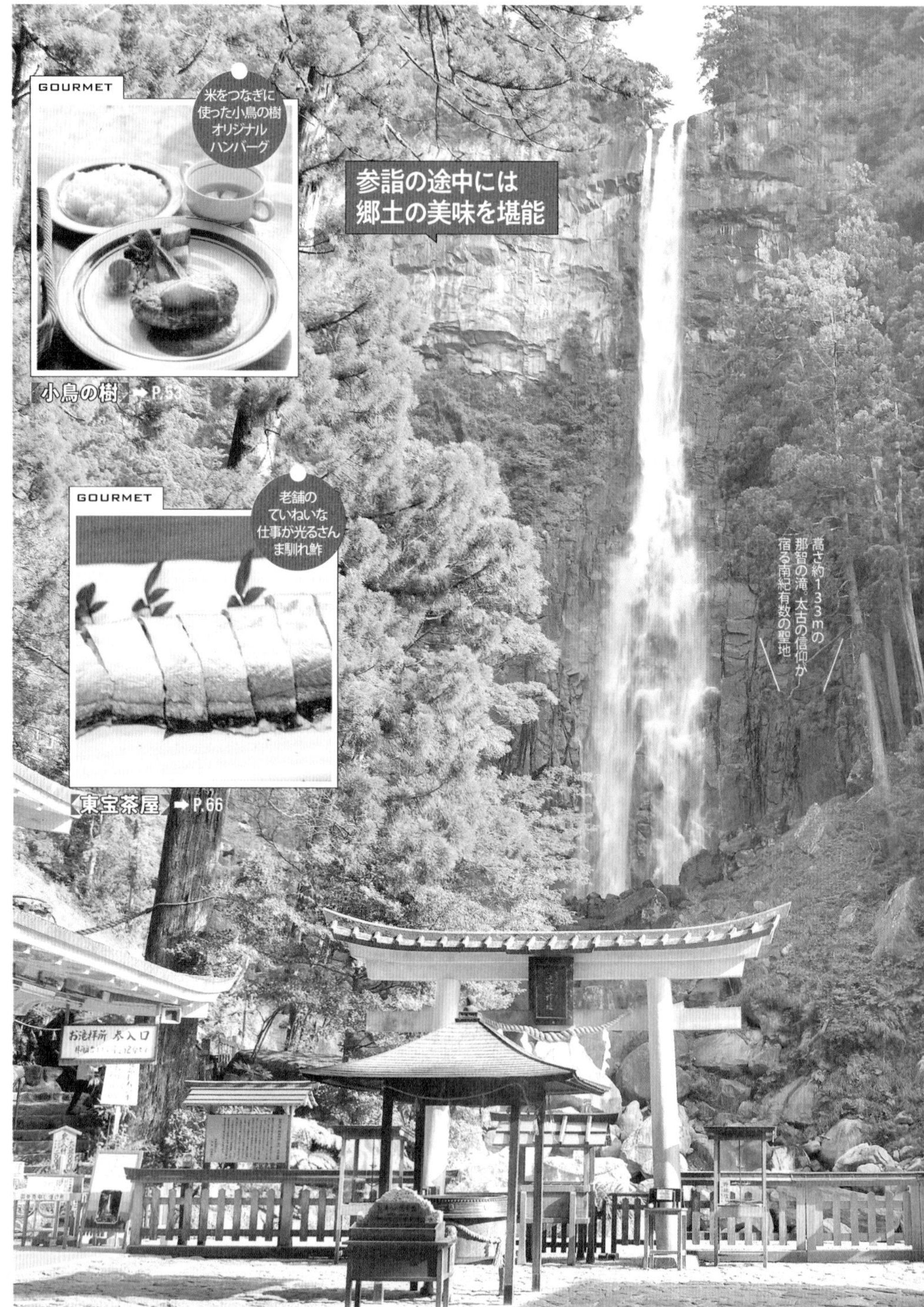
GOURMET
米をつなぎに
使った小鳥の樹
オリジナル
ハンバーグ
小鳥の樹 ➡P.53
参詣の途中には
郷土の美味を堪能
GOURMET
老舗の
ていねいな
仕事が光るさん
ま馴れ鮓
東宝茶屋 ➡P.66
高さ約133mの
那智の滝。太古の信仰が
宿る南紀有数の聖地
お滝拝所 本入口

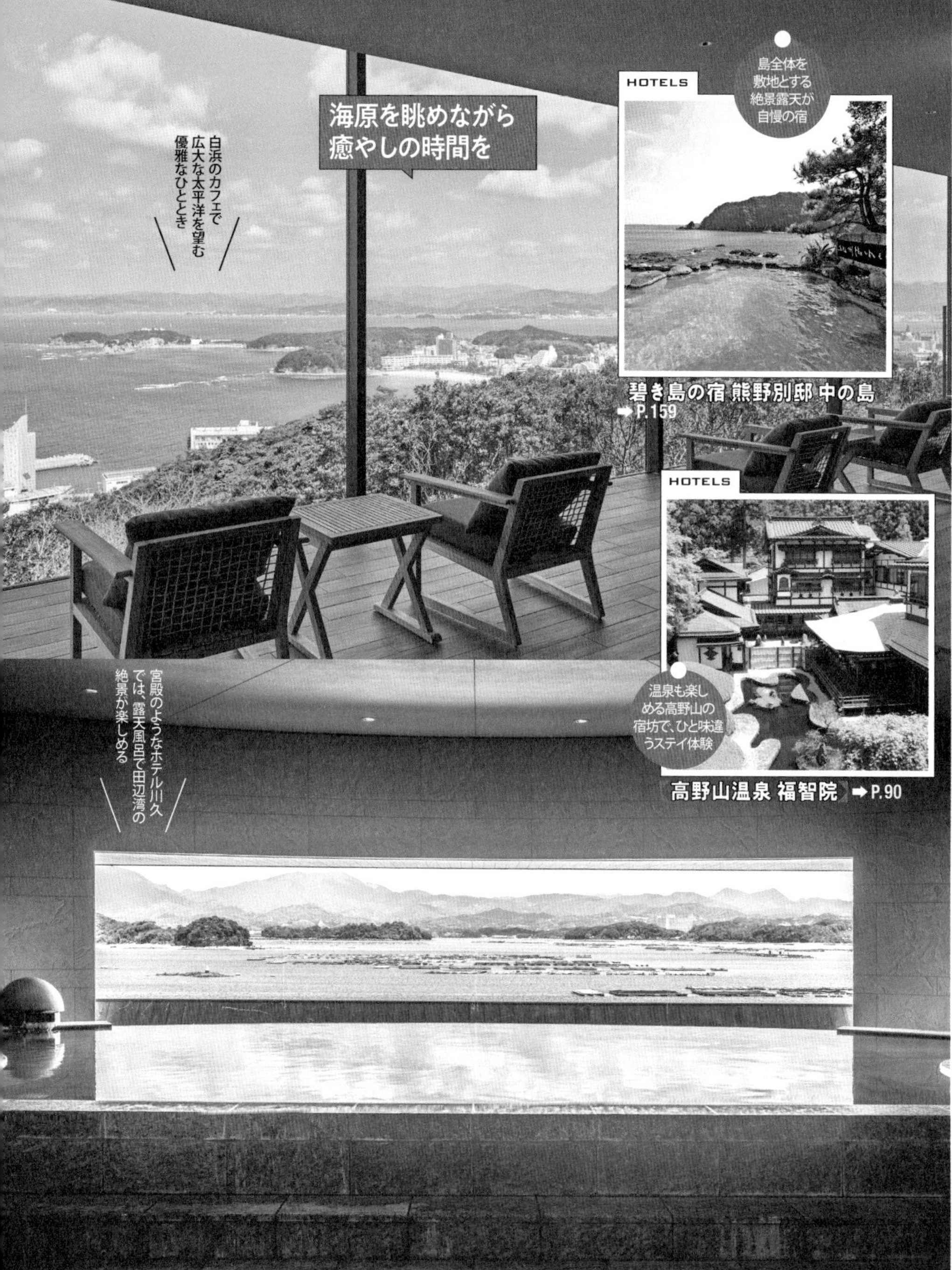
海原を眺めながら
癒やしの時間を
白浜のカフェで
広大な太平洋を望む
優雅なひととき
HOTELS
島全体を
敷地とする
絶景露天が
自慢の宿
碧き島の宿 熊野別邸 中の島
➡P.159
HOTELS
温泉も楽し
める高野山の
宿坊で、ひと味違
うステイ体験
高野山温泉 福智院 ➡P.90
宮殿のようなホテル川久
では、露天風呂で田辺湾の
絶景が楽しめる

南紀・熊野古道
白浜・高野山・伊勢神宮

CONTENTS

伊勢神宮

泊まる

付録地図

本書のご利用にあたって

● 本書中のデータは2023年11～12月現在のものです。料金、営業時間、休業日、メニューや商品の内容などが、諸事情により変更される場合がありますので、事前にご確認ください。

● 本書に紹介したショップ、レストランなどとの個人的なトラブルに関しましては、当社では一切の責任を負いかねますので、あらかじめご了承ください。

● 営業時間、開館時間は実際に利用できる時間を示しています。ラストオーダー(LO)や最終入館の時間が決められている場合は別途表示してあります。

● 休業日に関しては、基本的に定休日のみを記載しており、特に記載のない場合でも年末年始、ゴールデンウィーク、夏季、旧盆、保安点検日などに休業することがあります。

● 料金は消費税込みの料金を示していますが、変更する場合がありますのでご注意ください。また、入館料などについて特記のない場合は大人料金を示しています。

● レストランの予算は利用の際の目安の料金としてご利用ください。Bが朝食、Lがランチ、Dがディナーを示しています。

● 宿泊料金に関しては、「1泊2食付」「1泊朝食付」「素泊まり」は特記のない場合1室2名で宿泊したときの1名分の料金。「シングル」「ツイン」「ダブル」は1室あたりの料金です。曜日や季節によって異なることがありますので、ご注意ください。

● 交通表記における所要時間、最寄り駅からの所要時間は目安としてご利用ください。

● 駐車場は当該施設の専用駐車場の有無を表示しています。

● 掲載写真は取材時のもので、料理、商品などのなかにはすでに取り扱っていない場合があります。

● 予約については「要予約」(必ず予約が必要)、「望ましい」(予約をしたほうがよい)、「可」(予約ができる)、「不可」(予約ができない)と表記していますが、曜日や時間帯によって異なる場合がありますので直接ご確認ください。

● 掲載している資料および史料は、許可なく複製することを禁じます。

データの見方

- ☎ 電話番号
- 所 所在地
- 開 開館／開園／開門時間
- 営 営業時間
- 休 定休日
- 料 料金
- 交 アクセス
- P 駐車場
- in チェックインの時間
- out チェックアウトの時間
- 室 宿泊施設の客室数

地図のマーク

- ★ 観光・見どころ
- 卍 寺院
- ⛩ 神社
- ✝ 教会
- R 飲食店
- C カフェ・甘味処
- S ショップ
- SC ショッピングセンター
- H 宿泊施設
- i 観光案内所
- 道の駅
- ビーチ
- ♨ 温泉
- バス停
- 空港
- 乗船場

エリアと観光のポイント

南紀・熊野古道・白浜・高野山・伊勢神宮はこんなところです

熊野三山や高野山をはじめとした聖なる地が連なる紀伊半島。ビーチリゾートとして親しまれ、絶景スポットが点在する白浜もあり、多彩な魅力を感じてみたい。

由緒ある名所と自然に包まれるエリア

高野山・龍神・和歌山 ➡P.75

こうやさん・りゅうじん・わかやま

1200年以上前に弘法大師(こうぼうだいし)によって開かれた宗教都市・高野山や、日本三美人の湯で知られる龍神では、緑豊かな自然に囲まれ、心洗われる癒やしの時間を過ごせる。県の中心地である和歌山エリアは、紀州徳川家の城下町として栄えた歴史と都市の魅力を併せ持っている。

紀州徳川家の居城・和歌山城

壇上伽藍の根本大塔

観光のポイント　壇上伽藍 P.80　金剛峯寺 P.84　奥之院 P.86　真田庵(善名称院)P.102　龍神温泉 元湯 P.104　和歌山城 P.106

海岸線の景勝地と多彩な魅力に出会う

白浜・すさみ・田辺・みなべ ➡P.111

しらはま・すさみ・たなべ・みなべ

太平洋に臨む海岸線沿いのエリアで、荒波によってできた奇岩や断崖の迫力ある絶景が広がる。ビーチ、レジャーも楽しめる温泉リゾート・白浜は和歌山県を代表する観光地。みなべの梅林、南方熊楠(みなかたくまぐす)のゆかりの地である田辺、イノブタが有名なすさみなど個性あふれる街が揃う。

円月島は夕日の名所

南国の雰囲気が漂う白良浜

観光のポイント　白良浜P.117　円月島 P.117　アドベンチャーワールドP.118　南方熊楠顕彰館 P.130　南部梅林P.132　紀州梅干館P.132

自然崇拝の聖地といにしえの道をたどる

熊野三山・熊野古道 ➡P.27

くまのさんざん・くまのこどう

巡礼の道・熊野古道が、熊野本宮大社、熊野速玉大社、熊野那智大社からなる熊野三山へと続く。熊野本宮大社付近には歴史ある温泉郷があり、湯浴みを楽しむことができる。観光拠点となるエリアでは、南紀に伝わる郷土寿司や那智勝浦のマグロなどの新鮮な魚介が味わえる。

⇧熊野本宮大社

⇧熊野那智大社へ続く大門坂

観光のポイント 熊野本宮大社P.32　熊野速玉大社P.36　熊野那智大社P.40　近露王子P.46　つぼ湯P.63　阿須賀神社P.64　花の窟P.70　勝浦漁港魚市場P.72

大阪府　奈良県　三重県　和歌山県　愛知県

奈良駅　郡山下ツ道JCT　名阪国道　西名阪自動車道　松原JCT　美原JCT　天理駅　近鉄橿原線　桜井線　近鉄大阪線　名張駅　家城駅　名松線　伊勢奥津駅　伊勢自動車道　紀勢本線　松阪駅　近鉄山田線　多気駅　伊勢神宮外宮　伊勢市駅　宇治山田駅　鳥羽駅　伊勢神宮内宮　参宮線　勢和多気JCT　伊勢湾　伊勢神宮　志摩半島　近鉄志摩線　賢島駅　五ヶ所湾　英虞湾　紀勢自動車道

近鉄長野線　南海高野線　京奈和自動車道　和歌山線　近鉄吉野線　吉野駅　五條　橋本　橋本駅　真田庵(善名称院)　九度山　高野山駅　奥之院　金剛峯寺　高野山　高野山・龍神・和歌山　護摩壇山

紀伊長島　紀伊長島駅　熊野灘　尾鷲　尾鷲北　尾鷲駅　尾鷲神社　尾鷲南　熊野尾鷲道路　熊野三山・熊野古道

龍神温泉 元湯　十津川温泉　龍神温泉　熊野古道・中辺路　熊野市駅　熊野大泊　花の窟　熊野　熊野本宮大社　熊野速玉大社　紀勢本線　熊野本宮温泉郷　熊野川(新宮川)　那智の滝　新宮駅　新宮　新宮南　熊野那智大社　那智勝浦　那智勝浦　紀伊勝浦駅　太地駅　太地町立くじらの博物館　すさみ　すさみ南　紀勢本線(きのくに線)　太地　串本駅　紀伊大島　串本　潮岬　白浜・すさみ・田辺・みなべ

太古の歴史を刻む日本人の心のふるさと

伊勢神宮 ➡P.142

いせじんぐう

外宮・内宮を中心に伊勢市周辺に鎮座する125の宮社の総称で、全国各地から参拝者が訪れる。内宮の門前町であるおはらい町・おかげ横丁には名物グルメやみやげ物の店が軒を連ねる。

⇧外宮で最も神聖な正宮

⇧内宮の宇治橋は結界の橋

豊かな自然と歴史あるエリアを旬の食材や行事が彩る

トラベルカレンダー

温暖な気候と、海と山に恵まれた南紀白浜エリアは、観光もグルメも四季折々で充実している。自分の求める旬の時期を吟味し、旅の計画を。

1月	2月	3月	4月	5月	6月
一年で最も寒さの厳しい時期。朝方は氷点下を記録することもある。	まだまだ寒い日が続くが、みなべの梅が見頃を迎え、春の足音も。	徐々に春が感じられ、中旬～下旬に桜が開花する。山岳部はまだ寒い。	気温が上がり過ごしやすくなる。高野山でも草木が芽吹き始める。	白浜エリアは汗ばむ陽気の日も。高野山では新緑が眩しい季節。	最も雨量の多い時 アジサイやホタルが 賞できる時期でもあ

月平均気温（℃）　● 和歌山　● 新宮　● 高野山
月平均降水量（mm）　和歌山　新宮　高野山

南部は冬でも比較的過ごしやすいが、高野山などの山岳部では降雪する

日中はぐっと気温が上昇するが、内陸部で朝晩は冷え込むことも

	1月	2月	3月	4月	5月	6月
気温 和歌山	6.0	6.4	9.5	14.9	19.3	23.0
気温 新宮	7.2	7.9	10.8	15.4	19.0	22.1
気温 高野山	−0.5	0.1	3.6	9.3	14.0	17.9
降水量 和歌山	44.4	61.0	96.5	100.3	150.0	188.6
降水量 新宮	107.8	139.5	269.3	285.4	325.6	401.4
降水量 高野山	83.1	95.3	144.2	137.2	176.6	264.5

1月

1日
歳旦祭（伊勢神宮）
皇室の弥栄・五穀の豊穣・国家の隆昌・国民の平安をお祈りする新年最初のお祭り。若水を汲み、神饌をお供えする。

第3土曜
本州最南端の火祭り（串本）
風・音・炎の祭典。火矢で点火する3万坪の芝焼きは、平地のため間近で炎を感じられる。名物のしょらさん鍋も振る舞われる。

2月

1月下旬～3月上旬
梅まつり（みなべ）
「一目百万、香り十里」と称される日本一の梅林を観賞。週末には紀州梅林太鼓の演奏やもち投げなどのイベントも。

6日
お燈祭（新宮）
国の重要無形民俗文化財にも指定された神倉神社の例祭で、白装束に身を固めた上り子が御神火をいただき駆け下りる勇壮な火祭り。

3月

3日
雛流し（和歌山）
淡嶋神社へ全国各地から奉納された雛人形と、願い事を書いた形代（かたしろ）を白木の小舟に乗せて、宮司のお祓いのあと海に流す神事。

第1日曜
高野の火まつり（高野山）
高野山の春の山開きを告げる柴燈大護摩供。招福厄除けも祈る。高野山の僧侶や修験者たちが営む。

4月

13～15日
熊野本宮大社例大祭（本宮）
熊野本宮大社で最大のお祭り。13日の湯登神事に始まり、14日の船玉大祭、15日の渡御祭まで盛大に行われる。

5月

4・5日
真田まつり（九度山）
戦国武将・真田昌幸、幸村父子を偲び行われる。5日には真田十勇士などの甲冑をまとった武将たちが町内を歩く武者行列も。

中旬
和歌祭（和歌山）
紀州東照宮の大祭。108段の石段を勇ましく御神輿が駆け下り、その後、太鼓や薙刀振りなどの渡御行列が和歌浦周辺を練り歩く。

6月

15日の前の日曜
青葉まつり（高野山）
弘法大師の誕生を祝 法会は、6月15日大 教会で執り行われ 大師音頭を踊りな の花御堂渡御とい レードで盛り上がる。

ミカン 9月下旬～2月
マグロ 1～4月
伊勢エビ・クツエビ 11～2月
梅の花 1月下旬～3月上旬
初ガツオ 3～5月
桜 3月下旬～4月上旬
シャクナゲ 5月
梅 6月
天然鮎 6～7月
タチウオ 6～8月

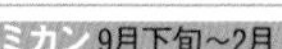
梅の花

初ガツオ

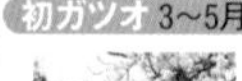

桜

マグロ

シャクナゲ

梅

熊野本宮大社

伊勢神宮

熊野速玉大社

神倉神社

8月

11月

7月	8月	9月	10月	11月	12月
ｧの緑も青々と成長夏の日差しで海のめきが増してくる。	海のブルーが美しく見える季節。高気圧に覆われ晴天が続く。	朝晩は涼しくなるが、日中の気温は真夏並み。大型台風も多く発生する。	温暖な気候で過ごしやすいが、朝晩は冷えることも。服装で調整を。	紅葉が中旬～下旬に見頃を迎える。グルメイベントの開催も多い。	晴天の日が多い。地魚や温泉が楽しめる時期。厚手のコートが必要。

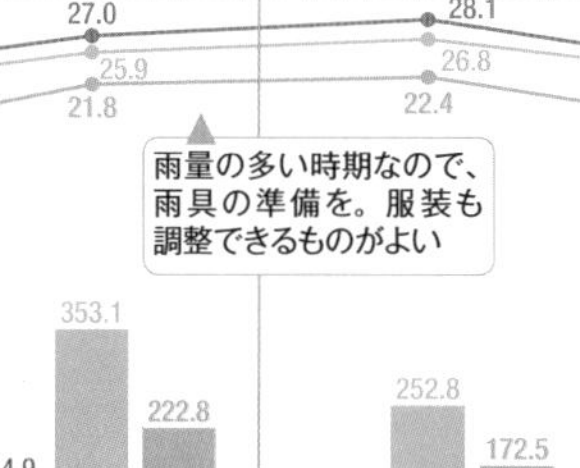

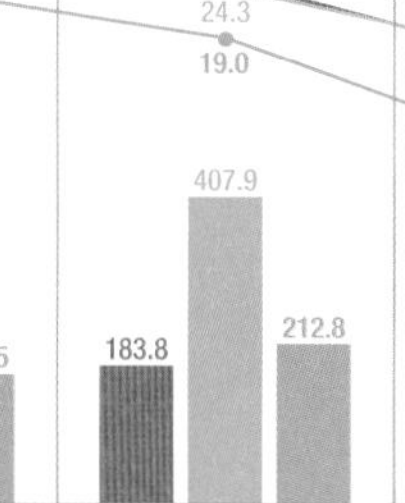

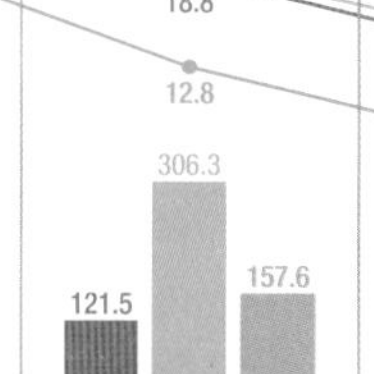

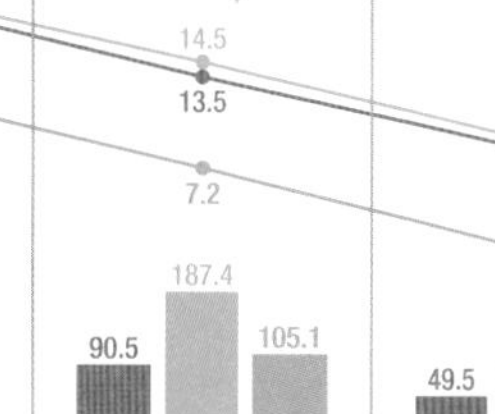

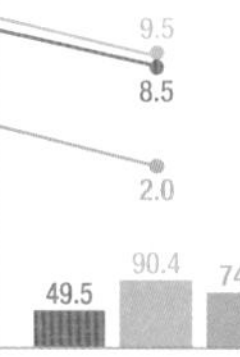

ｺ
智の扇祭り
熊野那智大社)
ｪ三大火祭りのひと熊野の神々を遷した神輿が、重さ約50kgに松明で迎え清めら神々が飛瀧神社へ還りされる。
・25日
辺祭(田辺)
ｩを練り歩く8基の笠が特徴。田辺の街をように走って厄を祓ｪめる住矢の走りや流しなど、見どころ豊富祭り。

秋分の日を挟む3日間
秋の神楽祭
(伊勢神宮)
神恩に感謝を捧げ、国民の平和を祈る行事。春の神楽祭と同じく開催される。公開舞楽は、雨天時は参集殿舞台で行われる。

15・16日
例大祭(熊野速玉大社)
15日神馬渡御式、16日(開催日変動の可能性あり)神輿渡御式・御船祭。熊野の神々が現在の地に鎮まった様子を伝える。国の重要無形民俗文化財。

10～11月
和歌山城まちなかキャンドルイルミネーション・竹燈夜
和歌山城を中心として、約8000本の竹で製作した灯籠を並べ、火を灯し幻想的な夜を創出。

下旬
熊野那智詣
(熊野那智大社)
平安装束を身にまとい、いにしえの熊野詣を再現する。大門坂、熊野那智大社、那智山青岸渡寺、那智の滝に至るコースをたどる。

中旬～下旬
おかげ横丁 歳の市
(伊勢)
ミニ門松やもち花など正月飾りを販売する市が立ち並ぶ。昔ながらのしめ縄作りなどの体験も行っている。(要予約)

天然鮎

タチウオ

ミカン 9月下旬～2月

戻りガツオ 9～11月

鯨

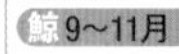

伊勢エビ・クツエビ 11～2月

紅葉

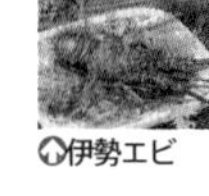
伊勢エビ

クエ

紅葉 10月下旬～12月上旬

クエ 10～12月

※開催日程は変動することがありますので、事前にHPなどでご確認ください

プレミアム滞在 モデルプラン

熊野三山 おとなの1泊2日

太古から人々が目指した地・熊野三山、弘法大師を敬って訪れる者が絶えない高野山、海沿いの絶景が魅力のリゾート・白浜を巡り、南紀の壮大な時の流れを感じたい。

⇧那智の滝(飛瀧神社)。滝を御神体とし、自然そのものに神々を見いだした太古の信仰を強く印象づける場所だ

神々が鎮まる熊野本宮大社周辺の旅

熊野の悠久の自然に息づいた祈りのこころにふれる、熊野めぐりは本宮から。

8:40 新宮駅

約1時間
新宮駅から熊野交通バス・本宮大社前行きで1時間、終点下車すぐ。
もしくは紀伊田辺駅から明光バス・新宮駅行きで1時間35分、本宮大社前下車すぐ

9:40 熊野本宮大社

約20分
本宮大社前バス停から龍神バス・紀伊田辺駅方面行きで20分、湯の峰温泉下車すぐ

15:30 湯の峰温泉

徒歩すぐ
湯の峰温泉に点在する風情あふれる温泉宿に宿泊する

古式ゆかしい 熊野詣 の中心地を目指す

熊野本宮大社 ➡P.32
くまのほんぐうたいしゃ

杉木立が広がる158段の石段の参道を上ると、檜皮葺きの美しい社殿が姿を現す。上四社は江戸時代の建築。

大斎原 ➡P.35
おおゆのはら

一の鳥居から徒歩5分ほどの旧社地へ。日本一の高さの大鳥居をくぐると、洪水で流失した中四社、下四社を祀る石祠が立つ。

世界遺産に登録された名湯

1日に7度色が変わるという 湯の峰温泉 の共同浴場へ

つぼ湯 ➡P.63
つぼゆ

湯の谷川の川原に建つ湯小屋に天然岩をくりぬいた浴槽がある。最大2～3人の広さで30分ごとの交替制。

朱色の社殿を訪ね太古の信仰にふれる

熊野速玉大社と熊野那智大社、2つの神社を訪ね、那智の滝の絶景と遭遇。

8:50 湯の峰温泉

約1時間30分
湯の峰温泉バス停から熊野交通バス・新宮駅行きで1時間10分、終点下車、徒歩20分

10:20 熊野速玉大社

約1時間30分
新宮駅からJR特急「くろしお」で15分、紀伊勝浦駅下車、熊野交通バス・那智山行きに乗車して20分、大門坂下車、熊野那智大社まで徒歩45分

14:30 熊野那智大社

約30分
那智山バス停から熊野交通バス・紀伊勝浦駅行きで25分、終点下車、徒歩すぐ

17:35 紀伊勝浦駅

熊野川を背に鎮座する 朱塗りの社殿 へ

熊野速玉大社 ➡P.36

くまのはやたまたいしゃ

熊野速玉大神と熊野夫須美大神の夫婦神を主祭神とし、縁結びなどの御利益で名高い。推定樹齢が1000年とされる梛の大樹は天然記念物。

神倉神社 ➡P.39

かみくらじんじゃ

熊野大神が最初に降臨したといわれる巨大なゴトビキ岩が御神体。538段の仰ぎ見るような自然石の石段の上に建つ。

苔むす古道を抜け、朱色に輝く社殿や 那智の滝 を参詣

熊野那智大社 ➡P.40

くまのなちたいしゃ

那智山の中腹に鎮座し、丹塗りの社殿と木々の緑が印象的な熊野那智大社。境内までは熊野古道で最も情緒あふれる大門坂の石畳の道を歩いて向かいたい。那智の滝(飛瀧神社)も必見。

プランニングのアドバイス

移動の時間をよく考えておきたいエリア。特に熊野本宮大社と鉄道の駅を結ぶバスは、所要時間が長く、本数も多くないので要注意。熊野本宮大社からバスで10〜20分ほどの熊野本宮温泉郷(P.62)は、湯の峰温泉をはじめ趣が異なる3つの温泉地があり、好みの宿を見つけて宿泊したい。熊野速玉大社の門前町・新宮は佐藤春夫や中上健次など文化人を輩出した街。熊野那智大社がある那智山の麓に広がる那智勝浦は、南紀でも屈指の温泉地で、多彩な温泉を満喫できる。熊野古道を歩くなら、近露王子(P.46)や発心門王子(P.48)、または熊野那智大社へ続く大門坂(P.42)へ向かうのがよい。新宮駅から特急列車で20分ほどの熊野市駅の周辺には、花の窟(P.70)や獅子岩(P.71)など神話が息づく景勝地が点在し、さらに特急列車で10分ほど進むと、新鮮な海の幸が魅力の尾鷲(P.68)に着く。滞在を1日延ばすと熊野三山以外の名所も巡れるだろう。
新宮には南紀に伝わる郷土寿司(P.66)、那智勝浦は多彩なマグロ料理が食べられるお店(P.73)が多い。熊野古道の中辺路沿いには、地元の素材を使った料理が味わえるお店(P.53)も。

↑「小鳥の樹」の紀州うめ鶏と高菜の柔らかハンバーグ

祈りに包まれた高野山の天空伽藍へ

天空の宗教都市で、五感を研ぎ澄ませ、弘法大師の深遠な教えを知る。

8:15 **和歌山駅**

約2時間
和歌山駅からJR和歌山線で1時間6分、橋本駅で南海高野線に乗り換えて、極楽橋駅まで33分、高野山ケーブルカーに乗り換えて5分

10:15 **高野山駅**

約20分
高野山駅から南海りんかんバス・奥の院前行きで10分、千手院橋下車、徒歩10分

10:40 **壇上伽藍、金剛峯寺**

約5分
千手院橋バス停から南海りんかんバス・奥の院前行きなどで4分、奥の院口下車すぐ

13:30 **奥之院**

約5分
奥の院前バス停から南海りんかんバス・高野山駅前行きで3分、苅萱堂前下車、徒歩2分

16:30 **恵光院**

高野山中心部に建つ堂塔や寺院を拝観

壇上伽藍 ➡P.80

だんじょうがらん

高野山を開創した弘法大師が、真言密教の修行の場として開いた場所。曼荼羅の世界を立体的に表した各堂塔を巡拝する。

⬆壇上伽藍の根本大塔内に広がる立体曼荼羅は、弘法大師が伝える真言密教の教えを表現したもの

金剛峯寺 ➡P.84

こんごうぶじ

全国にある高野山真言宗の総本山。寺名は仏教を究めるという弘法大師の思いから経典の名称に由来。風格のある正門や主殿、優美な石庭などに注目。

弘法大師が今も祈り続ける聖域へ

高野山の信仰の中心とされる聖地を散策

奥之院 ➡P.86

おくのいん

高野山で最も貴い場所のひとつで、弘法大師の御心にふれようと多くの人が訪れる。一の橋から御廟までの参道沿いには、無数の墓碑や供養塔が立つ。

密教の修行体験ができる寺院に宿泊

恵光院 ➡P.91

えこういん

奥之院の一の橋に近い宿坊寺院。写経や瞑想、精進料理などさまざまな体験ができる。奥之院ナイトツアーの出発点。

プランニングのアドバイス

日帰りなら壇上伽藍、金剛峯寺、奥之院を中心に、1泊するなら高野山の貴重な文化財を展示している高野山霊宝館や巨大な大門(P.88)など多岐にわたる見どころを訪ね、聖なる仏教都市を満喫したい。また、南海高野線の橋本～極楽寺の途中に位置する九度山(P.102)に立ち寄り、真田幸村が過ごした跡や女人高野など高野山にゆかりのある寺社を見てまわるのもよい。日数に余裕があれば、出発地の和歌山にある和歌山城(P.106)など紀州の歴史にふれられるスポットや、高野山から南へ車で1時間10分進んだところにある龍神温泉(P.104)へ足を延ばすといったプランも立てられる。
高野山の食事では、1200年にわたり受け継がれてきた伝統の精進料理(P.98)は欠かせない。予約が必要なお店もあるので、事前に確認を。散策の休憩なら、おいしいコーヒーやスイーツが味わえるカフェ(P.100)を利用したい。

⬆高野山の老舗・花菱の精進料理

海とパンダが名高いリゾート、白浜を巡る

温泉、絶景、動物。楽しみ盛りだくさんで時を忘れる贅沢な滞在。

9:30 白浜駅

約15分
白浜駅から明光バス・アドベンチャーワールド行きで10分、終点下車すぐ

9:45 アドベンチャーワールド

約15分
アドベンチャーワールドから明光バス・町内循環線102系統で12分、三段壁下車すぐ

14:30 三段壁

約10分
白良浜バス停から明光バス・町内循環線102系統で6分、臨海(円月島)下車すぐ

17:30 円月島

約30分
臨海(円月島)バス停から白浜バスセンターまで徒歩15分、明光バス・田辺駅行きで13分、白浜駅下車すぐ

19:00 白浜駅

動物園で パンダ を見学

アドベンチャーワールド ➡P.118

動物園、水族館、遊園地がある和歌山県白浜町にあるテーマパーク。フィーディングや記念撮影などで動物の魅力が間近で感じられる。

黒潮 が織りなす白浜の景色に感動

白良浜 ➡P.117

しららはま

白浜の名前の由来にもなったビーチ。真っ白な砂浜とエメラルドグリーンの海の美しさが、南国リゾートを思わせる。

崎の湯 ➡P.125

さきのゆ

万葉時代からの歴史がある白浜温泉。岩場に造られた、大海原を見晴らせる野趣あふれる名湯にゆっくり浸かりたい。

目の前の 大海原 に沈む夕日を眺める

三段壁 ➡P.116

さんだんべき

海に突き出た高さ50mの断崖が続くダイナミックな光景が見られる。真下にある神秘的な洞窟へ行くこともできる。

円月島 ➡P.117

えんげつとう

黒潮の波で浸食された島中央部の円い穴が特徴で、南紀随一の夕日スポット。グラスボートでの海上散策も一興。

プランニングのアドバイス

1日でも主要スポットは巡れるが、温泉リゾートにふさわしく海を望む露天風呂や美食など個性豊かな宿が揃うので、好みの宿を探して宿泊するのもおすすめ。また白浜駅からレンタカーやJR紀勢本線の特急「くろしお」などを利用して、周辺の街に出かけることもできる。白浜の北西に位置するみなべ(P.132)は南高梅の一大産地として、田辺(P.128)は梅に加え、南方熊楠のゆかりの地として知られる。南東に進むと、美しい海景が広がるすさみ(P.126)、本州最南端の潮岬がある串本(P.136)や鯨の街の太地(P.140)がある。名物グルメや自然景観、街の歴史などテーマを決めて、さまざまな街を巡ってみたい。
白浜ではクエや伊勢エビなどの海鮮グルメ(P.120)はぜひ味わいたい。ほかにも海が見えるカフェ(P.122)でのランチもおすすめ。白浜周辺の街でも、地元の旬な食材を使った料理が充実している。

↑白浜にある風車のクエ鍋

潮風が香る絶景シーサイド

海原が描く青の世界

黒潮が流れる雄大な海と、多様な地勢の大地がさまざまな表情を見せてくれる。
長い歳月をかけて築かれた壮大なスケールを感じることこそ南紀の旅の醍醐味だ。

色彩の絶景 1

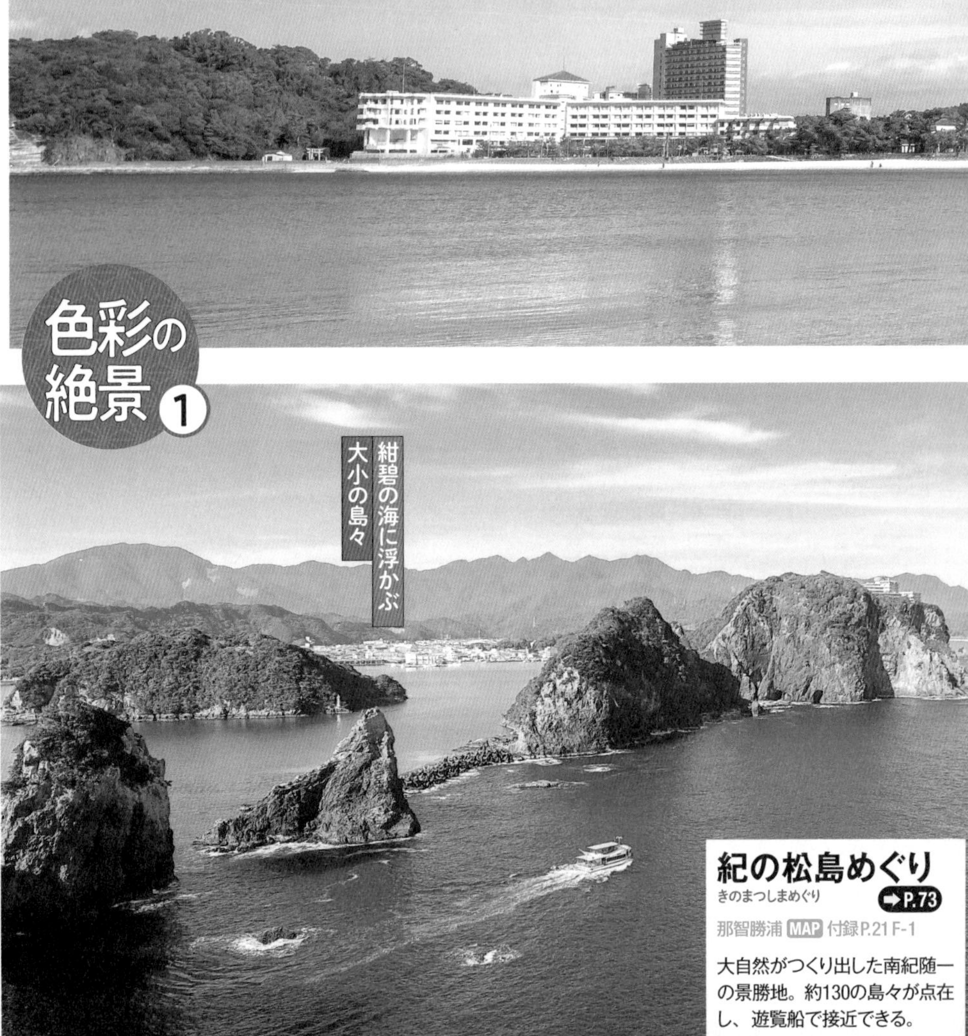

紺碧の海に浮かぶ大小の島々

紀の松島めぐり

きのまつしまめぐり

➡P.73

那智勝浦 MAP 付録P.21 F-1

大自然がつくり出した南紀随一の景勝地。約130の島々が点在し、遊覧船で接近できる。

白砂の海岸に打ち寄せる
エメラルドグリーンの波

白良浜 ➡P.117

しららはま

白浜 MAP 付録P.15 D-2

弧を描く真っ白な浜辺と、透明度の高い海とが調和する。南国リゾートのような雰囲気の白浜を代表する名勝。

千畳敷 ➡P.116

せんじょうじき

白浜 MAP 付録P.15 D-4

岩畳を思わせる大岩盤の見事な姿に目を奪われる。強風で岩礁にぶつかるダイナミックな荒波も迫力満点。

悠久の時間が生み出した
豪快な自然の造形

果てしない水平線を望む
本州最南端の地

潮岬 ➡P.138

しおのみさき

串本 MAP 付録P.23 D-2

青々とした約10万㎡の「望楼の芝」の先に、ゆるやかな弧を描いた太平洋が広がり、地球が丸いことが実感できる。

四季折々の風光明媚な情景

色彩の絶景 2

自然が生み出す色調の美

花々の目にも鮮やかな色合いに心癒やされる。いにしえの歴史が息づく地で出会う、日本伝統の色に思いを馳せたい。

満開の桜並木の間に白亜の天守閣がそびえる

和歌山城 ➡P.106

わかやまじょう

和歌山 MAP 付録P.6A-2

3月下旬〜4月上旬、ソメイヨシノを中心に約600本の桜が咲く。岡口門から二の丸庭園までの桜並木や、夜のライトアップで昼と違う景色を楽しむのもおすすめ。

標高1040mに咲き誇る真夏のアジサイ

花園あじさい園

はなぞのあじさいえん

高野山周辺 MAP 付録P.3 E-3

高地のため、7月初旬〜8月初旬に色づく3500株のアジサイを、800mの遊歩道から楽しめる。

☎0737-26-0888 所かつらぎ町花園久木364-26 開4〜11月9:30〜16:30 休期間中の荒天時、水曜 料200円 交高野山ケーブル・高野山駅から車で30分 Pあり

生石高原

おいしこうげん

紀美野町・有田川町 MAP 付録P.2 C-3

標高870mの山頂に、約13haのススキの大草原が広がり、四季折々の景色が楽しめる。晴れると淡路島や四国も見渡せる。

☎073-489-3586(山の家おいし)
所紀美野町中田 開休料見学自由
交JR海南駅から車で50分 Pあり

金色の穂が波打つ
360度のパノラマを堪能

壇上伽藍 ➡P.80

だんじょうがらん

高野山 MAP 付録P.8 B-3

金剛峯寺から壇上伽藍に通じる蛇腹路は、10月下旬～11月初旬に鮮やかな緋色・黄色に覆われる。朱塗りの根本大塔との調和も美しい。

歴史が息づく小道の
紅葉のトンネルを歩く

陽光に照らされた名所

記憶に残るひとときの輝き

移ろう太陽とともに変化する神々しい景色は、この地に生きた先人たちの心をもとらえてきた。描き出される繊細な美しさに、しばし時を忘れる。

色彩の絶景③

棚田の水鏡が映し出す
ふるさとの原風景

丸山千枚田 ➡P.69

まるやませんまいだ

熊野 MAP 付録P.11 F-1

田植えが始まる5月頃、日本最大級の1340枚の棚田に水が張られ、夕方から夜にかけて見事なグラデーションを浮かべる。

聖地で迎える静謐な朝
心洗われる絶景と出会う

伊勢神宮 内宮 ➡P.148

いせじんぐう ないくう

伊勢 MAP 付録P.25 F-4

冬至の日、内宮へ続く宇治橋の大鳥居では、朝日が大鳥居の真ん中から昇る。荘厳な風景は思わず息をのむ美しさだ。

大迫力の奇岩群が生む
幻想的な夜明け

橋杭岩 ➡P.136

はしぐいいわ

串本 MAP 付録P.23 E-1

水平線から太陽を浴びて、大小40余りの石柱と海面が刻一刻と変化する。万華鏡のような美しさから目が離せない。

目が眩むような黄金色
神秘的な海霧を眺める

田原海岸

たはらかいがん

串本 MAP 付録P.11 E-4

条件が揃った12〜2月の早朝、海面にたちこめる霧が朝日を反射して輝く。黄金色の海原を進む漁船の姿が味わいに。

☎0735-62-3171(南紀串本観光協会) 所串本町田原 開休料見学自由 交JR紀伊田原駅から徒歩5分 Pなし

茜色に染まる空を背景に
島の影像が美しく浮かぶ

円月島 ➡P.117

えんげつとう

白浜 MAP 付録P.14 A-3

白浜の象徴・円月島に落陽が重なる和歌山屈指の夕景スポット。春分の日と秋分の日の前後は、夕日が穴に入る。

ニュース＆トピックス

「紀伊山地の霊場と参詣道」が世界遺産に登録されてから20年を迎えるほか、自然を感じられる複合施設や宿泊施設など、魅力あふれるものが続々と登場している。

世界遺産登録から20年! 紀伊山地の霊場と参詣道へ

平成16年(2004)に紀伊半島の熊野三山、熊野古道、高野山などが世界遺産に登録されてから2024年に20周年を迎える。聖地・パワースポットにあらためて注目しよう!

紀伊山地の霊場と参詣道 ➡P.56
きいさんちのれいじょうとさんけいどう

2024年20周年

那智山青岸渡寺本堂の後方には美しい三重塔と那智の滝の荘厳な光景が見られる

鮮やかな朱色が映える高野山の壇上伽藍

妙大雲 で 白浜の海と星空を独り占め

かけ流し温泉付きのヴィラで贅沢なグランピングを満喫。庭では自由に道具を持ち込んで焚き火やBBQを楽しめる。周辺には観光スポットやグルメの魅力も満載。

妙大雲
みょうだいうん

白浜 MAP P.15 F-2

☎0739-33-7811 所白浜町3777-5 交JR白浜駅から車で15分 Pあり
in15:00 out12:00(ヴィラ) 室7室 予算1泊素泊まり5万6500円〜

2023年5月オープン

お風呂は落ち着いた和の雰囲気で、温泉かけ流しの檜風呂

明るい外観がリゾート気分を盛り上げてくれる温泉付きヴィラ

部屋には150インチのプロジェクターがついており、迫力のある映像を投影可能

世界遺産・高野山を食と学びで体感 天風てらす が誕生!

カフェや高野山麓の名産品を揃えたショップ、高野山の歴史と文化を体感するためのワークショップを備えた複合施設。地元野菜を使った特製ハンバーガーなどが人気。

天風てらす
てんぷうてらす

高野山 MAP P.6 C-4

☎0736-25-6012 所高野町高野山53-3 営11:00〜17:00(LOランチ14:00 カフェ16:00) 休火曜 交高野山ケーブル・高野山駅から南海りんかんバス・奥の院前行きで15分、玉川通り下車すぐ Pあり ※冬期は営業時間・メニューの変更あり

2023年4月オープン

米粉バンズのクラフトバーガーセットがおすすめ

白浜の眺望を楽しめる 絶景サウナハウス のあるホテルへ

長さ32mを誇るインフィニティプール、サウナハウス、ジムを新たに新設し複合施設としてリニューアルオープン。太平洋を望むインフィニティ露天風呂や足湯も魅力。

SHIRAHAMA KEY TERRACE HOTEL SEAMORE
シラハマ キー テラス ホテル シーモア

白浜 MAP 付録P.15 E-3

➡P.159

2023年4月リニューアル

目の前に広がる絶景を眺めながら整える、貸切利用のサウナハウス

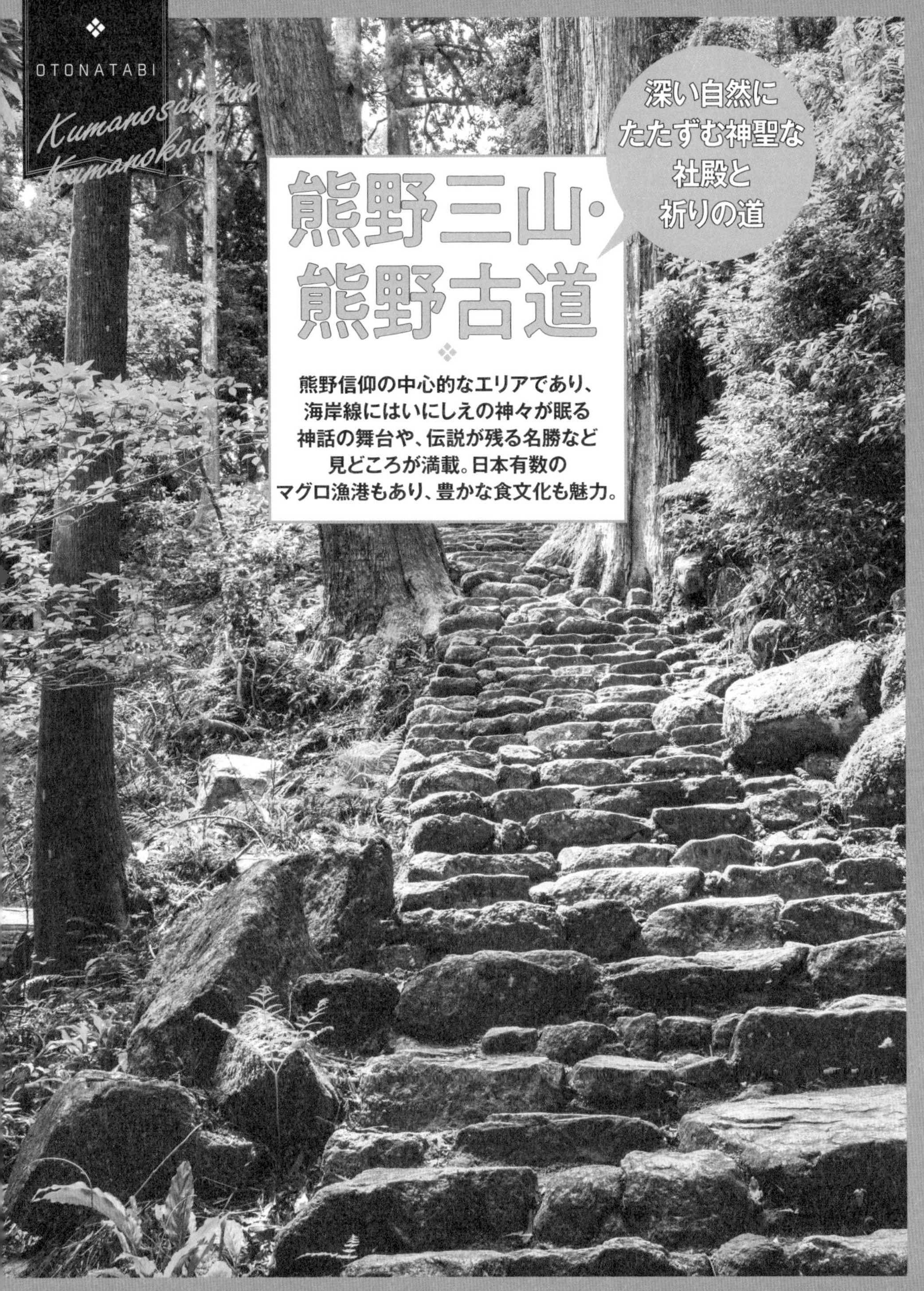

熊野三山・熊野古道

深い自然に
たたずむ神聖な
社殿と
祈りの道

熊野信仰の中心的なエリアであり、海岸線にはいにしえの神々が眠る神話の舞台や、伝説が残る名勝など見どころが満載。日本有数のマグロ漁港もあり、豊かな食文化も魅力。

エリアと観光のポイント

熊野三山・熊野古道はこんなところです

山深い熊野古道を歩き、熊野三山を参詣するのが、旅のハイライト。周辺の温泉地や、漁港で水揚げされた新鮮なマグロも楽しみたい。

神々が宿る深い原始の森と名勝広がる壮大な海岸線

紀伊半島の南部に位置する熊野信仰の中心地。2000年の歴史を持つ熊野の3つの聖地である熊野本宮大社、熊野速玉大社、熊野那智大社を中心にゆかりの古社が点在し、聖地巡礼の人々が踏みしめた古道が今もなお多くの人を引き寄せる。奇岩や切り立った岩壁が連なる海岸線には太古の自然崇拝や伝説の残る場所も多い。また多彩な源泉が湧く日本有数の温泉地もある。

↑熊野本宮大社

↑熊野那智大社

南紀の中心的な都市
新宮
しんぐう

熊野速玉大社の門前町で、作家の佐藤春夫や中上健次など新宮出身の文化人らの記念館も見られる。

人気スポット
阿須賀神社 ▶P.64
佐藤春夫記念館 ▶P.67

趣異なる3つの温泉
熊野本宮温泉郷
くまのほんぐうおんせんきょう

熊野本宮大社の周辺に湧く、古湯で知られる湯の峰をはじめ、川湯、渡瀬の3つの温泉地からなる。

人気スポット
つぼ湯 ▶P.63
仙人風呂 ▶P.63

熊野詣の3つの聖地
熊野三山
くまのさんざん

熊野本宮大社、熊野速玉大社、熊野那智大社の総称であり、自然崇拝を起源とする熊野詣の聖地。

熊野本宮大社 ▶P.32　熊野速玉大社 ▶P.36　熊野那智大社 ▶P.40

熊野三山への参詣道
熊野古道
くまのこどう

平安時代から続く熊野参詣の5つのルートのこと。最も多くの人が通った中辺路の散策コースが人気。

人気スポット
近露王子 ▶P.46　発心門王子 ▶P.48

熊野三山・熊野古道

神話と伝説が彩る地

熊野・尾鷲

くまの・おわせ

神話や伝説にゆかりの深い世界遺産の神秘的な観光スポット巡りや、新鮮な海の幸を味わえる。

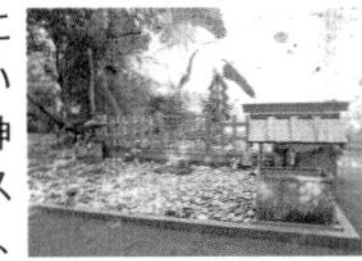

人気スポット

花の窟 ▶P.70
獅子岩 ▶P.71

新鮮マグロを堪能

那智勝浦

なちかつうら

熊野那智大社が鎮座し、新鮮なマグロ料理と、170を超すさまざまな源泉の湯めぐりを楽しめる。

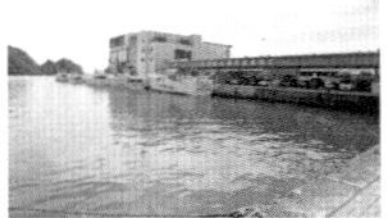

人気スポット

勝浦漁港魚市場 ▶P.72
紀の松島めぐり ▶P.73

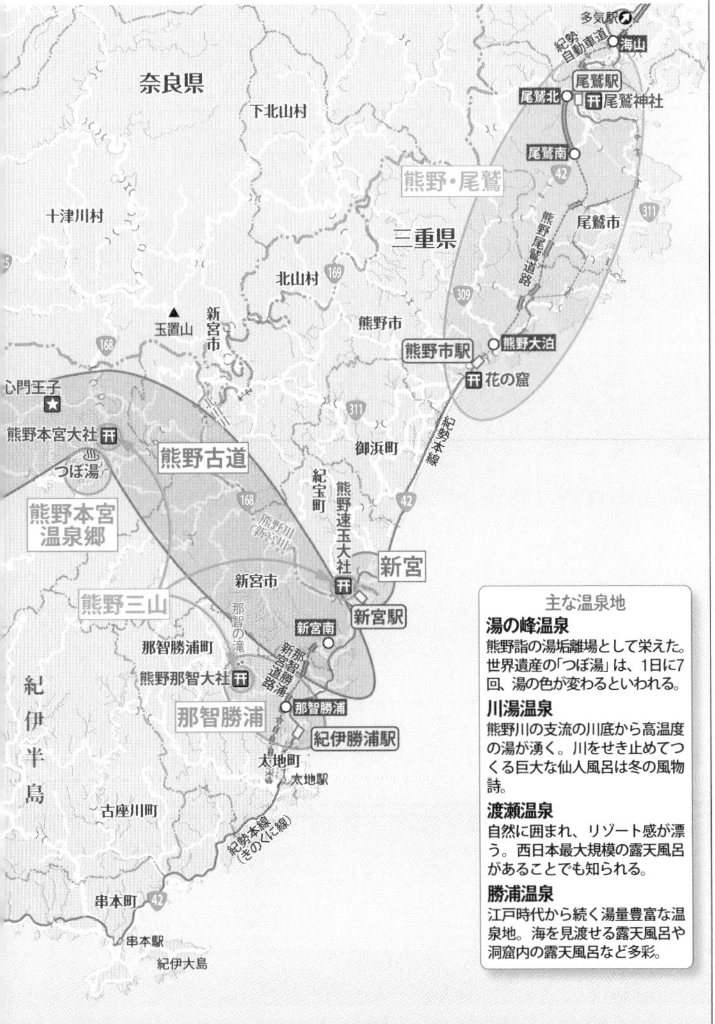

主な温泉地

湯の峰温泉
熊野詣の湯垢離場として栄えた。世界遺産の「つぼ湯」は、1日に7回、湯の色が変わるといわれる。

川湯温泉
熊野川の支流の川底から高温度の湯が湧く。川をせき止めてつくる巨大な仙人風呂は冬の風物詩。

渡瀬温泉
自然に囲まれ、リゾート感が漂う。西日本最大規模の露天風呂があることでも知られる。

勝浦温泉
江戸時代から続く湯量豊富な温泉地。海を見渡せる露天風呂や洞窟内の露天風呂など多彩。

交通information

エリア内の移動手段

海沿いにあるエリアはJR紀勢本線の特急や普通列車を利用したい。熊野本宮大社(P.32)へは新宮駅か紀伊田辺駅からバスを利用。いずれも熊野本宮温泉郷(P.62)を経由する。また紀伊田辺駅発のバスは中辺路(P.46)の箸折峠や近露王子を通って、発心門王子(P.48)まで向かうので、古道歩きには便利なバスだ。ただしバスの本数は多くはないので、事前に時間の確認を。フリーきっぷ(P.173)や観光バス(P.171)も活用したい。

周辺エリアとのアクセス

鉄道・バス

和歌山駅
↕ JR特急「くろしお」で1時間15分
紀伊田辺駅
↕ JR特急「くろしお」で1時間40分 / ↕ 龍神バスで1時間15分
紀伊勝浦駅 / 近露王子(中辺路)
↕ JR特急「くろしお」で20分 / ↕ 龍神バスで1時間
新宮駅 / 熊野本宮大社
新宮駅⇔熊野本宮大社: 熊野御坊南海バスなどで1時間20分
↕ JR特急「南紀」で20分
熊野市駅 ⇔ 尾鷲駅 ⇔ 伊勢市駅
JR特急「南紀」で30分 / JR参宮線、JR特急「南紀」で1時間50分

車

和歌山
↕ 阪和自動車道経由75km
田辺
↕ 紀勢自動車道、国道42号経由91km / ↕ 国道311号経由35km
那智勝浦 / 近露王子(中辺路)
↕ 那智勝浦新宮道路経由17km / ↕ 国道311号経由23km
新宮 / 熊野本宮大社
新宮⇔熊野本宮大社: 国道168号経由35km
↕ 国道42号経由23km
熊野
熊野本宮大社→熊野: 国道168号、311号経由48km
↕ 熊野尾鷲道路経由26km
尾鷲
↕ 伊勢自動車道、紀勢自動車道経由79km
伊勢神宮

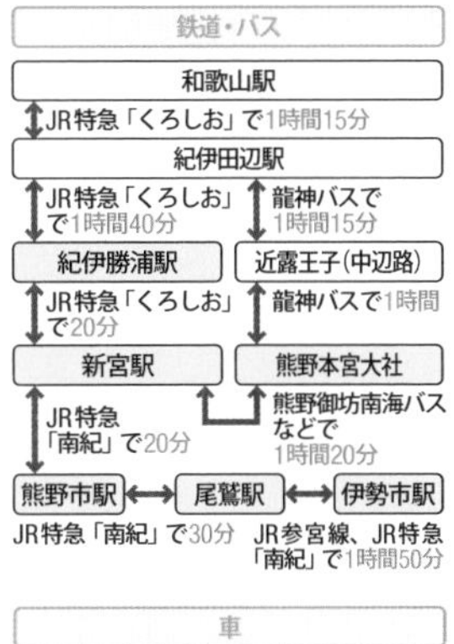

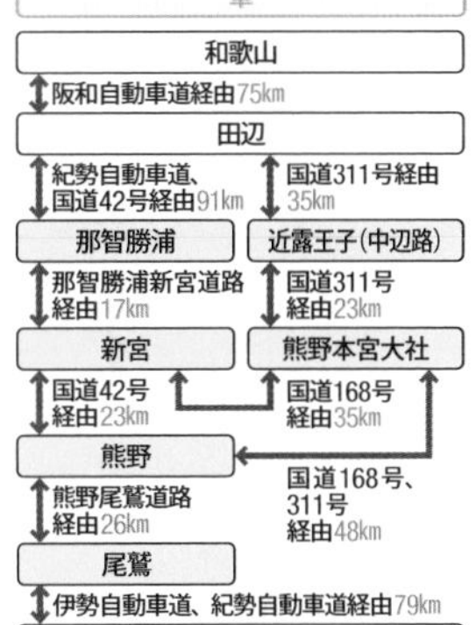

問い合わせ先

観光案内

熊野本宮観光協会	☎0735-42-0735
新宮市観光協会	☎0735-22-2840
熊野市観光協会	☎0597-89-0100
尾鷲観光物産協会	☎0597-23-8261
那智勝浦町観光案内所	☎0735-52-5311

交通

JR東海テレフォンセンター	☎050-3772-3910
JR西日本お客様センター	☎0570-00-2486
龍神自動車	☎0739-22-2100
熊野御坊南海バス(熊野)	☎0735-22-5101

山深い聖地に鎮まる古来の神々と出会う

熊野三山

くまのさんざん

平安の古(いにしえ)より三山を目指して、最果ての地に歩を進めた人々。生死を懸けた歩みの向こうに神々が住まう蘇りの聖地を見た。

七越峰から熊野本宮大社と旧社地の大斎原を望む

大斎原 ➡P.35
熊野本宮大社の旧社地。この地が熊野信仰発祥の地

古来人々が目指した聖地

神代、各々の自然崇拝が起源となった3つの聖地、熊野本宮大社、熊野速玉大社、熊野那智大社。平安時代中期、神仏習合の時代に相互の主祭神である家津美御子大神(素戔嗚尊)、熊野速玉大神(伊弉諾尊)、熊野夫須美大神(伊弉冉尊)をともに勧請し「熊野権現」として信仰されることになり、本宮は西方極楽浄土、新宮は東方瑠璃浄土、那智は南方補陀落浄土として「蘇りの地」となった。自らの再生を願った人々は、古道を踏破し三山を巡る「熊野詣」を行ったのである。

↑新宮市。権現山(神倉山)が元宮であり、熊野速玉大社を建てた地を新宮と呼ぶようになった

↑熊野那智大社は大滝を御神体とする「滝宮」が第一殿となる

熊野本宮大社 ➡P.32
明治22年(1889)の大水害により大斎原から現在地に移転された

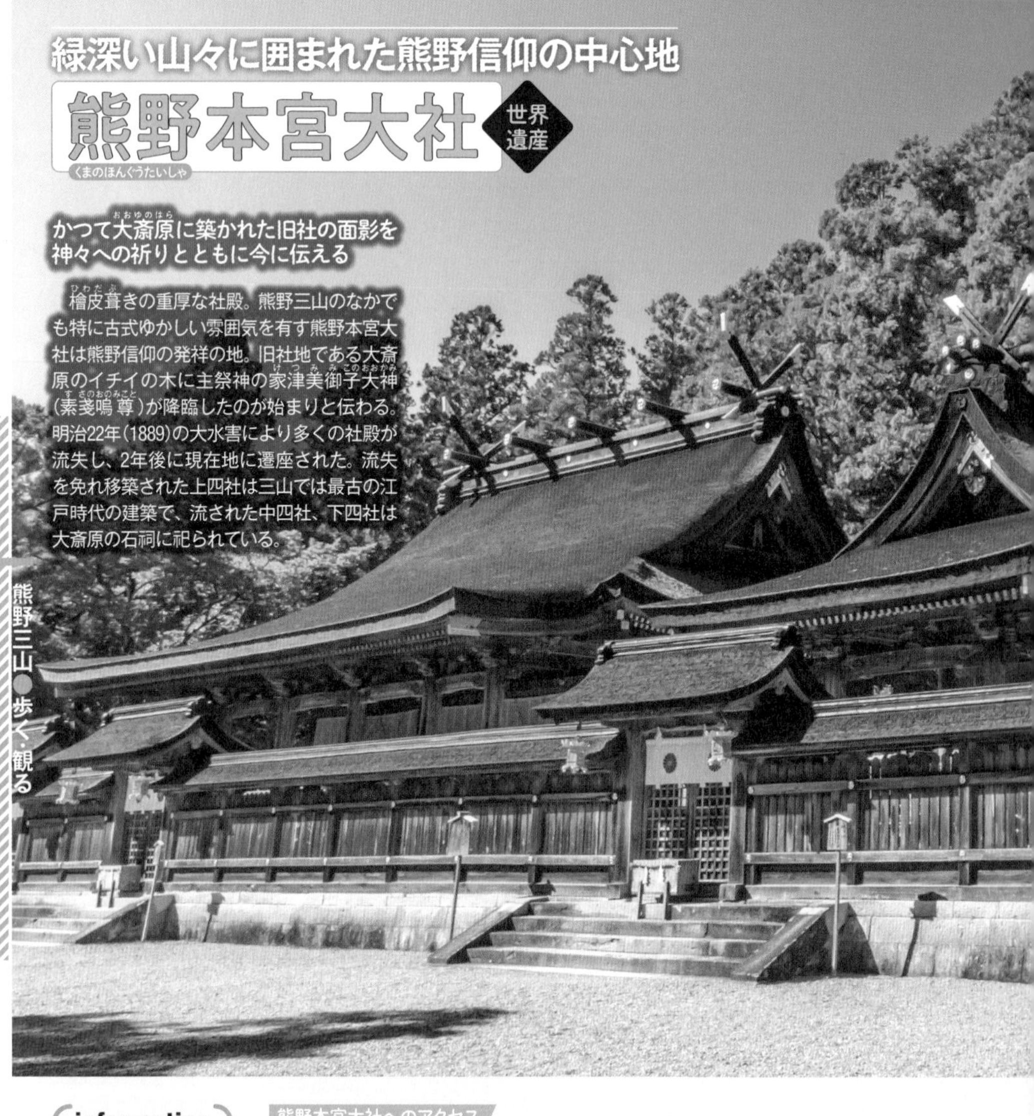

緑深い山々に囲まれた熊野信仰の中心地

熊野本宮大社 世界遺産

くまのほんぐうたいしゃ

かつて大斎原に築かれた旧社の面影を神々への祈りとともに今に伝える

檜皮葺きの重厚な社殿。熊野三山のなかでも特に古式ゆかしい雰囲気を有す熊野本宮大社は熊野信仰の発祥の地。旧社地である大斎原のイチイの木に主祭神の家津美御子大神(素戔嗚尊)が降臨したのが始まりと伝わる。明治22年(1889)の大水害により多くの社殿が流失し、2年後に現在地に遷座された。流失を免れ移築された上四社は三山では最古の江戸時代の建築で、流された中四社、下四社は大斎原の石祠に祀られている。

information

本宮 MAP 付録P.18 C-1
☎0735-42-0009
所 田辺市本宮町本宮1110
開 7:00〜17:00、宝物殿9:00〜16:00
休 無休(宝物殿不定休)
料 無料(宝物殿300円)
P 境内30台・河川敷600台

熊野本宮大社へのアクセス

鉄道・バス

- JR新大阪駅 → 鉄道 JR紀勢本線特急「くろしお」で2時間20分 → JR紀伊田辺駅 → バス 龍神バス・本宮大社方面行きなどで1時間35分〜2時間10分 → 熊野本宮大社
- JR名古屋駅 → 鉄道 JR紀勢本線特急「ワイドビュー南紀」で3時間30分 → JR新宮駅 → バス 熊野交通バス・本宮大社前行きなどで1時間20分 → 熊野本宮大社

車

- 松原JCT(大阪) → 阪和自動車道経由で1時間45分141km → 上富田IC → 国道311号経由で1時間10分52km → 熊野本宮大社
- 名古屋西IC → 東名阪自動車道、伊勢自動車道経由で2時間10分157km → 尾鷲北IC → 熊野尾鷲道路経由で25分24km → 熊野大泊IC → 国道311号経由で1時間5分50km → 熊野本宮大社

全国4000社以上ある熊野神社の総本宮

熊野三山のシンボル八咫烏の旗が出迎える

高さ33.9mの大鳥居がそびえる大斎原

熊野本宮大社の境内を散策!!

杉木立に包まれた聖域へ

深山幽谷の地にたたずむ熊野の中心。熊野詣の原点をくまなく見る。

1 一の鳥居
いちのとりい

木造りの鳥居を通り神域へ

本宮の入口。鳥居より俗界から神域に入るため一礼して入るのが礼儀。

鳥居の外と内では違う空気感

2 参道
さんどう

木立と大幟(のぼり)が続く道

鎮守の森の中、一直線に延びた参道沿いには「熊野大権現」と書かれた無数の大幟が立ち並ぶ。

本宮への石段につながる参道

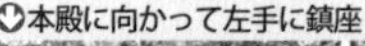

本殿に向かって左手に鎮座

3 祓戸大神
はらえどのおおかみ

溜まった穢(けが)れを祓う

石段の途中にある祓戸大神は溜まった罪や穢れを祓ってくれる神。本殿を参拝する前に、まず、ここに参る。

4 手水舎
てみずや

両手と口を清める

祓戸大神からしばらく石段を上がると右手にある手水舎。両手と口を清める。

天然石を組んだ手水舎

門の正面には証誠殿が見える

5 神門
しんもん

神々が鎮座する場へ

大注連縄(おおしめなわ)が掛けられた荘厳な神門。この門から本殿域に入る。

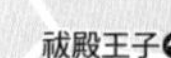

6 結宮・証誠殿・若宮
むすびのみや・しょうじょうでん・わかみや

各殿の参る順序をチェック

左から①結宮第一殿(熊野夫須美大神)②結宮第二殿(熊野速玉大神)③証誠殿(家津美御子大神)④若宮(天照大神)⑤満山社(結ひの神)と並ぶ。参拝は③→②→①→④→⑤の順で行う。第一殿から第四殿まで国の重要文化財に指定。

一説には本宮は熊野詣始まりの地。このあと、新宮、那智へ詣でるのが習わし

ココにも注目！

八咫ポスト やたポスト

拝殿近くのタラヨウの木の下に黒い八咫烏(やたがらす)をイメージしたポストがあり、実際に郵便物を投函できる。

郵送できる八咫烏ポスト絵馬800円

招霊木 おがたまのき

神門の脇にたたずむ招霊木の小賀玉の木。神木、霊木として神聖視されてきた。神楽舞の鈴はこの実をかたどったもの。

お守りをチェック

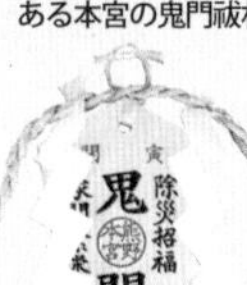

鬼門札800円。牛虎(東北)の守護神である本宮の鬼門祓札

栄光に導くといわれる栄光の勝守2000円

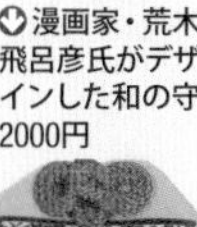

漫画家・荒木飛呂彦氏がデザインした和の守2000円

御朱印の初穂料は500円。御朱印帳の販売もあり

開館10:00～16:00、拝観料金は大人300円

8 宝物殿 ほうもつでん

熊野本宮大社の遺産群

室町・戦国時代の火災、明治の水害など災害を免れ、国・県の重要文化財に指定された宝物を収蔵。

注目ポイント

八咫烏(やたがらす)

主祭神である家津美御子大神(素戔嗚尊)のお仕えの鳥。日本を統一した神武天皇を、大和の橿原まで先導したという神武東征の故事にならい、導きの神として篤い信仰がある。「八咫」とは大きく広いという意味で、太陽の化身。足が3本あるが、それぞれ天・地・人を表す。

7 満山社 まんざんしゃ

祭神 結ひの神(むすひのかみ)

人と人を結ぶご縁の神

満山社は結ひの神、八百万(やおよろず)の神を祀っている。明治の大水害で流失したのち、失われたままだったが2008年に再建。

縁結びの神として参拝者が多い

休憩スポット

茶房 珍重菴 さぼう ちんちょうあん

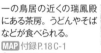

熊野もうで餅と水もうで食べ比べセット600円

一の鳥居の近くの瑞鳳殿にある茶房。うどんやそばなどが食べられる。

MAP 付録P.18 C-1
☎0735-42-1648
営9:00～16:00 休水曜

瑞鳳殿の1階にある店舗

証誠殿 しょうじょうでん
第三殿祭神
家津美御子大神(けつみみこのおおかみ)

若宮 わかみや
第四殿祭神
天照大神(あまてらすおおかみ)

熊野本宮大社の旧社地はこちら

熊野本宮大社の一の鳥居から国道を渡り石畳の遊歩道を5分ほど行くと、熊野川横に巨大な鳥居が見える。鳥居をくぐり、しばらく歩くと森林に包まれた広場に出る。ここが旧社地で、かつては12社6殿が横一列に並んでいた壮大なたたずまい。参拝者は川の水で身を清めてからでないと境内に入れなかったと伝えられる。

高さ33.9mの大鳥居は、2000年に造営された

大水害で流された中四社、下四社を祀る大きな石祠。境内には昔の熊野本宮大社の解説パネルもある

大斎原 おおゆのはら

世界遺産

MAP 付録P.18 C-2
☎0735-42-0009(熊野本宮大社) 所田辺市本宮町本宮1
開休料見学自由 交熊野本宮大社から徒歩5分 Pなし

熊野川の河口に鎮座する眩い社殿

熊野速玉大社 世界遺産

くまのはやたまたいしゃ

熊野川の権現河原近くに鎮座する朱塗りも鮮やかな熊野速玉大社

速玉とは映え輝く御神霊と讃えられた名。神倉神社のゴトビキ岩に降臨した神を、景行天皇の時代に祭祀の場を現在地に移したことで、神倉山を元宮、速玉大社を新宮と呼んだ。熊野速玉大神、熊野夫須美大神の2柱をはじめ18祭神が祀られている。朱色の神殿は美しく、国宝や重要文化財など1200もの社宝を保有し、梛の御神木は樹齢1000年の大樹だ。

information

新宮 MAP 付録P.20 A-1

☎0735-22-2533
所 新宮市新宮1
開 境内自由(神宝館9:00〜16:00) 休 無休
料 無料(神宝館500円、高校生以下無料)
P あり

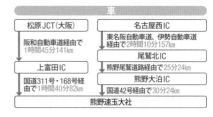

熊野速玉大社へのアクセス

鉄道

- JR新大阪駅 → 鉄道JR紀勢本線特急「くろしお」で4時間20分 → JR新宮駅
- JR名古屋駅 → 鉄道JR紀勢本線特急「ワイドビュー南紀」で3時間30分 → JR新宮駅
- JR新宮駅 → 徒歩20分 → 熊野速玉大社

車

- 松原JCT(大阪) → 阪和自動車道経由で1時間45分141km → 上富田IC → 国道311号・168号経由で1時間40分82km → 熊野速玉大社
- 名古屋西IC → 東名阪自動車道、伊勢自動車道経由で2時間10分157km → 尾鷲北IC → 熊野尾鷲道路経由で25分24km → 熊野大泊IC → 国道42号経由で30分24km → 熊野速玉大社

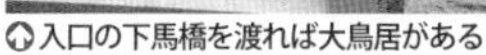

入口の下馬橋を渡れば大鳥居がある

高さ約20m、幹回り約6mの梛(なぎ)の木

元宮の神倉神社のゴトビキ岩

熊野速玉大社の境内を歩く!!

朱色に輝く社殿を巡る

「熊野権現」の称号はこの神社から。市街地からも近いパワースポット。

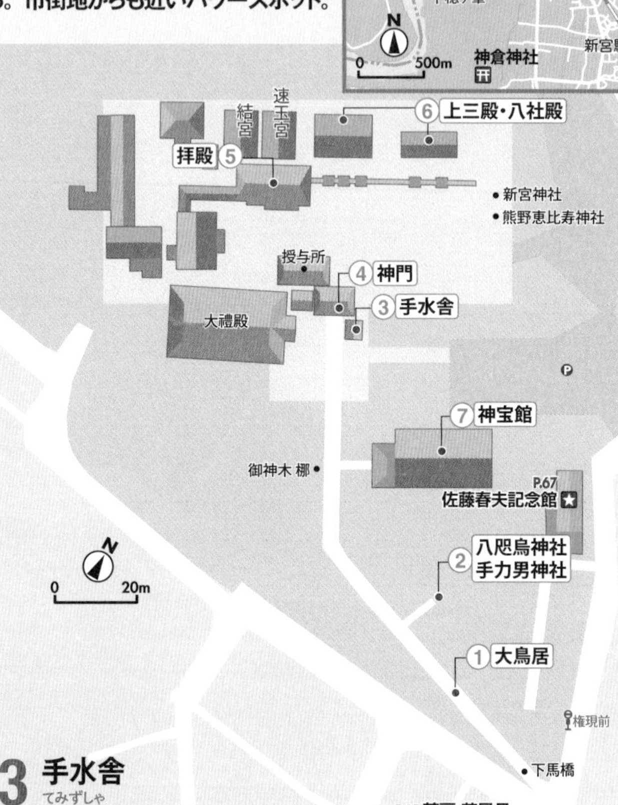

1 大鳥居
おおとりい

森の入口、朱塗りの大鳥居

新宮(丹鶴)城跡を背に国道42号を横断すると大鳥居まで一直線。鳥居の向こうは鎮守の森に覆われた神域。

鳥居の前にあるのが下馬橋

2 八咫烏神社・手力男神社
やたがらすじんじゃ・たぢからおじんじゃ

入口に座す2つの末社

鳥居を入りすぐ右手に、八咫烏を祀った八咫烏神社と、天岩戸の扉を開けた天手力男神を祀った手力男神社があり並んで鎮座する。

左が手力男神社、右が八咫烏神社

3 手水舎
てみずしゃ

気品漂う美しい舎

鮮やかな朱塗りが施された手水舎。中国から伝わったとされる長い鼻の水神に注目。

若干中国テイストがある建屋

4 神門
しんもん

太い注連縄が印象的

朱色の神門に掲げられた太い注連縄が格調の高さを表す。門の向こうに鈴門を配した美しい上三殿の姿が見られる。

昭和42年(1967)に再建された

7 神宝館
しんぽうかん

神々の歴史を伝える宝物

神宝館での展示内容は変わるが、国宝の御神像、彩絵檜扇、蒔絵手箱など1000点もの文化財が所蔵されている。

9:00〜16:00、料金500円

6 上三殿・八社殿
かみさんでん・はっしゃでん

上三殿は3つの鈴門が目印

上三殿には向かって左から第三殿(証誠殿)、第四殿(若宮)、第五殿(神倉宮)が、八社殿には中四社、下四社が並んでいる。

上三殿 かみさんでん

第三殿祭神
家津美御子大神(けつみみこのおおかみ)
國常立命(くにとこたちのみこと)

第四殿祭神
天照大神(あまてらすおおかみ)

第五殿祭神
高倉下命(たかくらじのみこと)

本殿と上三殿の間には小さな摂社の奥御前三神殿がある

5 拝殿
はいでん

縁結びの神でもある夫婦神

拝殿から参拝するのが習わし。拝殿正面から左には第一殿の結宮(伊弉冉尊(いざなみのみこと))、右には第二殿の速玉宮(伊弉諾尊(いざなぎのみこと))の夫婦神が鎮座。

結宮と速玉宮が本殿となり以降第三から十四殿まで横に並ぶ

ココにも注目!

御神木 梛
ごしんぼくなぎ

境内にそびえる梛の大樹は熊野権現の象徴として信奉篤く、古くから道中安全を祈り、葉を懐中に納めて参拝することが習わしだった。

お守りをチェック

なぎまもり600円。梛の実のお守りで縁結びなどに

なぎ人形2000円。「梛」の実で奉製した柱掛け人形。家内安全などに

御朱印300円。元宮である神倉神社の御朱印もここでいただける

注目ポイント

熊野牛王宝印(くまのごおうほういん)

牛王宝印とはお札、厄除けの護符で牛王神符ということもある。牛王という名は、霊薬の牛黄を印色として朱印に用いていたことに由来する。三山とも絵柄が異なるが、1枚の紙に5つの文字が図案化されて記されている。

熊野速玉大社

熊野本宮大社

熊野那智大社

熊野速玉大社の元宮はこちら

速玉大社から徒歩15分。鳥居をくぐれば急勾配な鎌倉積の石段が山上へ538段続く。山上には崖にせり出したご神体、ゴトビキ岩が鎮座。最初にこの岩の上に熊野の神々が降臨したと伝えられている。この巨岩の周囲からは弥生時代の銅鐸が発掘されている。

ゴトビキとは熊野の方言で「ひきがえる」の意味。山上からの景色も良い

石段はとても急で険しい。上るには必ず運動靴で。無理は禁物

神倉神社
かみくらじんじゃ

MAP 付録P.20 A-2

☎0735-22-2533(熊野速玉大社)
所 新宮市神倉1-13-8
開 休 料 見学自由 交 熊野速玉大社から徒歩15分 P あり

清らかな大滝の周囲に開けた信仰の地

熊野那智大社（くまのなちたいしゃ）

世界遺産

那智の滝の迫力ある壮大な風景を見て
いにしえの人々は自然のなかに神を感じた

467段という急な石段の参道を上り、緑のなかに現れる朱色の鳥居が熊野那智大社の玄関。主祭神は、熊野夫須美大神（くまのふすみのおおかみ）（伊弉冉尊（いざなみのみこと））で、女神を祀る神社らしい穏やかなたたずまい。三山のなかでも神仏習合を色濃く残し、隣には豊臣秀吉（とよとみひでよし）により再建された青岸渡寺がある。また、ここだけ滝宮があるのが特徴で、1700年前に那智の滝にあった社殿を現在地に移した。信仰のルーツの大滝は飛瀧（ひろう）神社として信仰を集める。

information

那智勝浦
MAP 付録P.20 A-4
☎0735-55-0321
所 那智勝浦町那智山1
開 7:30〜16:30、宝物殿8:30〜16:00
休 無休（宝物殿は水曜）
料 無料（宝物殿300円）
P あり（有料）

熊野那智大社へのアクセス

鉄道・バス

JR新大阪駅
↓ 鉄道 JR紀勢本線特急「くろしお」で4時間
JR名古屋駅
↓ 鉄道 JR紀勢本線特急「ワイドビュー南紀」で3時間55分
JR紀伊勝浦駅
↓ バス 熊野御坊南海バス・那智山行きで25分、終点下車、徒歩10分
熊野那智大社

車

松原JCT（大阪）
↓ 阪和自動車道、紀勢自動車道経由で2時間168km
すさみ南IC
↓ 国道42号、県道43号経由で1時間30分62km
熊野那智大社

名古屋西IC
↓ 東名阪自動車道、伊勢自動車道経由で2時間10分157km
尾鷲北IC
↓ 熊野尾鷲道路経由で25分24km
熊野大泊IC
↓ 国道42号経由で1時間10分46km
熊野那智大社

拝殿の奥に6棟の本殿が立ち並ぶ

石段の参道を上ると、朱塗りの社殿が見える

飛瀧神社の御神体、那智の滝

熊野那智大社と隣接する寺社を散策!!

神々が住まう地を歩く

大門坂からは距離も起伏もあり、昔の熊野詣を体験できる散策路。

1 大門坂
だいもんざか

美しい石畳の古道

熊野古道の中辺路のなかで、那智大社に続く参詣道。杉並木に囲まれた石畳の道が、古道の情趣を感じさせる。

上り口にそびえる樹齢約800年の夫婦杉

一の鳥居。二の鳥居までもう少し石段が続く

2 一の鳥居・二の鳥居
いちのとりい・にのとりい

二の鳥居を経て境内へ

大門坂を抜けるとみやげ物店などが並ぶ467段の石段の参道へ。上りきれば朱色の一の鳥居が。さらに石段を上がれば二の鳥居がある。

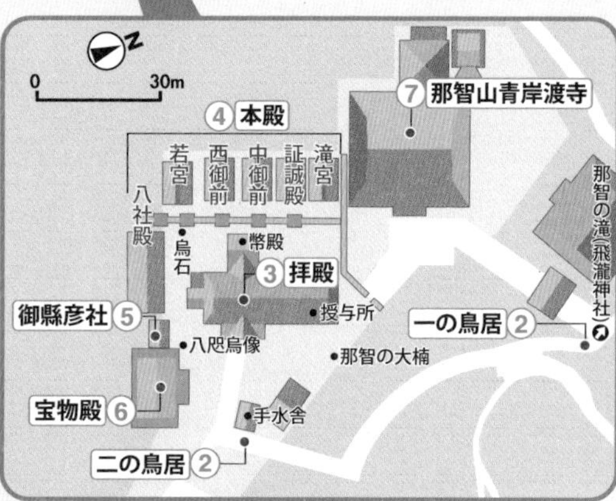

3 拝殿
はいでん

心身を清めて参拝

二の鳥居の右手正面にあるのが拝殿。手水舎で手と口を清め、護摩木の煙で身を清めて参拝する。

優美な落ち着きのあるたたずまい

4 本殿
ほんでん

国の重要文化財に指定

本殿は右から第一殿(滝宮)から第五殿(若宮)が一列に並び、第五殿の左前に八社殿がある。第五殿の前には八咫烏(やたがらす)が石になって眠っているとされる烏石がある。

創建1700年を記念して白玉石奉納を受け付けており、1人1000円にて由緒などの案内を受け、本殿参拝ができる

↑滝とのコントラストが美しい朱色の三重塔から滝を展望できる。拝観料300円

↑紀南で一番古い国指定の重要文化財建造物

7 那智山青岸渡寺
なちさんせいがんとじ

神仏習合を象徴する寺院

西国第一番の札所であり、その開基は仁徳天皇の頃、裸形上人が那智の滝において修行を積み、この地に草庵を営んで観音菩薩を安置したのが始まり。

8 那智の滝（飛瀧神社）
なちのたき（ひろうじんじゃ）

熊野那智大社信仰の発祥の大滝

一の滝ともいい、高さ約133mを誇る日本一高い滝。那智山信仰の根幹をなすもので、滝そのものを大己貴命が現れたご神体として祀る。水は延命長寿の水として知られる。

↑滝そのものがご神体のため、鳥居や参拝所はあるが本殿はない。滝を近くで見られる有料の舞台がある

↓小さな社だが参拝者が非常に多い

5 御縣彦社
みあがたひこしゃ

正面には八咫烏の銅像もある

より良い方向へ導く、導きの神とされる八咫烏を祀った神社。石段下には八咫烏の銅像があり、記念写真の撮影スポットとなっている。

6 宝物殿
ほうもつでん

重要資料の閲覧ができる

那智経塚の出土品をはじめ、熊野那智大社文書（国指定文化財）など、熊野信仰の歴史を語る重要資料を展示している。

↑開館時間は8:30～16:30、拝観料大人300円

ココにも注目！

那智の大楠
なちのおおくす

樹齢約850年の楠の大樹がご神木。幹が空洞化しており、護摩木（300円）を持って通り抜けることができる。

お守りをチェック

←八咫烏みくじ600円

→縁結びの糸500円は縁結びの神にちなんだお守り

→青岸渡寺では本堂内で木札、お守り、御朱印を求められる

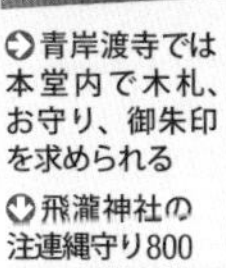

↓飛瀧神社の注連縄守り800円。大滝の注連縄を使用

↑熊野那智神社の御朱印300円

平安衣装をレンタル

大門坂茶屋
だいもんざかちゃや

夫婦杉のすぐ近くの古民家で平安時代の衣装を着付け、レンタルできる。

MAP 付録P.20 C-4

☎0735-55-0244 営9:00～16:00（最終受付15:00） 休荒天時 料2時間まで3000円、3時間まで4500円など

↑平安衣装が合う石畳の道で記念撮影

熊野三山へ向かい張りめぐらされた信仰の道

熊野古道

くまのこどう

世界遺産

紀伊半島の深い山と海に囲まれた聖域を目指して、人々が祈りとともに歩んだ巡礼道。世界遺産に登録された「信仰の道」を散策する。

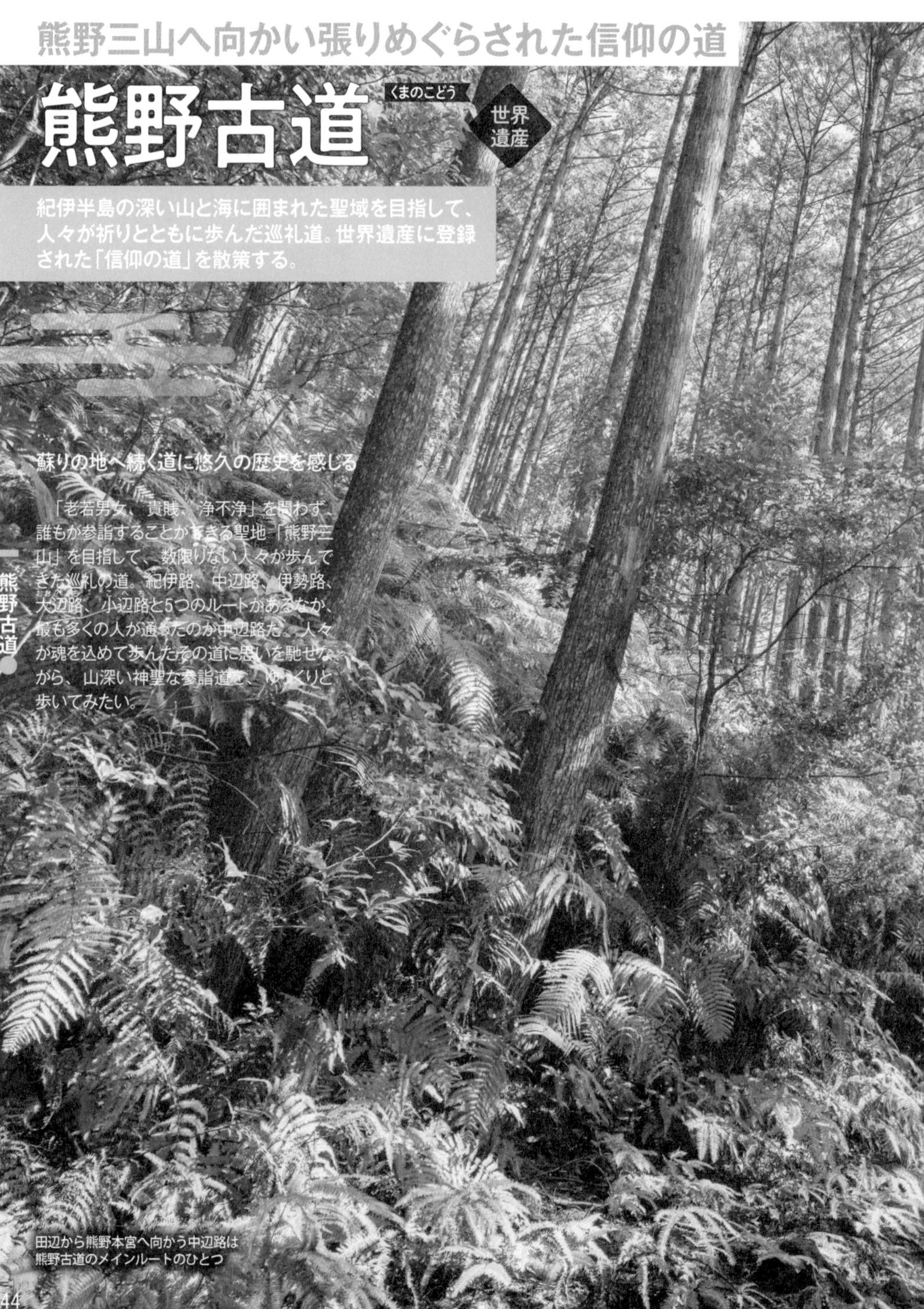

蘇りの地へ続く道に悠久の歴史を感じる

「老若男女、貴賤、浄不浄」を問わず、誰もが参詣することができる聖地「熊野三山」を目指して、数限りない人々が歩んできた巡礼の道。紀伊路、中辺路、伊勢路、大辺路、小辺路と5つのルートがあるなか、最も多くの人が通ったのが中辺路だ。人々が魂を込めて歩んだその道に思いを馳せながら、山深い神聖な参詣道を、ゆっくりと歩いてみたい。

田辺から熊野本宮へ向かう中辺路は熊野古道のメインルートのひとつ

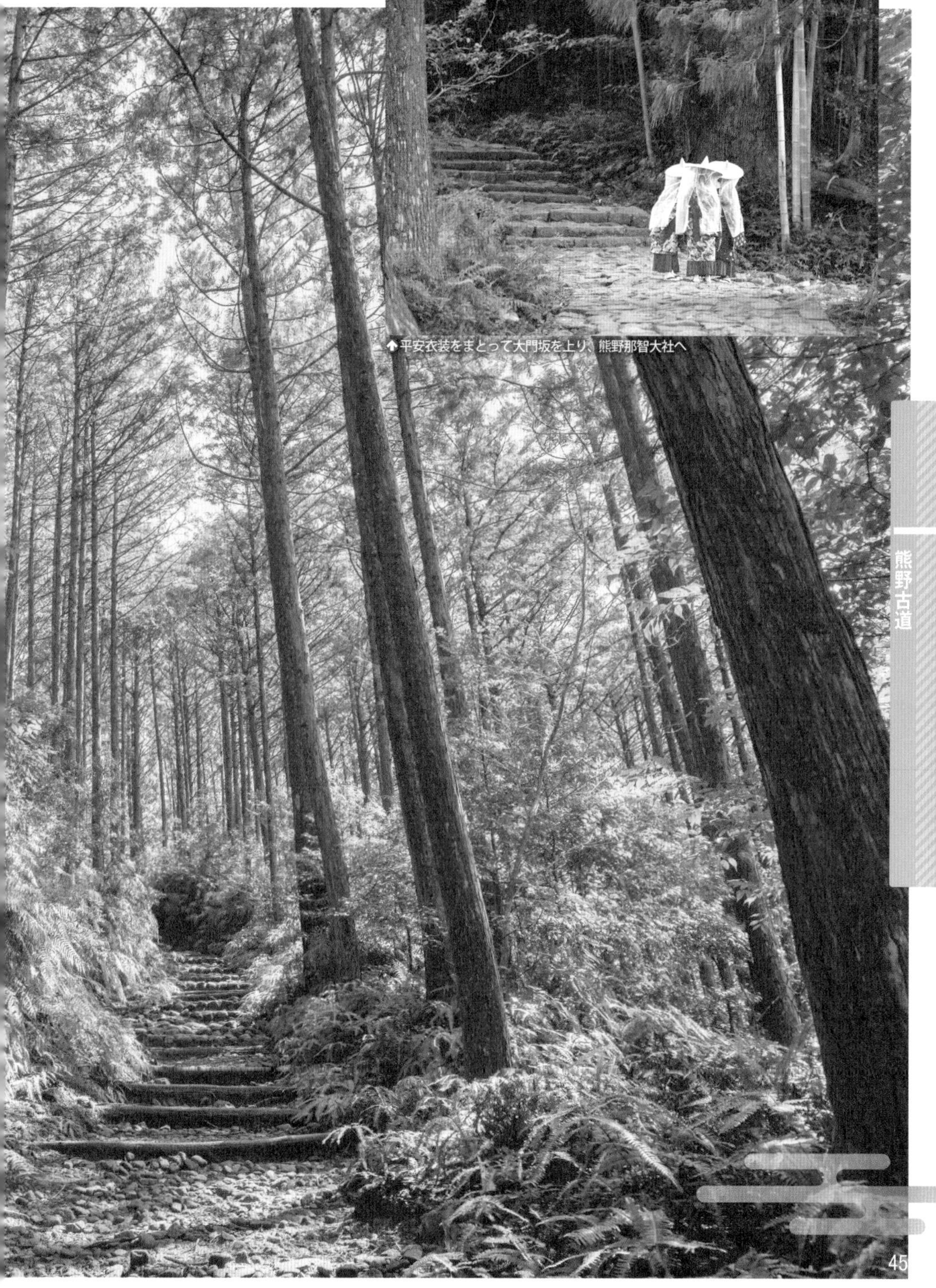

平安衣装をまとって大門坂を上り、熊野那智大社へ

近露の里を抜け巨杉群を目指す

箸折峠から継桜王子へ

ゆるやかな散策道や舗装道路が続き、見どころの多いコースを進む。

日帰りできるコースとしても人気

山岳道の続く中辺路のなかでもアップダウンが少なく、日帰りで歩ける散策コースとして人気が高い。木立に囲まれた古道の風情と峠からの景色が楽しめ、花山法皇ゆかりの地や、樹齢800年の杉の巨木、歴史ある湧水など見どころも多い。

Q 古道を歩くときの服装・持ち物は？

A 着脱がしやすく、防水加工してあるものがベスト。半袖・素足は避け、帽子は雨よけにも持っておきたい。靴は底が厚めのウォーキングシューズを。持ち物は飲み物、ルートマップ、雨具など。事前に情報入手をし、女性の一人歩きは避けること。

Q ガイドツアーはある？

A 一緒に歩いて古道の見どころや歴史、自然、里の生活などを解説してくれる語り部さんがいる。観光協会で予約を受け付けている。

熊野本宮観光協会 ☎0735-42-0735
熊野古道館 ☎0739-64-1470

1 箸折峠・牛馬童子像

はしおりとうげ・ぎゅうばどうじぞう

かわいらしい中辺路のシンボル

19歳で皇位を追われた花山法皇が熊野御幸の際に経典を埋めた場所と伝わる宝篋印塔と、牛馬童子像が並ぶ。

↑牛と馬にまたがる若き花山法皇の像

2 近露王子

ちかつゆおうじ

宿場として栄えた

かつて宿場として賑わった近露の里に鎮座。五躰王子に次いで格式の高い准五躰王子のひとつ。

↑石碑は大本教主・出口王仁三郎の書

3 野長瀬一族の墓

のながせいちぞくのはか

南朝を守った一族の墓

南北朝争乱の時代、楠木正成を助け、南朝を守った『太平記』にも登場する一族の墓所。

→沿道にたたずむ墓所

王子
WC トイレ
コンビニ・食料品店
みやげ販売所
公衆電話
自販機
休憩所
道の駅・ドライブイン
水汲場
朝日夕陽100選
見晴ポイント
i 無人情報板
32 番号道標
バス停
散策ルート

注目ポイント

王子とは？

参詣路の道中に建つ、熊野の神の御子神を祀った社のこと。巡礼者の宿や歌会、宗教儀礼などを行う場でもあった。数の多さから、総じて九十九王子と呼ばれる。

継桜王子に一方向を向いて立つ樹齢800年の杉の巨木、野中の一方杉。神社合祀の際に多くの王子社の木が伐採されたが、南方熊楠の運動で高原熊野神社の大楠とこの一方杉は残された。枝は熊野那智大社に向かって伸びている。

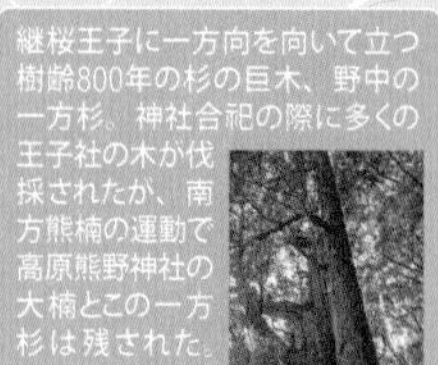

4 比曽原王子
ひそはらおうじ

ひっそりと石碑が残る

かつて手枕松という名木があった伝承の残る王子社。杉の木の根元に、小さな石碑がひっそりと立っている。

古い石碑が立つ王子社

石段を取り囲むように立つ一方杉

5 継桜王子
つぎざくらおうじ

野中の一方杉が有名

桜の接木伝説のある王子社。野中の一方杉と呼ばれる立派な杉の巨木群が見どころ。近くのとがの木茶屋でひと休みもできる。

継桜王子の緑泥片岩の碑

比曽原王子先に分岐あり。左の坂道を上る

5 継桜王子
とがの木茶屋
34 秀衡桜
一里塚跡
33
WC
野中の清水

継桜王子から野中一方杉バス停まで25分

GOAL
野中一方杉バス停

野中の清水は継桜王子の崖の下に湧き、巡礼者の喉を潤したという日本名水百選のひとつ。今も地元住民の大切な生活用水として利用されている。

移動時間◆約2時間10分
散策ルート

牛馬童子口バス停
ぎゅうばどうじぐちバスてい

↓ 0.8km 徒歩20分

1 箸折峠・牛馬童子像
はしおりとうげ・ぎゅうばどうじぞう

↓ 0.5km 徒歩10分

2 近露王子
ちかつゆおうじ

↓ 0.5km 徒歩10分

3 野長瀬一族の墓
のながせいちぞくのはか

↓ 2.2km 徒歩45分

4 比曽原王子
ひそはらおうじ

↓ 1.2km 徒歩20分

5 継桜王子
つぎざくらおうじ

↓ 1.3km 徒歩25分

野中一方杉バス停
のなかいっぽうすぎバスてい

田辺、本宮、新宮、那智を結ぶ巡礼路

熊野古道 中辺路
くまのこどうなかへち

田辺から紀伊山地に入り熊野三山を目指す
最も多くの参詣者がたどった、中世の公式ルート。

あえて難路をゆく修行のための道のり

田辺から熊野本宮大社、熊野速玉大社、熊野那智大社、那智山青岸渡寺へと延びる難所の多い中辺路は、苦行を実践するのに最適であった。平安時代から鎌倉時代には、皇族、貴族が延べ100回以上も利用したことから、熊野参詣の公式ルートとなった。

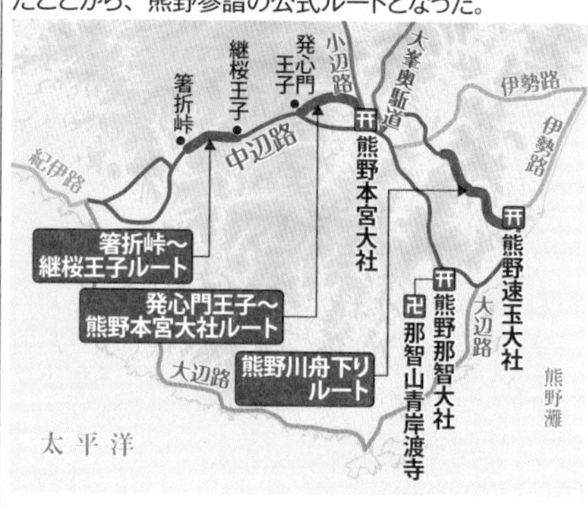

休憩スポット

箸折茶屋
はしおりぢゃや

野中の清水で淹れたおいしいコーヒーをはじめ豊富なメニューと足湯で、ひと息つける。

近露王子のすぐそばに建つ

MAP 付録P.17 E-1

☎0739-65-0033 所田辺市中辺路町近露907-2 営7:00～16:00 休月曜(祝日の場合は営業) 交JR紀伊田辺駅から龍神バス・本宮大社方面行きで1時間7分、なかへち美術館下車すぐ Pあり

立ち寄りスポット

熊野古道なかへち美術館
くまのこどうなかへちびじゅつかん

国際的に評価されている、妹島和世と西沢立衛による建築家ユニットSANAAが最初に手がけた美術館。

ガラス箱のような斬新な外観

MAP 付録P.17 E-1

☎0739-65-0390 所田辺市中辺路町近露891 開10:00～17:00(入館は～16:30) 休月曜 料260円 交JR紀伊田辺駅から龍神バス・本宮大社方面行きで1時間7分、なかへち美術館下車すぐ Pあり

美しい里山と石畳の道をたどり、聖地を見晴らす
発心門王子から熊野本宮大社へ

上りも下りもゆるやかで、熊野古道の歴史や文化的な背景が残る道のりが続く。

熊野本宮大社の神域を歩む参詣道

始まりとなる発心門王子の鳥居をくぐると熊野本宮大社の神域に入る、中辺路のなかで最も人気のあるコースだ。ゆるやかな道のりが続き、高台からは紀伊の山々を望むことができる。熊野本宮大社から旧社地のあった大斎原へも足を延ばしてみたい。

事前にお弁当を購入

三軒茶屋 本宮店
さんげんぢゃや ほんぐうてん

高菜の漬物でご飯をくるむ「めはり寿司」などご当地の味を楽しめるものが人気。

熊野古道弁当は要予約

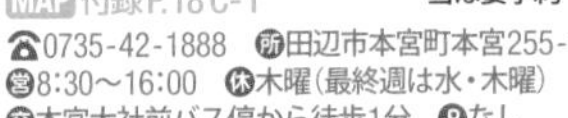

MAP 付録P.18 C-1
☎0735-42-1888 所田辺市本宮町本宮255-1
営8:30～16:00 休木曜(最終週は水・木曜)
交本宮大社前バス停から徒歩1分 Pなし

1 発心門王子
ほっしんもんおうじ

熊野本宮大社の神域への入口

九十九王子でも格式の高い五躰王子のひとつ。ここの鳥居から先は熊野本宮の神域となる。後鳥羽上皇に従った藤原定家の歌碑がある。

かつての鳥居はもっと大きかったという

石碑の隣には腰痛地蔵も立っている

2 水呑王子
みずのみおうじ

弘法大師ゆかりの王子社

弘法大師が杖で地面を突くと水が噴出したという言い伝えのある王子社。今は廃校になった分校跡に緑泥片岩の碑が残されている。

注目ポイント

発心門とは?

仏道に入る心を起こす入口という意味。かつて発心門王子の前には大鳥居が立ち、その先の神域に進む覚悟を決めてくぐったという。

3 伏拝王子
ふしおがみおうじ

遠くに聖地を見渡せる

彼方に大斎原を望むことができ、伏して拝んだことから付いた名前。和泉式部(いずみしきぶ)の供養塔も立つ。

↑かつての参詣者はここで初めて旧社地を眺めた

本宮大社の旧社地・大斎原の大鳥居が見える

4 見晴台
みはらしだい

大斎原(おおゆのはら)を望む展望台

三軒茶屋跡から15分ほどのところにあり、大斎原を見渡せる。

移動時間◆約2時間

散策ルート

発心門王子バス停
ほっしんもんおうじバスてい

↓すぐ

1 発心門王子
ほっしんもんおうじ

↓1.7km 徒歩30分

2 水呑王子
みずのみおうじ

↓1.9km 徒歩30分

3 伏拝王子
ふしおがみおうじ

↓2.2km 徒歩35分

4 見晴台
みはらしだい

↓1km 徒歩20分

5 祓殿王子
はらいどおうじ

↓0.2km 徒歩3分

6 熊野本宮大社
くまのほんぐうたいしゃ

↓すぐ

本宮大社前バス停
ほんぐうたいしゃまえバスてい

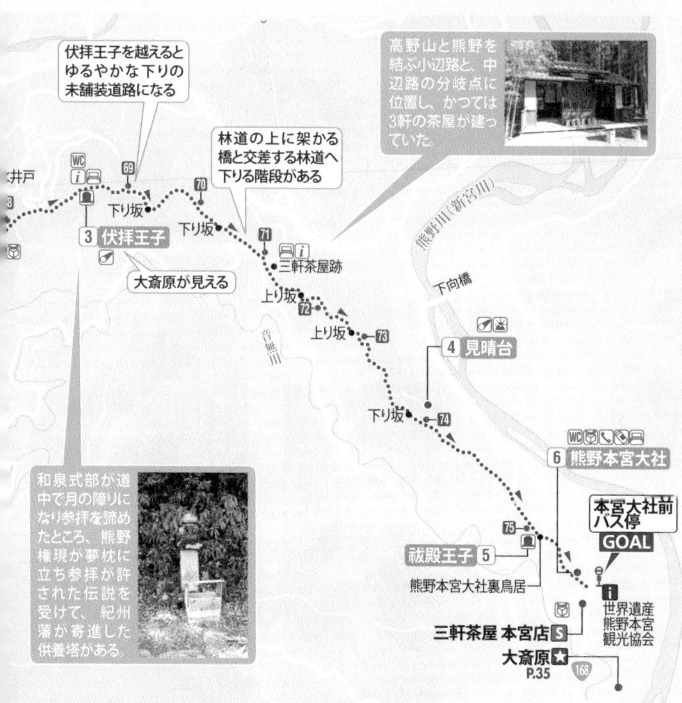

5 祓殿王子
はらいどおうじ

心身を清めて本宮へ

熊野本宮大社まで数百mのところにあり、この王子社で心身を清めてから本宮へと向かった。

←禊のための特別な存在の王子社でもあった

6 熊野本宮大社 ➡P.32
くまのほんぐうたいしゃ

熊野詣の最初の目的地

全国熊野神社の総本宮のひとつ。明治22年(1889)に起きた大洪水までは大斎原に建っていた。

↑檜皮葺きの荘厳な雰囲気が漂う社殿

川の参詣道で、熊野本宮大社から熊野速玉大社へ向かう旅

熊野詣の大動脈 熊野川舟下り

熊野本宮大社から始まる熊野詣。次に目指すは熊野川下流、新宮の熊野速玉大社。本宮から新宮を結ぶ川の古道を、1時間30分で体験できる船旅を楽しみたい。

熊野本宮大社
熊野川
受付／乗船場所
瀞峡街道 熊野川
1 布引滝
2 葵の滝
3 宣旨返り
4 骨嶋
5 釣鐘石
6 昼嶋
7 畳石
8 権現河原
熊野速玉大社
神倉神社

熊野川川舟センターで受付したあとは歩いて乗船場(道の駅下の川原)へ

平安貴族がたどった川の古道を体験

世界遺産にも登録されている熊野古道のひとつで、平安貴族が熊野詣に使ったという熊野川の参詣道。道の駅下の乗船場から小さな木舟で下流の熊野速玉大社(くまのはやたまたいしゃ)がある権現河原(ごんげんがわら)まで川の古道体験が約1時間30分でできる。

熊野川川舟センター くまのがわかわぶねセンター

本宮周辺 MAP 付録P.17 F-4

☎0735-44-0987 所新宮市熊野川町田長54-8 道の駅 瀞峡街道 熊野川内 営3〜11月10:00、14:30(最小催行人数3名以上) ※完全予約制(前日までに要予約、受付は9:00〜17:00) 休無休 料4950円 交本宮大社前バス停から熊野御坊南海バス・新宮駅行きで40分、道の駅 熊野川下車すぐ P道の駅 瀞峡街道 熊野川駐車場利用

1 布引滝 ぬのびきのたき

岩肌を滑り落ちる大瀑布

乗船場を出てすぐ右手に見える落差約70mの大滝。まるで白布をさらしたような美しさ。

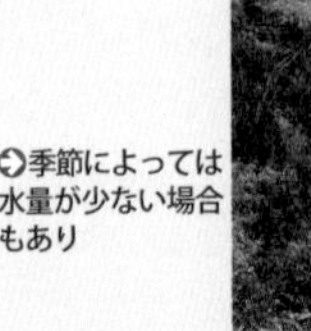

季節によっては水量が少ない場合もあり

熊野川に水が落ちる光景は圧巻

2 葵の滝 あおいのたき

川に落ちる迫力の名瀑

布引滝に続いて見える切り立った岩肌の間を熊野川に向かって流れ落ちる落差約30mの滝。別名「白見の滝」と呼ばれる。

3 宣旨返り
せんじがえり

岩肌に残された古道の跡

後白河法皇の宣旨（勅旨）が、あまりの険しさゆえ引き返したくらいの古道の難所。

⇧約200mにわたり古道の跡が残る

⇧恐竜の骨のように見える奇岩。岩に登っての見学や休憩ができる

⇨川原に接岸し船から降りて岩のガイドを聞く　※川の状況により接岸できない場合あり

4 骨嶋
ほねじま

巨大な骨のような岩

真っ白で背骨のような岩が川原に横たわる。熊野権現に切られた鬼神の骨と伝えられるこの巨岩をしばし見学。

5 釣鐘石
つりがねいし

落ちたら世界の終わり

釣鐘形に割れ目が入っている大石。この石が崩れるとこの世が滅ぶと伝えられている。横に空いた穴にも注目。

⇧舟のエンジンを切り静寂のなか、語り部による笛の演奏が聞けることもある

⇧巨大な釣鐘の形をした大岩の亀裂を間近に見られる

6 昼嶋
ひるしま

熊野権現の遊んだ島

熊野権現が昼食したところと伝えられ、島には碁盤のような筋があり天照大御神と熊野権現が碁をした場所とも。

⇧水面に浮かぶ岩の島

7 畳石
たたみいし

不思議な岩盤

神倉神社（P.39）がある千穂ヶ峰の岩の壁面部分が、畳をななめに立てかけたような石畳状になっている。

⇩複雑な形の柱状の壁面

8 権現河原
ごんげんがわら

速玉大社近くの川原の駅

熊野参詣の舟の乗降場所であったといわれる。江戸時代には川原町が形成され賑わった。徒歩2分で熊野速玉大社へ。

⇩乗船場へ車で来た場合、下船後は、センターのバスで上流駐車場へ向かう

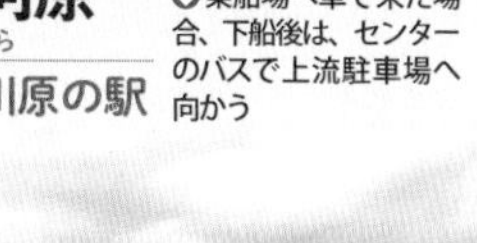

中辺路（なかへち）で味わう素朴な田舎料理

心温まる里山ランチ

参詣や古道歩きでの食事なら、ふるさとの香りを感じるお店へ。
作り手の人柄があふれる心と体にやさしい料理を味わいたい。

玄米ごはんのプレートランチ 1300円
玄米ご飯に、旬の野菜がたっぷりのサラダ、惣菜、漬物、自家製味噌の味噌汁でヘルシー

旬の野菜を使った手作りごはんで心身をリフレッシュ

田舎ごはんとカフェ 朴

いなかごはんとカフェ ぼく

近露 MAP 付録P.17 F-1

田園に囲まれた里山風景にたたずむ古民家を利用したカフェ。使う米は近くにあるオーナーの実家で栽培したもの、野菜も地場産を使用。季節替わりの手作り惣菜が楽しめるランチが人気だ。

☎0739-65-0694
所田辺市中辺路町近露203 営11:00～16:00
休日～火曜 交JR紀伊田辺駅から龍神バス・本宮大社方面行きで1時間15分、近露王子下車、徒歩10分 Pあり ※長期休業中

予約 可
予算 L 1300円～

古民家のたたずまいが残され、懐かしい雰囲気が漂う

田園風景を眺めながらゆったり。ファミリー客も多い

店内では天然酵母で作った自家製パンの販売もありファンも多い

熊野川を眼下に眺めながら
熊野牛メニューを楽しむ

杜の郷みるりいな

もりのさとみるりいな

本宮周辺 MAP 付録P.17 E-3

広大な熊野川の景観を眺めて食事ができるログレストラン。店内にはキッズコーナーがあり家族連れにも人気。熊野牛を使ったみるりいな御膳や焼肉丼のほかピザ、パスタなどメニューが豊富だ。

☎0735-42-0289
所田辺市本宮町大津荷5-3 営9:00〜17:00（LOは各30分前）
休木曜、第1・3・5水曜(変更の場合あり、Facebookにて要確認) 交JR紀伊田辺駅から龍神バス・本宮大社方面行きで2時間5分の本宮大社前バス停から車で5分 Pあり

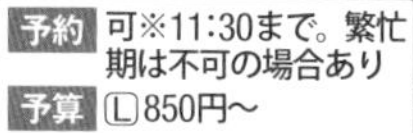

予約 可※11:30まで。繁忙期は不可の場合あり
予算 L850円〜

国道168号沿いにたたずむ閑静な一軒屋。大きな看板が目印

熊野牛焼肉丼1400円。スライスされたやわらかい熊野牛が満載の一品

奥の座敷席に面した大きな窓から熊野川が一望できる

ヘルシーハンバーグ
みるりいな御膳 2000円
チーズインハンバーグに小鉢4品、揚げ物、スープ、サラダ、ご飯が付いてボリューム満点

紀州うめ鶏と高菜の柔らかハンバーグ（ライス・スープ付き）950円
ジューシーなうめ鶏のひき肉に地元産の高菜をアクセントに加えたやわらかいハンバーグ

歴史を伝える旅籠にある
本格派ハンバーグの店

小鳥の樹

ことりのき

近露 MAP 付録P.17 E-1

予約 可
予算 L900円〜

古道を行き交う人が休んだ旅籠「かめや」。その築100年以上の歴史的建屋で営業するハンバーグの店。東京で腕をふるったオーナーがIターンで開店。地元野菜をたっぷり使ったハンバーグは本格派揃い。

☎0739-65-0615
所田辺市中辺路町近露1129 ちかの平安の郷かめや 営11:00〜15:00 休火〜木曜 交JR紀伊田辺駅から龍神バス・本宮大社方面行きで1時間15分、近露王子下車すぐ Pあり

和歌山県景観資源登録第1号に指定された建物

米をつなぎに使う小鳥の樹オリジナルハンバーグ900円

人々を救済した蘇りの地の成立と変貌を追う

神々の聖地・熊野の物語

熊野と呼ばれる紀伊半島南部は古来、神々の霊が籠もる聖域で、修験道の地でもあった。ここに古くから祀られてきたのが熊野三山で、神仏習合によって熊野三所権現とも呼ばれる。

~6世紀

それぞれに起源を持つ三社の姿

三社の成立過程

**大木や岩や大滝に神が降り、やがてそれを祀る
熊野には今も古代の自然信仰が息づいている**

熊野本宮大社・熊野速玉大社・熊野那智大社・那智山青岸渡寺を熊野三山と総称するが、三山という仏教的名称は神仏習合以降のもので、それ以前は3つの神社としてそれぞれ異なる祭神や起源を持っていた。熊野本宮大社の創建は紀元前33年だが、崇神天皇の時代といわれ、起源はかつて大斎原の地にあったイチイの木に神が降りたことにあるという。主祭神は家都美御子大神(素戔嗚尊)。熊野速玉大神(伊弉諾尊)を主祭神とする熊野速玉大社は神倉山のゴトビキ岩に神が降臨したことが起源と伝わる。熊野那智大社の起源は神武東征以前から地元民によって那智の大滝を神としてあがめられていたことによるという。主祭神は熊野夫須美大神(伊弉冉尊)。

8~11世紀

熊野三社は同じ神々を祀る

三社の一体化

**三社の一体化と本地垂迹による神仏習合
熊野全体が浄土信仰の場として浸透していく**

平安時代になると三社の主神を各社それぞれが同じ三神を相互に祀るようになり、社殿の構成もほぼ同じの熊野三山となって一体化が進んでいく。また、盛んになった山岳仏教により熊野は修験道の道場となり、神仏習合の影響によって熊野に古くからあった原始信仰が仏教の観音信仰と融合し、那智の補陀落浄土などといった浄土教が広まっていく。さらに神は仏(本地)の化身とする本地垂迹説によって、三社の祭神の本地仏が定められ、熊野本宮大社の祭神は阿弥陀如来に、熊野速玉大社は薬師如来に、熊野那智大社は千手観音とされた。ここに熊野三所権現、あるいは王子神らを含む熊野十二所権現(熊野那智大社は滝宮を加えて十三神)が形成され、浄土の場所として認識され熊野への人々の信仰はさらに高まっていった。

花の窟 ➲P.70

はなのいわや

熊野 MAP 付録P.27 D-4

日本国土や神々を生んだ伊弉冉尊が葬られたとされる地にあり、黄泉国への入口といわれる。御神体は高さ約45mの大岩で、例大祭の「お綱かけ神事」はよく知られる。

修験の行場として知られた熊野

深い山々が海岸線まで迫る熊野は、熊野三山の成立以前から霊域として崇められていた。巨岩、滝、急峻な山々など、熊野の自然は修行の格好の舞台となる。奈良時代には、那智で滝籠りの修行が行われるなど、信仰の聖地として修験者が活動し、平安時代になると、熊野から大峯へ入り、吉野の金峯山へと至る大峯奥駈道も開けた。

➲修験者のための山岳ルート、大峯奥駈道

信仰を広めた先達、御師、熊野比丘尼

熊野の修験者は各地で熊野信仰を広め、やがて参詣者を熊野へ導く先達となる。熊野までの険しい道のりを引率してからは、御師が世話を引き継ぎ、宿泊や祈禱の手配などを行った。御師の制度は、熊野にならう形で伊勢でも取り入れられる(熊野では「おし」、伊勢では「おんし」と呼ぶ)。広く参詣者を受け入れた熊野は、女人禁制の高野山と異なり、女性の参詣者も多かった。女性をはじめ、庶民層への信仰の浸透に貢献したのが熊野比丘尼だ。時宗系の尼僧や山伏の妻が起源ともいわれ、日本各地でご利益を説き、熊野詣をすすめた。こうした活動が実を結び、室町時代には「蟻の熊野詣」といわれるほど、熊野への参詣道は賑わいをみせるようになる。

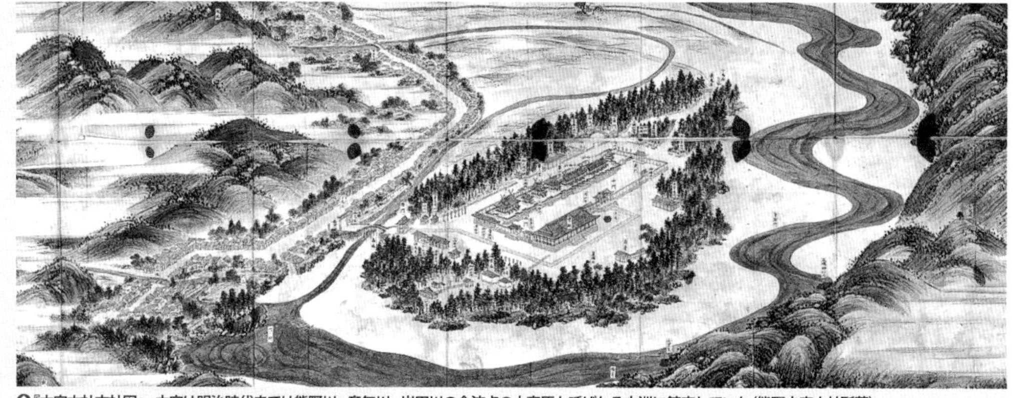

『本宮本社末社図』。本宮は明治時代までは熊野川・音無川・岩田川の合流点の大斎原と呼ばれる中洲に鎮座していた〈熊野本宮大社所蔵〉

信仰の広がりと衰退と再生

熊野詣の広がり

多くの人々を受け入れてきた熊野三山の浄土教
神仏分離による衰退から新たな癒やしの場へ

平安中期に熊野三山が成立して熊野詣は盛んになっていくが、そこには先達と呼ばれる参詣者を先導する修験者による盛んな宣伝活動があった。延喜7年(907)には宇多法皇の熊野御幸が行われ、正暦2年(991)には花山法皇も参詣し、院政期になると上皇や女院らによる参詣が相次ぎ、白河上皇は9回、鳥羽上皇は21回、後白河上皇は34回も参詣を重ねている(参詣回数は諸説あり)。鎌倉時代になると武家から庶民まで多くの人々が熊野に詣でるようになるが、その要因には、神仏習合した熊野三所権現が貴賤・男女・浄不浄を問わず寛大に受け入れたこともあった。16世紀を過ぎると紀伊藩の政策によって熊野は神道化したため、山伏や熊野比丘尼らによる布教や勧進活動は衰退した。さらに明治維新の神仏分離令によって廃仏毀釈運動が起こり、熊野本宮大社や熊野速玉大社などの仏堂はすべて廃棄された。

現在は平成16年(2004)の世界遺産登録により、熊野は再びパワースポットとして注目を集めるに至っている。

『熊野本宮八葉曼荼羅』は絹本着色の巻物で、熊野の仏の世界を凝縮して描いたもの〈熊野本宮大社所蔵〉

熊野 歴史年表

西暦	元号	事項
712	和銅 5	『古事記』編纂。熊野に神武天皇が至ると記載
720	養老 4	『日本書紀』編纂。**花の窟**➡P.70に伊弉冉尊が葬られると記載
1090	寛治 4	白河上皇が初の熊野御幸
1125	天治 2	白河法皇、鳥羽上皇、待賢門院が熊野御幸。鳥羽上皇は初の御幸
1160	永暦 元	後白河上皇が初の熊野御幸
1198	建久 9	後鳥羽上皇が初の熊野御幸
1221	承久 3	承久の乱が起こる。熊野別当は上皇方として出陣し敗北。後鳥羽上皇は隠岐に配流。熊野御幸が急激に減少する
1274	文永 11	一遍上人が熊野に参詣。熊野権現から神託を得て時宗を開く
1427	応永 34	足利義満の側室北野殿らが熊野に参詣
1590	天正 18	豊臣秀吉の命で那智山如意輪堂(現**那智山青岸渡寺**➡P.43の本堂)を再建
1629	寛永 6	紀州藩主の徳川頼宣が熊野に参詣
1868	明治 元	神仏分離令により、熊野三山から仏像、仏具などが除かれる
1872	5	修験道廃止令により修験者は天台・真言宗の僧となるか還俗させられる
1889	22	水害により熊野本宮大社(現**大斎原**➡P.35の本堂)の社殿が倒壊。2年後に現在地に**熊野本宮大社**➡P.32遷座
1906	39	神社合祀令が施行され、多くの神社や王子者が廃社となる
2004	平成 16	熊野三山、高野山、吉野・大峯の3つの霊場とそこへ至る参詣道が**紀伊山地の霊場と参詣道**➡P.56として世界遺産に登録
2016	28	中辺路、大辺路、高野参詣道の22地点が世界遺産に追加登録

聖地へと続く祈りの旅

三山への参詣道 熊野古道

室町時代には「蟻の熊野詣」といわれた参詣道は主に紀伊路・小辺路・中辺路・大辺路・伊勢路からなる。

神域への道の多くは世界文化遺産に登録

いにしえから熊野は自然信仰の地として知られていたが、やがて熊野三山への信仰が盛んになり、参詣道も整備されていき、それらは熊野古道と総称される。メインとしては京都・大阪から田辺への紀伊路、田辺から本宮・那智への中辺路、田辺から新宮・那智に向かう大辺路、高野山から本宮への小辺路、伊勢と熊野を結ぶ伊勢路、ほかに吉野と熊野を結ぶ修験道の道・大峯奥駈道などがある。熊野古道はパワースポットとしても人気だ。

紀伊路 きいじ

大阪の淀川河口あたりから紀伊の田辺に向かう参道で、平安〜鎌倉期には九十九王子巡拝もなされた。ほとんどの道が舗装されているため、世界遺産には未登録。

世界遺産 紀伊山地の霊場と参詣道

平成16年(2004)に「紀伊山地の霊場と参詣道」が世界文化遺産として登録されたが、その対象は和歌山県・三重県・奈良県を舞台とする吉野・大峯(修験道の聖地)と熊野三山(神仏信仰の聖地)、高野山(密教の聖地)の3つの霊場と、熊野参詣道(紀伊路は含まれない)、大峯奥駈道、高野参詣道となっている。平成28年(2016)に追加登録が承認され、総延長347.7kmに。

聖地として知られた紀伊山地はやがて熊野信仰の霊場に

中辺路 なかへち ➲P.46

田辺から険しい山道を経て熊野三山を巡る熊野古道のメインルートで、神域への入口とされる滝尻王子などの、熊野の神々の御子神を祀った「王子」が点在する。花山法皇の御幸姿を彫った石仏「牛馬童子像」などにも出会える。

一遍上人が悟りを開いた熊野

伊予国松山で生まれた時宗の開祖、一遍(1239〜1289年)は33歳で2度目の出家をし、各地で修行して南無阿弥陀仏と書かれた念仏札を配り歩いた。しかし熊野で出会ったある僧から不信心を理由に札の受け取りを拒否される。悩んだ一遍の枕元に本宮の熊野権現が現れ、「信不信を選ばず、浄不浄を嫌わず、その札を配るべし」と告げられ、新たな布教を始める。ここから時宗が成立していく。

熊野本宮大社の旧社地・大斎原に建立されている一遍上人神勅名号碑

伊勢湾

三重県

⛩伊勢神宮 外宮

⛩伊勢神宮 内宮

⛩瀧原宮

伊勢路

★三重県立熊野古道センター

熊野灘

伊勢路 いせじ

「伊勢に七度、熊野に三度」といわれるほど人々が憧れた伊勢神宮と熊野三山を結ぶ約170kmの参詣道で、主として東国からの参詣者が利用した。『東海道中膝栗毛』にも登場する。

小辺路 こへち

紀伊山地を縦走するが、参詣道として利用されるようになったのは近世以降で、それまでは生活道路だった。庶民が主に使ったが、江戸期には芭蕉の門人・曾良が利用している。

大辺路 おおへち

田辺から海岸線に沿って那智勝浦、熊野三山に続く参詣道。開発などで本来の姿が保存されている部分は限られているが、枯木灘や熊野灘などの素晴らしい景観が楽しめる。

もっと熊野古道を知る

世界遺産「紀伊山地の霊場と参詣道」の一部である熊野古道の情報は、これらの拠点から入手。

世界遺産 熊野本宮館

せかいいさん くまのほんぐうかん

「大斎原」を望む地に位置

紀州材使用の木造平屋建ての美しい建物で、熊野古道観光の拠点。作家の荒俣宏氏が名誉館長を務める。

本宮 MAP 付録P.18 C-1

☎0735-42-0751 所田辺市本宮町本宮100-1 開9:00〜17:00 休無休 料無料 交JR紀伊田辺駅から龍神バス・本宮大社方面行きで2時間5分／JR新宮駅から熊野交通バス・本宮大社方面行きで1時間20分、本宮大社前下車すぐ Pあり

和歌山県世界遺産センター

わかやまけんせかいいさんセンター

世界遺産 熊野本宮館内の拠点

紀伊山地の霊場と参詣道の保存と活用の拠点。展示エリアでは人々を魅了する世界遺産の本質にふれられる。

本宮 MAP 付録P.18 C-1

☎0735-42-1044 所田辺市本宮町本宮100-1 世界遺産 熊野本宮館内 開9:00〜17:00 休無休 料無料 交JR紀伊田辺駅から龍神バス・本宮大社方面行きで2時間5分／JR新宮駅から熊野交通バス・本宮大社方面行きで1時間20分、本宮大社前下車すぐ Pあり

熊野古道館

くまのこどうかん

中辺路の滝尻王子の向かい

熊野古道中辺路の入口となる滝尻王子に面して建つ十二角形の施設で、中辺路観光の情報拠点。

栗栖川 MAP 付録P.16 A-4

☎0739-64-1470 所田辺市中辺路町栗栖川1222-1 開8:30〜17:15 休12月29〜31日 料無料 交JR紀伊田辺駅から龍神バス・本宮大社方面行きで40分、滝尻下車すぐ Pあり

三重県立熊野古道センター

みえけんりつくまのこどうセンター

新しい熊野古道の歩き方も

「人と道」をテーマに熊野古道の世界遺産登録を記念して三重県が古道や周辺地域の情報を提供。

尾鷲 MAP 付録P.26 C-1

☎0597-25-2666 所尾鷲市向井12-4 開9:00〜17:00 休無休 料無料 交JR尾鷲駅から尾鷲市ふれあいバス・紀伊松本行きで20分、熊野古道センター前下車すぐ Pあり

熊野へと人々を導く、緻密に描かれた聖地絵図

絵で解く熊野詣 那智山宮曼荼羅

熊野信仰を広めるために諸国を巡った山伏や熊野比丘尼。
『那智山宮曼荼羅』は、戦国時代から江戸時代にかけて作られ、多くの作例が残る。

那智山の霊場の様子を描いた物語満載の曼荼羅

熊野への参詣者を集めたり、寄進を求める勧進をするために熊野比丘尼たちは『那智山宮曼荼羅』図などを持って全国を巡り、庶民にその絵解きをして熊野信仰を広めた。そこには時間・空間を超えた物語や説話、那智山の俯瞰的景観、さらに巡礼者や貴族・上皇たちの振る舞いに、補陀落渡海の様子などが画面いっぱいにぎっしりと盛り込まれ、それらの絵解きを見聞きして人々は那智の聖地へ導かれていった。1枚に熊野信仰が凝縮されたよく知られた絵だ。

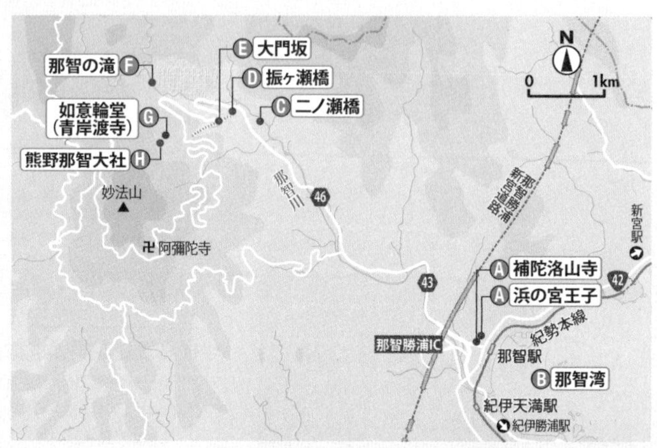

A スタート地点にあたる浜の宮の関所。左に進むと大きな鳥居が立ち、後方に補陀洛山寺、その右側に浜の宮王子（熊野三所大神社）がある。

B 南方にあるという観音浄土へ那智湾から小舟で渡る捨て身の補陀落渡海の様子。現在、補陀洛山寺では渡海船の復元模型が見られる。

C 那智川に架かる二ノ瀬橋を先達に導かれながら渡る白装束の夫婦。この夫婦は絵図のさまざまな場所に描かれている。

D 聖域と俗界を振り分ける振ヶ瀬橋。橋に立つ高僧が龍神と対面しているのは花山法皇をめぐる延命説話を表現したもの。

E 橋を渡って大門坂を上る白装束の夫婦。坂を上ると、大門（仁王門）がある。

F 那智の滝で修行中に絶命しそうになった文覚上人は2人の童子に助けられ、蘇生したという。滝の左手に見える飛瀧権現拝殿の屋根を突き貫く杉の大木、生貫杉が見える。右上方に建つ円城寺では花山法皇が千日参籠した。

⬆庶民に親しみやすい『那智山宮曼荼羅（那智参詣曼荼羅）』は山伏や熊野比丘尼らによって布教や勧進のために活用された

G 下方右側にある如意輪堂は現在の那智山青岸渡寺、左側は本社の拝殿。絵の灯籠横の人物は上皇たち。白装束の夫婦も参拝。身分を問わない熊野信仰を象徴。

H 横一列に並ぶ熊野那智大社本社殿の第一殿から第五殿。南面して建ち、右手の奥まった場所にあるのが第一殿の滝宮。滝の重要さがわかる。第四殿の西御前では主祭神の熊野夫須美大神を祀る。

注目ポイント

姿を消す白装束の夫婦

曼荼羅の左上方部に、先達に案内されながら白装束の夫婦が妙法山を登る姿が見られるが、たどり着くとそこにはなぜか夫婦の姿けない。『那智山宮曼荼羅』には観音菩薩のいる補陀落への捨て身の渡海という死の場面や、文覚上人の滝での再生など、死と再生の場所としての熊野が示され、比丘尼の絵解きによって観音浄土へ導かれたのだろう。

写真提供：熊野那智大社

お燈祭
おとうまつり

熊野速玉大社(くまのはやたまたいしゃ)の摂社・神倉(かみくら)神社の火祭り。約2000人の上り子が白装束になり、個々の願意を入れた松明に御神火をいただく。灯された松明の列が石段を下る光景は「降り龍」と形容される。

新宮 MAP 付録P.20A-2

開催日 2月6日
開催地 神倉神社
司宰 神倉神社

◀御神体「ゴトビキ岩」が鎮座する神倉神社。松明が538段の階段を駆け下りる眺めは壮観

プリミティブな力に満ちた祝祭を旅する

勇壮な神事 熊野の祭り

太古からの自然信仰が今も漂う熊野の祭りは四季折々さまざまだ。熊野の祭りには何かがひそんでいる。

御船祭
みふねまつり

熊野速玉大社の例大祭。熊野川の河口から約2km上流で、御輿を積んだ神幸船を先導する9隻が、神が宿るとされる御船島の周囲を回る早船競漕(はやぶねきょうそう)が圧巻。熊野大神が熊野速玉大社へ降臨した様子を伝えるもので、国の重要無形民俗文化財。

新宮 MAP 付録P.19F-1

開催日 10月16日
開催地 熊野川
司宰 熊野速玉大社

▶諸手船の船上では船夫に扮した氏子が、1800年以上受け継がれてきたハリハリ踊りを見せる

⇧12体の扇神輿は御滝の姿を模したもので神々が飛瀧神社へ里帰りをするもの。午前中には大和舞や田植舞が奉納される
写真提供:熊野那智大社

那智の扇祭り
なちのおうぎまつり

「那智の火祭り」ともいわれるもので、12体の神々を高さ6mの扇神輿に遷し、熊野那智大社から那智の滝(飛瀧神社)へ渡る神事。御滝前で扇神輿を重さ約50kgの松明が迎え清める御火行事が行われる。国の重要無形民俗文化財に指定されている。

那智勝浦 MAP 付録P.20 A-4

開催日 7月14日
開催地 熊野那智大社

熊野本宮大社例大祭
くまのほんぐうたいしゃれいたいさい

初日の湯登神事では父親に肩車された稚児や神職、修験者らが湯の峰温泉で身を清めるために歩く。最終日の渡御祭では御輿に神体を遷し本殿から大斎原まで練り歩き、神が旧社へ渡る。

本宮 MAP 付録P.18 C-1

開催日 4月13〜15日　**開催地** 大斎原
司宰 熊野本宮大社

⇩祭神の徳を称え、国家安泰を祈念する祭典
写真提供:熊野本宮大社

八咫の火祭り
やたのひまつり

熊野の山で迷った神武天皇を神の使いである八咫烏が正しく導いたという伝承にならった祭り。本宮から大斎原へ鉄製の「炎の御輿」が時代行列とともに進む。

本宮 MAP 付録P.18 C-2

開催日 11月頃　**開催地** 大斎原　**司宰** 熊野本宮観光協会　**主催** 八咫の火祭り実行委員会

⇧炎の御輿、時代行列は一般参加を募る

お綱かけ神事
おつなかけしんじ

伊弉冉尊の御陵とされる花の窟の上方、高さ約45mの神体から約170mの大綱を花の窟神社境内にある松の御神木に渡す神事で、太古から現在まで伝わるもの。

熊野 MAP 付録P.27 D-4

開催日 2月2日、10月2日
開催地 花の窟　**司宰** 花窟神社

⇧『日本書紀』にも「花のときは花をもって祭り」とある祭事で、大綱は国道を越えて張り渡される

由緒ある名泉や個性的な露天風呂が魅力

熊野本宮温泉郷

くまのほんぐうおんせんきょう

熊野本宮大社周辺に湧く趣の異なる三名湯。自然豊かな湯の里で、のんびり過ごしたい。

熊野本宮大社の近くで湧き出る豊富な湯量を誇る3つの温泉地

日本最古の共同浴場といわれ、「紀伊山地の霊場と参詣道」の一部として世界遺産に登録されたつぼ湯のある湯の峰温泉をはじめ、大塔川の川底から高温の湯が湧き出る川湯温泉、西日本最大級の露天風呂がある渡瀬温泉という3つの温泉地がある。山と川に囲まれた豊かな自然とともに、古き良き温泉情緒を楽しみたい。

観光のポイント

往古の面影が残る湯の峰温泉を散策
1800余年の歴史ある古湯。周辺には小栗判官伝説の史跡などが残る

土地柄に合った個性豊かな宿に宿泊
昔ながらの素朴な宿やリゾート感あふれるホテルなどから選ぶ

交通information

和歌山駅からJR紀勢本線特急「くろしお」で紀伊田辺駅まで1時間15分、紀伊田辺駅から龍神バス・本宮大社方面行きなどで湯の峰温泉まで2時間、川湯温泉、渡瀬温泉まで2時間10分／新宮駅から熊野交通バス・本宮大社方面行きなどで川湯温泉、渡瀬温泉まで1時間5分、湯の峰温泉まで1時間10分

湯の峰温泉
ゆのみねおんせん

開湯から1800年以上の古湯

熊野国造の大阿刀足尼により発見された由緒ある温泉で四村川の支流に沿って15軒ほどの宿が並ぶ。熊野詣の湯垢離場として、旅人は禊と長旅の疲れを癒やした。

本宮からのアクセス

本宮大社前バス停から龍神バス・JR紀伊田辺駅方面行きで湯の峰温泉まで25分、熊野御坊南海バス／奈良交通・JR新宮駅行きで湯の峰温泉まで10分

湯の峰温泉公衆浴場
ゆのみねおんせんこうしゅうよくじょう

MAP 付録P.18 A-1

2022年春リニューアルオープン

↑つぼ湯の受付もここで

温泉街の中心にあり、一般湯のほか、薬湯、貸切湯、休憩場がある。

☎0735-42-0074 所田辺市本宮町湯峯 営6:00～21:00 休不定休 料400円、薬湯600円、家族湯1人700円 交湯の峰温泉バス停からすぐ Ⓟ共用駐車場利用 アメニティ シャンプー、リンス

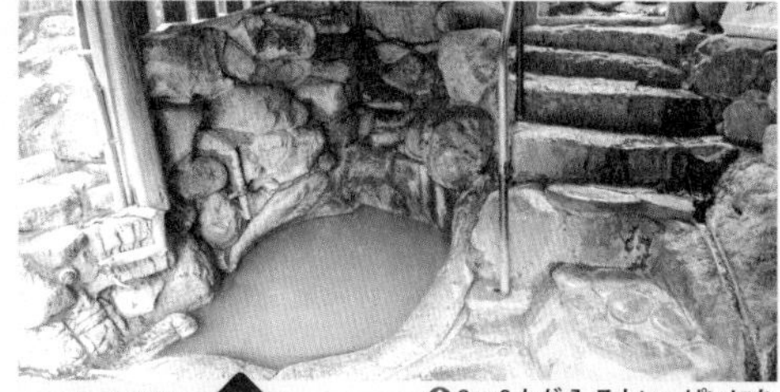

つぼ湯 世界遺産
つぼゆ

↑2～3人が入るといっぱいになる小さな湯で、30分の交替制

MAP 付録P.18 A-1

日本最古の共同浴場

↑泉質は含硫黄-ナトリウム炭酸水素塩・塩化物温泉で、源泉の平均温度は92℃

川岸の小屋の中に小さな岩穴に温泉が湧き、1日に7回湯の色が変わるといわれることから「七色の湯」とも呼ばれている。熊野詣の湯垢離場として世界遺産に登録された。

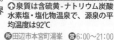

☎0735-42-0074(湯の峰温泉公衆浴場) 所田辺市本宮町湯峯 営6:00～21:00(1組30分以内) 休湯の谷川増水時 料800円 交湯の峰温泉バス停からすぐ Ⓟ共用駐車場利用 アメニティ なし

川湯温泉
かわゆおんせん

川底から湧き続ける源泉を利用

熊野川の支流である大塔川の川底から高温度の湯が湧き出し、川の水と混ぜ合わせたオリジナル露天風呂が楽しめる。

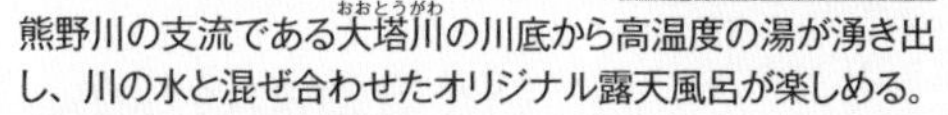

本宮からのアクセス

本宮大社前バス停から龍神バス・JR紀伊田辺駅方面行きで川湯温泉まで10分、熊野御坊南海バス／奈良交通・JR新宮駅行きで川湯温泉まで20分

仙人風呂
せんにんぶろ

MAP 付録P.18 C-4

夜は星空を眺めながら

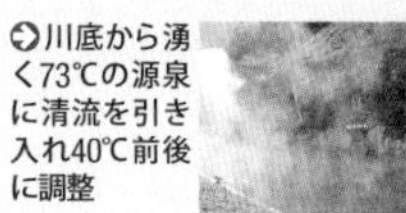

→川底から湧く73℃の源泉に清流を引き入れ40℃前後に調整

川の流量が減る冬期(12～2月)に川をせき止めてつくる巨大露天風呂。

☎0735-42-0735(熊野本宮観光協会) 所田辺市本宮町川湯 営12～2月6:30～22:00 休荒天時 料無料 交川湯温泉バス停から徒歩5分 Ⓟ共用駐車場利用 アメニティ なし

川湯温泉公衆浴場
かわゆおんせんこうしゅうよくじょう

MAP 付録P.18 C-4

気軽に温泉を楽しむ

→豊富な湯量を誇る

大塔川のほとりに建つ。内湯のみだが、昔ながらの温泉情緒に浸れる。

☎0735-42-0735(熊野本宮観光協会) 所田辺市本宮町川湯1423 営6:30～20:00 休火曜 料300円 交川湯温泉バス停から徒歩2分 Ⓟ共用駐車場利用 アメニティ タオル(有料)、バスタオル(有料)、シャンプー(有料)、ドライヤー

渡瀬温泉
わたぜおんせん

リゾート感があふれる温泉地

四村川沿いに瀟洒なホテルや温泉センターが点在し、西日本最大級の露天風呂がある。

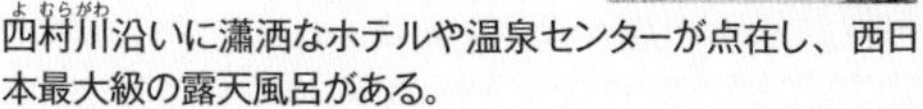

本宮からのアクセス

本宮大社前バス停から龍神バス・JR紀伊田辺駅方面行きで渡瀬温泉まで11分、熊野御坊南海バス／奈良交通・JR新宮駅行きで渡瀬温泉まで16分

わたらせ温泉大露天風呂
わたらせおんせんだいろてんぶろ

MAP 付録P.18 B-4

自然石を配した広大な湯

→西日本屈指の広さの大露天風呂

大露天風呂は男女合わせて11の浴槽があり、一度に500人が入浴できる。

☎0735-42-1185 所田辺市本宮町渡瀬45-1 営6:00～21:30、貸切風呂8:00～19:00 休無休 料1000円(貸切風呂は1時間1800円) 交渡瀬温泉バス停から徒歩5分 Ⓟあり アメニティ タオル(有料)、バスタオル(有料)、シャンプー、ドライヤー

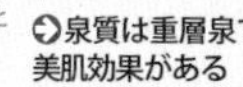

宿泊はわたらせ温泉 ホテルささゆり ➡ P.164

渡瀬温泉センター おとなしの郷
わたぜおんせんセンター おとなしのさと

MAP 付録P.18 B-3

名湯を現代風に

→泉質は重層泉で美肌効果がある

コテージやキャンプ場を併設する温泉施設。

☎0735-42-1777 所田辺市本宮町渡瀬45-3 営13:00(キャンプ場、コテージの受付10:00)～20:00 休木曜 料620円 交渡瀬温泉バス停から徒歩5分 Ⓟあり アメニティ タオル(有料)、バスタオル(有料)、シャンプー、ドライヤー

熊野川河口に栄えた門前町

新宮 しんぐう

熊野の神々が降り立ち、霊薬を求め渡来した徐福(じょふく)や各界著名人の足跡が残る歴史情緒が漂う街を歩く。

熊野三山のひとつが鎮座し郷土の味と多様な文化に彩られた街

熊野川の河口に開けた南紀の中心都市であり、熊野三山のひとつ、熊野速玉大社(くまのはやたまたいしゃ)の門前町として古くから栄えた。弥生文化をもたらしたという「秦」の徐福が上陸した伝説も残されている。また、文化勲章を受賞した詩人で作家の佐藤春夫(さとうはるお)、熊野を舞台にした作品を描き続けた芥川賞作家の中上健次(なかがみけんじ)ら多数の文化人を輩出。市内には彼らの記念館も建っている。

観光のポイント

熊野三山のひとつ熊野速玉大社へ参詣
朱塗りの社殿に祀られた熊野速玉神を参拝し、神宝館で文化財を拝観する

文学や熊野詣にまつわるスポットを巡る
新宮生まれの作家たちの記念館や、阿須賀神社、神倉神社などをまわる

交通 information

和歌山駅からJR紀勢本線特急「くろしお」で新宮駅まで3時間10分/白浜駅からJR紀勢本線特急「くろしお」で新宮駅まで1時間50分

熊野速玉大社 世界遺産

くまのはやたまたいしゃ

MAP 付録P.20 A-1 ➡P.36

世界遺産に登録された全国熊野神社の総本山

朱塗りの社殿をはじめ、国宝など1000点以上の古神宝を所蔵。御神木の梛の木は樹齢約1000年。

⬇参道の石段を上がると神門が現れる

熊野川沿いに軒を連ねた川原家(かわらや)

江戸時代初期から昭和にかけて、熊野川の河川敷に百数十軒も並んだ簡易商店。釘を使わない建物で、川が増水すると店をたたみ、水が引くとまた復元したという。その川原家を熊野速玉大社の隣に再現し、名産品などを売る楽しい店舗が並ぶ。

⬆柑橘類を販売する店のほか軽食をとることのできる店も

阿須賀神社 世界遺産

あすかじんじゃ

MAP 付録P.20 C-1

古くから信仰を集める徐福伝説の残る神社

蓬莱山(ほうらいさん)の南麓に鎮座する古社。境内には弥生遺跡や徐福ゆかりの「徐福の宮」、歴史民俗資料館など見どころが多い。

☎0735-22-3986
所 新宮市阿須賀1-2-25
開休料 境内自由
交 JR新宮駅から徒歩10分 Ⓟあり

⬆1万㎡もの広大な境内に建つ、朱塗りの木造銅板葺き入母屋造りの拝殿

浮島の森

うきしまのもり

MAP 付録P.20 B-2

沼地に浮かぶ緑深い不思議な島

枯れた植物が堆積して筏状になり、島となって浮かんでいる。島内には寒暖両性の植物が130種以上混成し、国の天然記念物に指定されている。

約5000㎡の島の周りには遊歩道が整備されている

☎0735-21-0474 所新宮市浮島3-38 開9:00～17:00(12～2月は～16:00) 休無休 料110円 交JR新宮駅から徒歩5分 Pあり

新宮(丹鶴)城跡

しんぐう(たんかく)じょうせき

MAP 付録P.20 B-1

海と新宮の街を見晴らす眺望抜群の国指定文化財

江戸時代に築城された新宮藩主の居城跡。熊野川の河口に近い丹鶴山にあり、一帯は桜の名所としても知られる。

随所に豪壮な石垣が残る城跡公園は眺望も素晴らしい

☎0735-23-3333(新宮市商工観光課) 所新宮市丹鶴3-7688-2 開休料見学自由 交JR新宮駅から徒歩10分 Pあり

各地に伝わる徐福伝説

今から約2200年前、秦の始皇帝の願う「不老不死」の霊薬を探して、3000人の若い男女と技術者100人、五穀の種を持って日本に上陸したと伝わる徐福。農耕や漁業、製紙の技術を伝えたなど、ここ新宮をはじめ日本各地に伝説が残る。徐福公園には江戸時代に建立された徐福の墓を中心に、華やかな楼門や石像が見られる。

徐福公園 じょふくこうえん

MAP 付録P.20 C-2

☎0735-21-7672 所新宮市徐福1-4-24 開8:30～17:00 休無休 料無料 交JR新宮駅から徒歩3分 Pあり(有料)

新宮の名物をチェック

仲氷店

なかこおりてん

全国から客が集うかき氷の名店。清流・古座川(P.136)の名水を3日間かけて凍らせた純氷を使ったフワフワのかき氷は、独特のなめらかな味わいと口どけ。

夏場は1日200人以上が訪れる人気の店

MAP 付録P.20 A-1

☎0735-21-5300 所新宮市新宮551-12 営9:00～20:00 休不定休 交JR新宮駅から徒歩15分 Pあり

極上抹茶をふんだんに使った抹茶ミルク金時600円

温州みかん濃厚果汁100%使用のみかん450円

茶房 花風月

さぼう かふうげつ

熊野速玉大社の大鳥居の横にある喫茶店。コーヒーや手作りのスイーツのほか、熊野に伝わる郷土料理が味わえる。

木の国・和歌山ならではの良質な木材を使った建物

MAP 付録P.20 A-1

☎0735-21-2434 所新宮市上本町1-2-2 営10:00～15:00 休水・木曜(祝日の場合は翌平日) 交JR新宮駅から徒歩18分 Pあり

尾﨑酒造

おざきしゅぞう

神々の国、熊野地方で唯一の酒蔵。世界遺産・熊野川の伏流水を使った、昔ながらの醸造法で造られるキレの良いお酒が自慢。

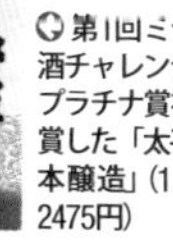

第1回ミラノ酒チャレンジでプラチナ賞を受賞した「太平洋本醸造」(1.8ℓ 2475円)

MAP 付録P.20 B-1

☎0735-22-2105 所新宮市船町3-2-3 営8:00～17:00 休土・日曜、祝日 交JR新宮駅から徒歩15分 Pあり

GOURMET

食べる

南紀の食を代表する素朴な料理

山海の恵みと郷土寿司

地元でとれた高菜の浅漬けやサンマなどを握る寿司は和歌山名物のひとつ。口の中に広がるふるさと伝統の味は、旅のおみやげにもぴったり。

「郷土寿司」のこと

熊野地方では古くから伝えられる郷土寿司が名物となっている。めはり寿司は職人の弁当、馴れ寿司保存食、さんま寿司は祭りのごちそうとして愛されてきた。

地元客からも愛され続ける
伝統の奥深い味わい

東宝茶屋

とうほうちゃや

MAP 付録P.20 B-1

さんま馴れ鮓の名店として地元でも人気がある。近年、特に欧州からの観光客の来店が増え、チーズの味に似た味わい深さでファンも多い。この店にしかない30年ものの馴れ鮓にも注目。

☎0735-22-2843
所 新宮市横町2-2-12
営 11:30～14:00 17:00～22:00(LO21:30)
休 木曜 交 JR新宮駅から徒歩10分 P あり

さんま馴れ鮓
1430円
1年以上熟成したサンマの開きにご飯を詰め、さらに1カ月寝かす。濃厚な旨みに舌鼓

予約 望ましい ※17:00～21:00は要
予算 2000円～

鮮度抜群なクジラの刺身の盛り合わせ3575円は酒の肴に

伝統の馴れ鮓をはじめ、熊野地方の郷土の味が楽しめる

カウンター席は4席。ゆったり座敷も完備

3代にわたって守ってきた
作りたてのめはり寿司

総本家めはりや 本店

そうほんけめはりや ほんてん

MAP 付録P.20 A-1

昭和37年(1962)創業、日本最古のファストフードといわれるめはり寿司の専門店。注文が入ってから作るのでできたてが食べられる。高菜の漬物、ご飯と秘伝の特製ダレで作る繊細な味わいだ。

☎0735-21-1238
所 新宮市薬師町5-6
営 11:00～22:00(LO21:00) 休 水曜
交 JR新宮駅から徒歩12分 P あり

緑の屋根と円形の建物が印象的

老舗の温かい雰囲気が漂い、居心地のよい店内

おためしセット
1300円～
めはり寿司、おでん、串揚げなどがセットに。わかめ味噌汁付1300円、豚汁付が1450円

予約 可
予算 1200円～

熊野名物のさんま姿寿司を
気軽に食べるならこの店

徐福寿司 駅前店

じょふくずし えきまえてん

MAP 付録P.20 B-2

新宮駅前にあり地元の人がふらりと寿司をつまみに寄る店。人気のさんま姿寿司のほか、熊野灘の鮮魚の握り寿司や巻き寿司を気軽に食べられる。地元の白板昆布を使った昆布寿司もおすすめ。

☎0735-23-1313
所 新宮市徐福2-1-9 営 10:00～17:00
休 木曜 交 JR新宮駅からすぐ P あり

さんま姿寿司
900円
熊野地方伝統の技法で、塩加減より塩抜き加減が重要。ゆず酢で仕上げる

予約 可(持ち帰りのみ)
予算 1000円～

小腹がすいたときにちょうどいい寿司の小盛合650円

新宮駅の目の前にある。徐福公園の売店があるところが創業の地

歴史

文学、童謡、天文学。各界で歴史に名を残した者たちの物語

新宮にゆかりのある文化人たち

熊野古道で都の文化に、江戸期には黒潮ルートで江戸の文化にも接した新宮。長い歳月にわたる進取の気風もあいまって、多くの文化人や芸術家、科学者を世に送り出してきた。

多彩なジャンルで作家活動、佐藤春夫

作家・詩人として日本の近代文学に大きな足跡を残した佐藤春夫は明治25年（1892）に新宮市に生まれ、旧制新宮中学を卒業して東京の慶應義塾大学に入学するが中退。大正期に文壇にデビューし、大正8年（1919）の『田園の憂鬱』で作家としての地位を確立。谷崎潤一郎と夫人・千代子とのもつれた関係は世間を騒がせた。同郷の西村伊作が開設した「文化学院」では講師を務めた。全国60校ほどの校歌も作詞。昭和35年（1960）に文化勲章受章、翌年には初代新宮市名誉市民に。昭和39年（1964）に72歳で死去。

佐藤春夫記念館

さとうはるおきねんかん

MAP 付録P.20 A-1

熊野速玉大社境内に平成元年（1989）に開館。自筆原稿の展示や再現された中国風の応接間も見られる。

☎0735-21-1755 所新宮市新宮1 開9:00～17:00（入館は～16:30） 休月曜（祝日の場合は翌日）、祝日の翌日 料330円 交JR新宮駅から徒歩20分 P熊野速玉大社駐車場利用

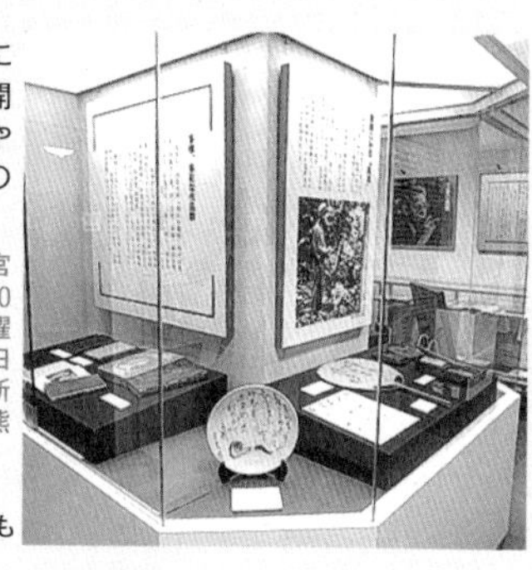

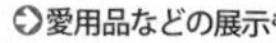

愛用品などの展示も

初の口語体による童謡を作詞、東くめ

元新宮藩の家老だった由比甚五郎の長女として明治10年（1877）に現在の新宮市に生まれ、東京音楽学校（現東京芸術大学）卒業後、東京府立高等女学校の音楽教諭になり、同じ新宮出身の教育家・東基吉と結婚。夫から子どもにもわかりやすい童謡をと提案され、賛同した音楽学校の後輩・瀧廉太郎と組んで『鳩ぽっぽ』や『お正月』『雪やこんこん』など、日本で最初の口語体の童謡を発表した。昭和44年（1969）に91歳で他界。

新宮駅前にある童謡『鳩ぽっぽ』の歌碑

小惑星にも名をとどめる畑中武夫

日本の電波天文学のパイオニアとされる畑中武夫は大正3年（1914）に田辺市に生まれたが、新宮で育った。東京帝国大学では理論天体物理学を専攻。第二次世界大戦後、電波天文学の研究を主題とし、東京天文台（現国立天文台）の天体電波部長に就任して新しい分野の開拓や施設の充実に大きな役割を果たした。その多くの業績は世界からの注目を集めたが、昭和38年（1963）に、49歳で急逝。死後、月のクレーターや小惑星に畑中の名がつけられた。

「畑中武夫生育の家跡」の表示板

血族と土地にこだわった中上健次

昭和21年（1946）、和歌山県新宮市生まれ。被差別部落の出身で複雑な家系に育つ。部落のことを「路地」と表現し、紀州熊野と血族にこだわった土着的な私小説的作品を発表していく。昭和43年（1968）に柄谷行人から勧められたフォークナーから大きな影響を受け、昭和51年（1976）には『岬』で芥川賞を受賞。これは戦後生まれ初の受賞で、続編の『枯木灘』と『地の果て至上の時』との三部作は高く評価された。その後も「路地」を舞台とする作品を描き続けるが、腎臓癌のため那智勝浦町の病院で死去、46歳の若さだった。

古代の遺風と自然の造形美に出会う

熊野・尾鷲

くまの・おわせ

荒々しい海岸線と緑深い森が魅せる、悠久のロマンに満ちた神秘のエリア。

神々に導かれ、豊かな自然に満ちた伝説と祈りの地を散策する

熊野灘に面した温暖な気候に恵まれ、美しい海岸景勝地と松本峠など石畳の道が残る熊野古道・伊勢路(P.57)が魅力の東紀州の2つの市。熊野の海岸線には日本の渚百選のひとつ七里御浜(P.70)が広がり、荒ぶる神々の伝説が残る景勝地が連なる。日本屈指の多雨地帯である尾鷲は檜の森や、新鮮な魚介の宝庫で知られる街。山海の豊かな食材もたっぷり味わえる。

観光のポイント

由緒ある神社や壮大な景勝地を訪ねる

神話にゆかりの深い神社や伝説の残る海岸の絶景スポットを巡る

山海の幸を取り入れた料理をいただく

東紀州の旬の素材と尾鷲の新鮮な魚介を使った郷土の味を楽しむ

交通information

和歌山駅からJR紀勢本線特急「くろしお」で新宮駅まで3時間10分、新宮駅からJR紀勢本線特急「ワイドビュー南紀」で熊野市駅まで20分(普通で30分)、尾鷲駅まで50分(普通で1時間30分)

境内に太古の祀り場の跡も残る

産田神社

うぶたじんじゃ

熊野 MAP 付録P.26 A-4

太古から信仰集める神々の母を祀る社

多くの神々を産んだといわれる伊弉冉尊が最後に火の神、軻遇突智を産んで亡くなった場所と伝わる古い神社。

☎0597-89-2881(花窟神社)
所 熊野市有馬町1814　開 休 料 参拝自由
交 JR熊野市駅から車で10分　P あり

熊野・尾鷲のグルメスポット

イル レガーロ

イタリアで修業したオーナーシェフが作る、美熊野牛や岩清水豚などのご当地食材を使ったイタリアンが楽しめる。

熊野 MAP 付録P.27 F-3

☎0597-89-0300　所 熊野市木本町171　営 11:30～13:45 17:30～21:00(ディナーは予約制)　休 第2月曜、日曜　交 JR熊野市駅から徒歩8分　P あり

美熊野牛ペポーゾ。とろとろに煮込まれた肉はやみつきに

七里御浜を目の前に、国道42号沿いにある。駅から徒歩圏内

熟成 岩清水豚タリアータは、さわやかなわさび菜ソースで

稲作体験などのイベントも開催している

丸山千枚田

まるやませんまいだ

熊野 MAP 付録P.11 F-1

人々の手で守られてきた 郷愁覚える美しい棚田

山あいに1340枚の棚田が広がる見事な風景は、日本棚田百選にも選ばれたほど。夏に行われる「虫送り」では無数の松明が灯り、さらに幻想的。

☎0597-97-0640(熊野市ふるさと振興公社)
所熊野市紀和町丸山 開休料見学自由
交JR熊野市駅から車で40分 Pあり

伊勢信仰、熊野信仰とも関係が深い

尾鷲神社

おわせじんじゃ

尾鷲 MAP 付録P.27 E-1

尾鷲の総氏神を祀る古社 奇祭ヤーヤ祭りで知られる

文武両道の神・素戔嗚尊(すさのおのみこと)が鎮座。境内には樹齢1000年を超えるクスノキがそびえ立ち、良縁・子授かりの伝説がある。

☎0597-22-1486
所尾鷲市北浦町12-5 開休料参拝自由
交JR尾鷲駅から徒歩15分 Pあり

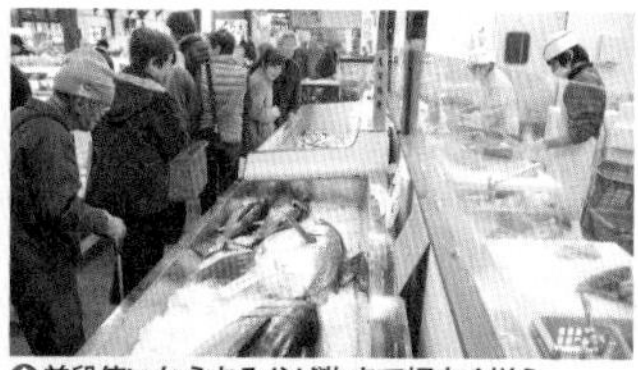

普段使いからおみやげ物まで幅広く揃う

おわせお魚いちば おとと

おわせおさかないちば おとと

尾鷲 MAP 付録P.27 D-2

東紀州の特産品も揃う 水産会社直営の地場産品直売所

尾鷲港で水揚げされた鮮魚や養殖魚のほか、さんま寿司なども揃う。店内の食堂では、獲れたての鮮魚や地物素材を使った料理が味わえる。

☎0597-23-2100 所尾鷲市古戸野町2-10
開10:00～18:00、食堂11:00～14:00
休無休 交JR尾鷲駅から徒歩10分 Pあり

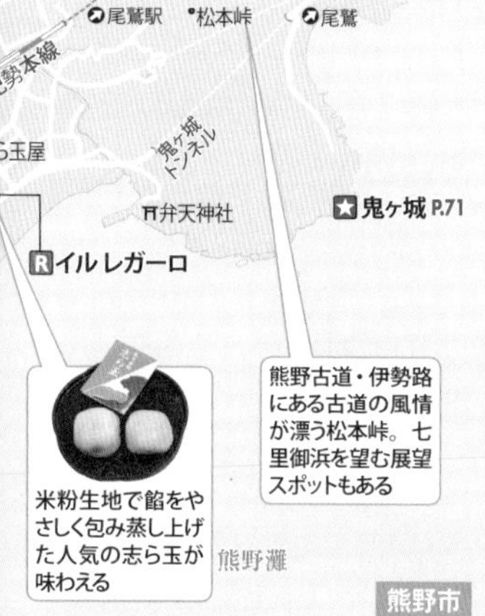

紀伊長島
紀伊長島駅
尾鷲
尾鷲神社
ホテル ビオラ P.165
ヤーヤ祭りは豊漁豊作を祈願し白装束の男衆が激しくぶつかる尾鷲の伝統の祭り
尾鷲神社の大クス
北川
尾鷲漁協魚市場
尾鷲駅
尾鷲観光物産協会
尾鷲港
42
国内でも有数の反射望遠鏡で、尾鷲の夜空に輝く星を観察できる
尾鷲市立天文科学館
中村山公園
土井子供くらし館
紀勢本線
尾鷲市役所
毎月第1土曜の朝に、尾鷲の物産が特別価格で勢揃いする尾鷲イタダキ市が開かれる
おわせお魚いちば おとと
P.57 三重県立熊野古道センター
夢古道おわせ
0 200m
熊野
熊野市駅

尾鷲の魅力がわかるスポット

夢古道おわせ

ゆめこどうおわせ

尾鷲 MAP 付録P.26 C-1

地元農家の野菜や特産品の買い物のほか、尾鷲の海底から汲み上げた海洋深層水を使ったお風呂や、「海鮮ステーキ」をメインに、海鮮丼や洋食メニューなどが幅広く味わえる。

景色も心地よい夢古道の湯

☎0597-22-1124 所尾鷲市向井12-4 開休料施設により異なる
交JR尾鷲駅から車で10分 Pあり

ひと足延ばして北山村の激流下りへ

北山川観光筏下り

きたやまがわかんこういかだくだり

MAP 付録P.11 F-1

全長約6kmを筏で下る、北山村の夏の風物詩。筏師の櫂さばきに身を任せて、冒険気分を存分に味わえる。

受付は道の駅 おくとろ内の北山村観光センターで

☎0735-49-2324(北山村観光センター) 所北山村下尾井 おくとろ公園内
営5～9月の10:40、13:00発(1日2便、完全予約制) 休5・6月の平日、7～9月の木曜、河川増水日 料要問い合わせ 交JR熊野市駅から北山村営バス・下尾井行きで1時間、おくとろ公園下車すぐ Pあり

花の窟
はなのいわや

火の神、軻遇突智(かぐつち)を産んで亡くなった伊弉冉尊(いざなみのみこと)を葬った場所として『日本書紀』にも記される御陵。毎年2月2日と10月2日に「お綱(つな)かけ神事(P.61)」の例大祭が行われる。

MAP 付録P.27 D-4

☎0597-89-2881(花窟神社)
所 熊野市有馬町
開休料 境内自由
交 JR熊野市駅から徒歩15分
P お綱茶屋駐車場利用

➡手水舎横にある神石は球技選手の間ではパワーストーンと信じられている

⇧そそり立つ高さ45mの巨岩がご神体。白く輝く姿は七里御浜からも見える

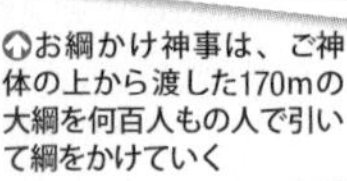
⇧お綱かけ神事は、ご神体の上から渡した170mの大綱を何百人もの人で引いて綱をかけていく

⇧お綱茶屋では、古代米のイザナミ米を使った団子や餅などが味わえる

神話が宿る熊野の絶景を訪ねる

自然信仰の聖地へ

熊野に数多く残る荒々しくも美しい景勝地は、
古来神々が宿る神聖な場所とされてきた。
大自然が持つ神秘的なパワーを感じながら巡ってみたい。

⇧松本峠から那智の山々とともに浜を見渡せる

七里御浜
しちりみはま

世界遺産

熊野灘に面してゆるやかな弧を描きながら、熊野市から紀宝町まで七里(約21km)にわたって続く海岸線。日本の渚百選にも選ばれた。

MAP 付録P.27 E-4

☎0597-89-0100(熊野市観光協会)
所 熊野市井戸町 開休料 見学自由 交 JR熊野市駅から徒歩10分 P 共用駐車場利用

⇧日本一の長さを誇る砂礫海岸は、いにしえから熊野参詣の旅人たちが踏みしめた神聖な場所

獅子岩
ししいわ

七里御浜(P.70)に面した岩場に、獅子が吠えるような姿でそびえる巨岩。隣の神仙洞とともに大馬神社の狛犬と位置づけられている。

MAP 付録P.27 E-4

☎0597-89-0100(熊野市観光協会) 所熊野市井戸町 開休料見学自由 交JR熊野市駅から徒歩10分 P共用駐車場利用

波の浸食から生まれた高さ25m、周囲約210mの奇岩

水が巨岩を滑り落ちる清滝の光景は圧巻

ハイキングコースとしても楽しめるほか遊覧船も就航する

楯ヶ崎
たてがさき

無数の岩柱からなる「柱状節理」が独特の造形をみせる大岸壁。初代天皇の神武天皇が東征の際に上陸した地として伝わる、神話の舞台でもある。

MAP 付録P.26 C-3

☎0597-89-0100(熊野市観光協会) 所熊野市甫母町 開休料見学自由 交JR熊野市駅から車で30分の遊歩道入口から徒歩40分 Pあり

大馬神社
おおまじんじゃ

平安の征夷大将軍・坂上田村麻呂の霊が馬に乗って現れたことからこの名がついたといわれる古社。熊野杉が生い茂る境内には大馬清滝が流れる。

MAP 付録P.26 A-3

☎0597-89-3247
所熊野市井戸町大馬 開休料境内自由
交JR熊野市駅から車で15分 Pあり

鬼ヶ城
おにがじょう

隆起した岩盤が風化や浸食により削られ、無数の洞窟の空いた奇観を生み出した景勝地。鬼と呼ばれた海賊「多娥丸」の根城であったといわれている。

MAP 付録P.26 B-4

☎0597-89-0100(熊野市観光協会) 所熊野市木本町
開休料見学自由(荒天時不可)
交JR熊野市駅から熊野市バス・二木島行きで5分、鬼ヶ城東口下車すぐ Pあり

熊野の味覚も楽しめる複合施設・鬼ヶ城センターも隣接

岸壁に並んだ「千畳敷」「犬戻り」などの名前のついた洞窟や岩を遊歩道で巡っていける

岩場沿いに設置されている遊歩道。「千畳敷」から先は通行止め

迫力たっぷりの岩の洞窟を通して眺める海の景色もまた絶景

那智山（なちさん）の麓に広がる風光明媚な港町

那智勝浦 なちかつうら

大自然を崇める熊野の
信仰にふれ、海を見渡すいで湯と、
マグロ料理を堪能する。

那智勝浦
那智の滝
飛瀧神社
S 山口光峯堂
多富気王子
大門坂
熊野那智大社
那智山青岸渡寺
那智山スカイライン
那智山見晴台
阿彌陀寺

標高750mの位置にあり、女人高野とも呼ばれた空海建立の古刹

那智勝浦町

ゆかし潟周辺の湯川温泉は、かつてここで身を清めて熊野詣に向かったと伝わる歴史ある温泉

那智山に抱かれた信仰の地で清めと癒やしの旅を体験する

熊野三山のひとつである熊野那智大社が鎮座する那智勝浦は、平安時代から多くの参詣者が訪れる信仰に彩られた聖地。日本有数のマグロ漁港としても名高く、街には水揚げされたばかりの新鮮なマグロを堪能できる食事処が軒を連ねている。また、港の近くには太平洋を望む歴史ある温泉が並び、170を超す種類豊富な源泉が湧く一大温泉地としても知られる。

観光のポイント

石畳を歩いて熊野那智大社を目指す
いにしえの人々もたどった杉木立に囲まれた石畳を神聖な気持ちで歩く

海を望む温泉やマグロ料理を満喫
海辺に立ち並ぶ良質な温泉宿と、鮮度抜群のマグロを存分に楽しむ

交通information

新宮駅からJR紀勢本線特急「くろしお」で紀伊勝浦駅まで20分(普通で25分)／和歌山駅からJR紀勢本線特急「くろしお」で紀伊勝浦駅まで3時間

熊野那智大社 世界遺産

くまのなちたいしゃ

MAP 付録P.20 A-4 ➡P.40

神々しい那智の滝を擁する1700年の信仰集める霊場

那智の滝への自然崇拝を起源とする、熊野本宮大社、熊野速玉大社とならぶ熊野三山のひとつ。

⬇熊野の神々を祀る朱塗りの美しい社殿

勝浦漁港魚市場

かつうらぎょこううおいちば

MAP 付録P.21 F-1

生鮮マグロの水揚げ日本有数の魚市場で壮観のセリを見学

日本有数のマグロ漁業の基地らしく、近海モノのマグロが大量に並んでいる光景は壮観。迫力のセリ市見学が人気だ。

☎0735-52-6153(那智勝浦町観光機構)
所那智勝浦町築地7-12 開セリ7:00～
休土曜、祝日の前日ほか不定休 料展望スペースTSUNAGOOD無料 交JR紀伊勝浦駅から徒歩5分 Pなし

⬆早朝に行われるセリ市。大小さまざまなマグロが並び、威勢の良いセリの様子を見学できる

紀の松島めぐり

きのまつしまめぐり

MAP 付録P.21 F-1

奇岩や洞窟が点在する南紀屈指の景観を満喫

勝浦湾口に浮かぶラクダ岩やライオン岩などの、大小130の島々が生む美しい内海を定期観光船で巡る。

周囲17kmの紺碧の海に浮かぶ島々。土・日曜はイルカのショーが見られるコースも

☎0735-52-8188(紀の松島観光) 所那智勝浦町勝浦442-20 営日により運航時間、本数は異なる 休水曜、ほか12月に臨時休あり 料島めぐり一周Aコース1800円、荒天時はCコース1400円 交JR紀伊勝浦駅から徒歩7分 Pなし

補陀洛山寺 世界遺産

ふだらくさんじ

MAP 付録P.21 D-1

観音浄土へと旅立った僧侶たちの最大拠点

平安時代、この寺の僧侶が補陀落という観音菩薩の浄土を目指し渡海したことに始まる、補陀落渡海の拠点。行者の墓もある。

本堂には国指定重要文化財の十一面千手観音が安置されている

☎0735-52-2523
所那智勝浦町浜ノ宮348
開8:30～16:00 休無休 料無料
交JR那智駅から徒歩3分 Pあり

那智黒石をおみやげに

山口光峯堂

やまぐちこうほうどう

古来熊野詣の証しとして大切に持ち帰ったと伝えられる那智黒石を使った置物や硯を製造販売している専門店。熊野三山の象徴である八咫烏(やたがらす)の置物などが購入できる。

八咫烏2420円。一番人気でさまざまなバリエーションが揃う

MAP 付録P.20 B-4

☎0735-55-0020 所那智勝浦町那智山167 営8:00～17:00 休不定休 交JR紀伊勝浦駅から熊野交通バス・那智山行きで25分、終点下車、徒歩3分 Pなし

マグロ料理を堪能

桂城

かつらぎ

生マグロづくしのまぐろ定食1800円

元ホテルの和食職人が勝浦の生マグロ好きが高じてオープンした勝浦生マグロ専門店。

MAP 付録P.21 F-1

☎0735-52-1845 所那智勝浦町勝浦398-11
営11:30～14:00(LO13:40) 17:00～20:30 休月曜、第4日曜
交JR紀伊勝浦駅から徒歩5分 Pあり

八雲鮨

やくもずし

一番人気の特上にぎり3800円

マグロやクジラなど品質を重視した魚をできるだけ手ごろな価格で提供する寿司の名店。

MAP 付録P.21 F-1

☎0735-52-3101 所那智勝浦町勝浦398-11 営12:00～13:30 17:30～20:30(LO) 休水・木曜 交JR紀伊勝浦駅から徒歩3分 Pあり

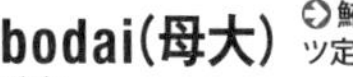

bodai(母大)

ボダイ

鮪中とろカツ定食1500円

洗練された雰囲気で人気が高いお店。生マグロメニューが充実。

MAP 付録P.21 E-1

☎0735-52-0039 所那智勝浦町築地5-13 営11:00～14:00(LO13:30) 17:00～21:30(LO21:00) 休火曜 交JR紀伊勝浦駅からすぐ P共用駐車場利用(土・日曜、祝日のみ利用可)

潮風が香る温泉地ならではの楽しみ

佳景が待つ名湯へ

海に浮かぶ島の温泉や波で浸食された洞窟風呂など、多彩な日帰り温泉をご紹介。

さまざまな源泉に立ち寄りたい

南紀勝浦温泉は江戸時代から続く、和歌山きっての温泉地。風光明媚な海岸線に多種多様な源泉が湧くのが魅力。大正時代から採掘が進み、現在はその数170以上にもなり、自家源泉を持つ宿も多い。

迫る岩肌がダイナミックな玄武洞。波の音が洞窟に響き、幻想的な雰囲気が漂う

忘帰洞・玄武洞

ぼうきどう・げんぶどう

MAP 付録P.21 F-3

豪快さが魅力の洞窟温泉

天然洞窟に湧く2つの湯は、洞窟の迫力と荒波が迫る太平洋の景色を存分に楽しみながら湯浴みができる。

宿泊はホテル浦島➡P.160

☎0735-52-1011(ホテル浦島) 所那智勝浦町勝浦1165-2 営9:00～19:00(受付は～18:00) 休不定休 料1500円(ホテル浦島内の浴場に入浴可 ※宿泊者専用の浴場は除く) 交JR紀伊勝浦駅から徒歩5分の勝浦観光桟橋から送迎船で5分 P300台 アメニティ タオル、シャンプー、ドライヤー

↑忘帰洞は紀州の殿様が「帰るのを忘れるほど心地よい」と賞賛したのが名の由来

滝見乃湯

たきみのゆ

MAP 付録P.21 E-2

眺めの良い庭園露天風呂

眼下に那智湾を眺められ、海の向こうに那智の滝を見ながら入浴を楽しめる。良質なミネラルたっぷりのお湯が評判。

宿泊はかつうら御苑➡P.160

☎0735-52-0333(かつうら御苑) 所那智勝浦町勝浦216-19 ※2024年夏頃より、日帰り再開予定

↑開放感ある露天風呂のほか、西日本最大級の総檜の大浴場もくつろげる

汐見の湯

しおみのゆ

MAP 付録P.21 D-4

景色に溶け込む美肌の湯

福井湾の周囲の景色と調和した岩造りが心地よい露天風呂。湯量が豊富で湯冷めしにくく、美肌に効果があると評判。

宿泊はホテルなぎさや➡P.165

☎0735-52-0015(ホテルなぎさや) 所那智勝浦町湯川955-1 営16:00～21:00 休不定休 料1100円 交JR紀伊勝浦駅から車で5分(紀伊勝浦駅から無料送迎バスあり) Pあり アメニティ シャンプー、ドライヤー

↑福井湾の景色に浸りながら、なめらかな美肌の湯を満喫できる岩組の露天風呂

湯めぐりチケット

対象施設6館のなかから2カ所を選んで入浴できる「湯めぐりチケット1500円」(購入後6カ月有効)が便利でお得。

☎0735-52-0048(南紀勝浦温泉旅館組合)

年末年始・お盆・GW等繁忙期は利用できない日あり

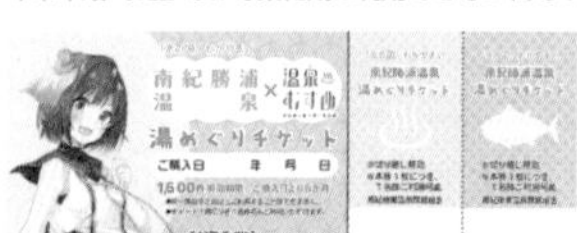

無料で利用できる足湯

勝浦漁港周辺には、無料で利用できる足湯施設がある。源泉かけ流しの温泉気分が味わえる。

☎0735-52-2131(那智勝浦町観光企画課)

➡勝浦漁港に設置されている海乃湯

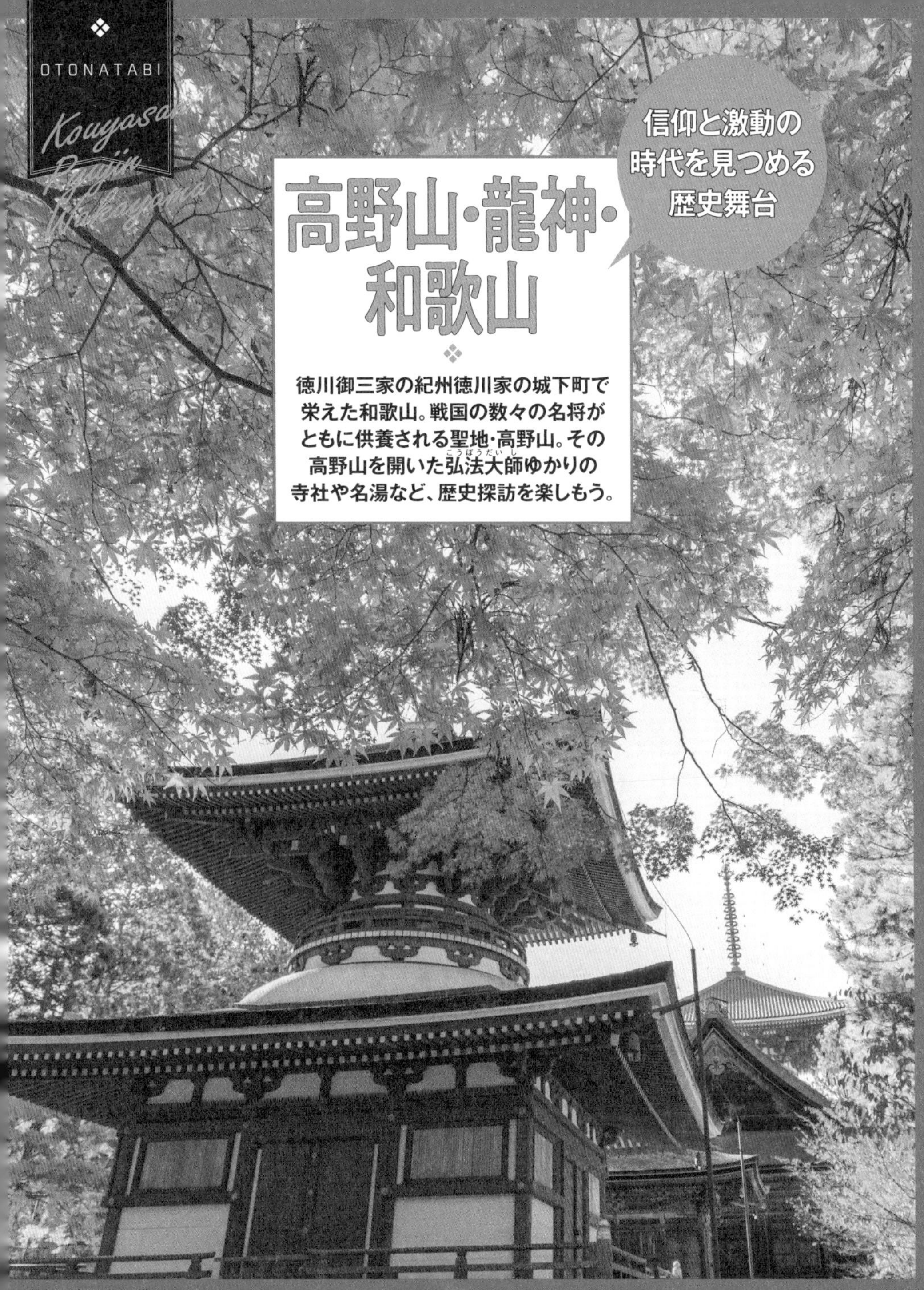
OTONATABI
Kouyasan Ryujin Wakayama
信仰と激動の
時代を見つめる
歴史舞台
高野山・龍神・
和歌山
徳川御三家の紀州徳川家の城下町で
栄えた和歌山。戦国の数々の名将が
ともに供養される聖地・高野山。その
高野山を開いた弘法大師(こうぼうだいし)ゆかりの
寺社や名湯など、歴史探訪を楽しもう。

エリアと観光のポイント

高野山・龍神・和歌山はこんなところです

真言宗の聖地・高野山で、心洗われる時間を過ごしたい。和歌山の徳川家や九度山の真田家などの歴史スポット、山奥の秘湯・龍神温泉にも注目したい。

高野山や麓の世界遺産と紀州の歴史が残る

世界遺産に登録されている仏都・高野山とその玄関口である九度山。女人高野と呼ばれる慈尊院を中心に弘法大師ゆかりの社寺が残る九度山は、戦国の勇将と名高い真田父子が長年蟄居生活を送った地でもある。弘法大師が開湯した日本三美人の湯のひとつ龍神温泉は、和歌山城主・紀州徳川家の別荘地でもあった。

奥之院の参道

金剛峯寺の蟠龍庭

壇上伽藍にある根本大塔

関西国際空港

山上に開かれた仏都
高野山
こうやさん

1200年前に弘法大師が開山した真言宗の聖地。標高800mに大小117の寺院が立ち並ぶ仏都が広がる。

人気スポット

壇上伽藍 ▶P.80
金剛峯寺 ▶P.84
奥之院 ▶P.86

紀州徳川家の城下町
和歌山
わかやま

白亜の天守閣がそびえる城下町の風情と、『万葉集』に詠まれた風光明媚な海岸線や史跡がある。

人気スポット

和歌山城 ▶P.106
和歌山県立近代美術館 ▶P.107

山あいに湧く美人の湯
龍神温泉
りゅうじんおんせん

弘法大師が夢のお告げで開いたと伝わる湯が湧く、日本三美人の湯のひとつとして名高い温泉地。

人気スポット

龍神温泉 元湯 ▶P.104
曼陀羅の滝 ▶P.104

真田幸村ゆかりの地
九度山
くどやま

高野山の玄関口であり、高野山ゆかりの寺院が立ち並ぶ。真田幸村父子が暮らした跡地や史跡が残る。

人気スポット

真田庵(善名称院) ▶P.102
慈尊院 ▶P.103

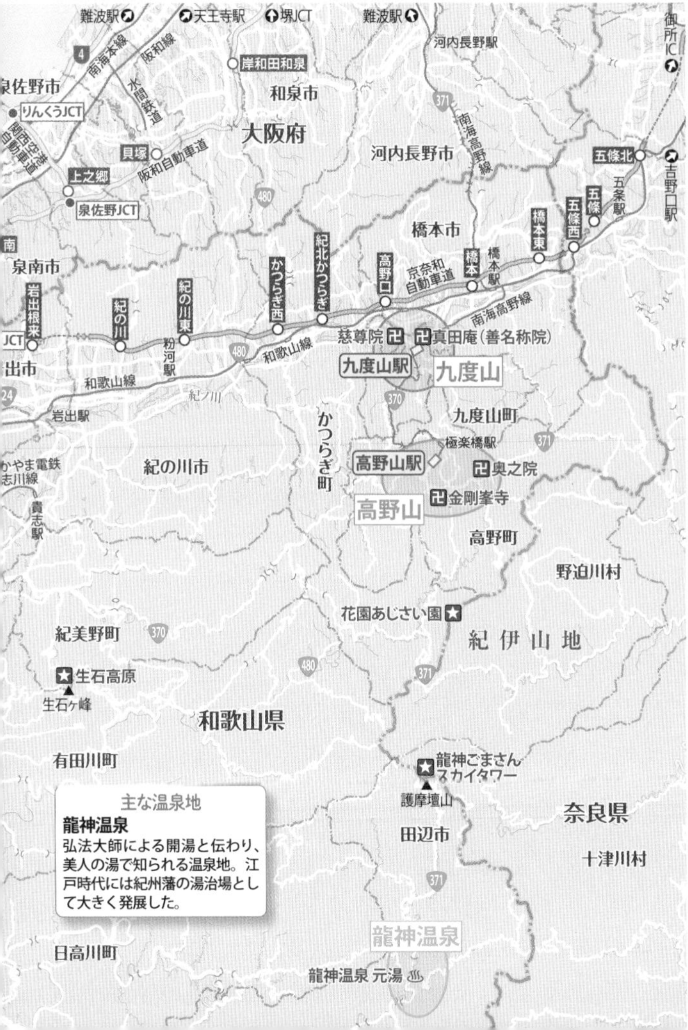

主な温泉地

龍神温泉
弘法大師による開湯と伝わり、美人の湯で知られる温泉地。江戸時代には紀州藩の湯治場として大きく発展した。

交通 information

エリア内の移動手段

和歌山から高野山に向かうには、JR和歌山線で橋本駅まで向かい南海高野線に乗り換え。九度山駅を経由し極楽橋駅まで進み、高野山ケーブルに乗り換えて、5分で高野山駅へ。高野山と龍神温泉を結ぶバスは期間限定での運行。道路も冬季に通行制限がかかる。和歌山から龍神温泉へ向かう場合は、車で阪和自動車道・有田ICを経由して向かうか、JR特急「くろしお」が停車する紀伊田辺駅からの龍神バスを利用する。

周辺エリアとのアクセス

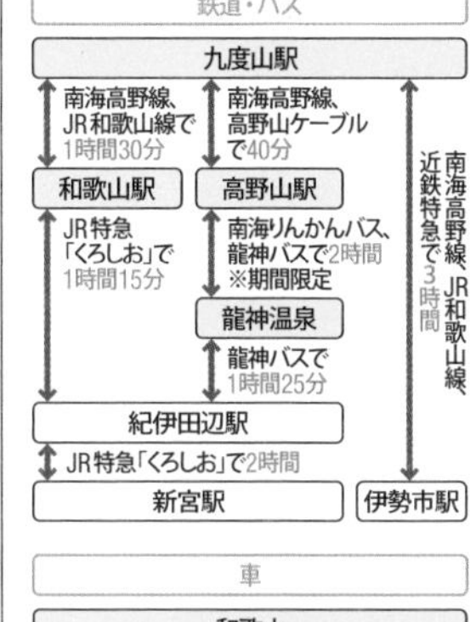

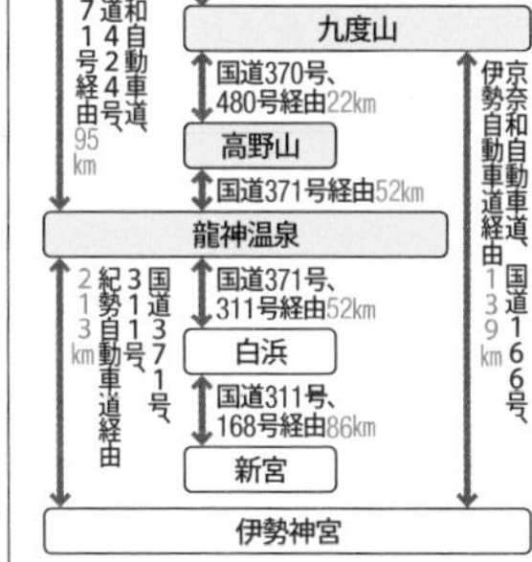

問い合わせ先

観光案内

高野山宿坊協会 ☎0736-56-2616
九度山町産業振興課 ☎0736-54-2019
龍神観光協会 ☎0739-78-2222
和歌山市観光案内所 ☎073-435-1184

交通

JR西日本お客様センター ☎0570-00-2486
南海テレホンセンター ☎06-6643-1005
近鉄電車テレフォンセンター ☎050-3536-3957
龍神自動車 ☎0739-22-2100
南海りんかんバス 高野山営業所 ☎0736-56-2250

弘法大師が今も見守り続ける天空にそびえる仏教都市

高野山 こうやさん

山深いつづら折りの道を上がった先に広がる
開創から1200年続いてきた祈りの地で、
人々の崇敬を集めるお大師さまの信仰にふれる。

心身を癒やす真言密教の聖地

標高900m、東西6km、南北3kmにわたって広がる高野山。平安時代初期の弘仁7年(816)、弘法大師空海により真言密教の根本道場として開かれた。弘法大師は、今も霊域である奥之院の御廟で衆生を救済すると信じられ、根本大塔や金堂をはじめとする諸堂が立ち並ぶ壇上伽藍とともに、高野山の二大聖地と呼ばれている。平成16年(2004)にユネスコの世界遺産に登録されて以来、信仰が育む優れた観光地として、海外の評価も高い。

Information

高野山へのアクセス

鉄道	車
新大阪駅	松原JCT(大阪)
↓ 大阪メトロ・御堂筋線で	↓ 阪和自動車道経由で5km5分
地下鉄なんば駅	美原JCT
↓ 徒歩10分	↓ 南阪奈道路経由で4km5分
南海なんば駅	羽曳野IC
↓ 南海特急「こうや」で1時間30分	↓ 国道170・371号経由で29km45分
極楽橋駅	橋本
↓ 高野山ケーブルで5分	↓ 国道370・480号経由で28km50分
高野山駅	高野山

高野山駅からの移動

ケーブルカーを降りたら南海りんかんバスで中心部へ向かう。バスは大門南駐車場行きと奥の院前行きがある。所要時間は、大門までが約16分、奥の院前までが約20分。金剛峯寺や壇上伽藍へは大門南駐車場行きが便利だが、本数が少ないので、奥の院前行きに乗車し、千手院橋で下車して歩くという方法もある。

↑金剛峯寺大主殿の大広間。重要な儀式や法会が執り行われる

↑弘法大師の御廟の拝殿にあたる燈籠堂。堂内は奉納された無数の灯籠が輝く幻想的な空間

高野山の観光情報はここでチェック

高野山宿坊協会 こうやさんしゅくぼうきょうかい

高野山観光の拠点。高野山で宿泊するための51カ寺が行う宿坊や精進料理が食べられる店の紹介のほか、観光案内、レンタサイクルや音声ガイド機器のレンタルなども行う。

☎0736-56-2616 開8:30〜17:00 休無休

●主な案内所はこちら

中央案内所
MAP 付録P.9 D-3
交高野山ケーブル・高野山駅から南海りんかんバス・奥の院前行きで10分、千手院橋下車すぐ Pなし

一の橋案内所
MAP 付録P.9 F-3
交高野山ケーブル・高野山駅から南海りんかんバス・奥の院口経由奥の院前行きで14分、奥の院口下車すぐ Pなし

●案内所で利用できるサービス

▶ **レンタサイクル**
中央案内所では、電動自転車の貸し出しを実施。利用時間は8:30〜17:00、1台400円/1時間(以降30分ごとに100円加算)。小学生以下・雨天積雪時は利用不可。

↑高野山宿坊協会中央案内所

▶ **音声ガイドを利用**
日本語、英語など5カ国語対応の音声ガイド機のレンタルもある。山内の103カ所の見どころを約90分の音声で紹介。1台500円/1日。

▶ **諸堂共通内拝券**
金剛峯寺・大師教会授戒・根本大塔・金堂・徳川家霊台は有料拝観。この5カ所がお得に拝観できる共通券が2500円で販売されている。

山上に築かれた真言密教の修禅道場

壇上伽藍

だんじょうがらん

弘法大師が真っ先に造営した真言密教の修行の場

弘法大師が高野山を開創した際、最初に整備を始めた地が壇上伽藍。密教思想に基づく塔やお堂の建立に心血を注ぎ、「胎蔵曼荼羅」の世界を表しているといわれる。境内には総本山の金堂をはじめ、根本道場の中心に建つ大塔や国宝の不動堂など、19のお堂や塔が立ち並ぶ。高野山に伝わる『両壇遶堂次第』に沿って、紹介順に諸堂を参拝したい。

information

MAP 付録P.8 B-3

☎0736-56-3215 所高野町高野山152 開根本大塔、金堂8:30～17:00(受付は～16:30) 休無休 料根本大塔、金堂各500円(山内共通券2500円利用可) 交高野山ケーブル・高野山駅から南海りんかんバス・奥の院前行きで10分、千手院橋下車、徒歩10分／大門南駐車場行きで13分、金堂前下車すぐ Pあり

金堂内にある『両界曼荼羅』(複製)。平清盛が自身の血で彩色させたことから『血曼荼羅』とも呼ばれる

弘法大師が高野山を「東西に龍の臥せるがごとく」と表し、東塔から金剛峯寺に至る小道が龍のお腹付近にあたることから蛇腹路の名でも親しまれる

◎根本大塔は一年を通して、日没から夜明けにかけて、ライトアップを行っている

◎かつては蓮の花が咲いていたことから、名付けられた蓮池。季節の花々との風景も見もの

◎根本大塔や金堂の入口に置かれた清めの塗香。すがすがしい香りとともに心身を清めたい

仏教都市の中核壇上伽藍を歩く!!

密教思想を表す堂塔を参拝する

高野山のルーツ、壇上伽藍を散策すれば、弘法大師が伝えた真言密教が体感できる。

1 中門 ちゅうもん

四天王勢揃いで結界を守る

開創1200年を機に、平成27年(2015)に再建。持国天像、多聞天像に加え、広目天像と増長天像が新造された。

鎌倉時代の楼門形式を再現した総檜造り。鮮やかな朱色が美しい

2 金堂 こんどう

重要な役割を担う総本堂

開創当時、御社に次ぎ初期に建設された。平安時代半ばから、高野山の重要な行事が行われる総本堂。現在の建物は7度目の再建で、昭和7年(1932)に完成。

桁行30m、梁間23.8m、高さ23.73mの密教大堂

本尊は高村光雲作の薬師如来像。絶対秘仏として公開されたことがなかったが、高野山開創1200年記念に特別開帳された

注目ポイント

色彩豊かな仏像

本尊の薬師如来像(阿閦如来像)が収まる厨子の左右を護るのは、6体の色彩豊かな仏像。不動明王、金剛王菩薩、普賢延命菩薩など写真をもとに再現したものだ。

3 御社 みやしろ

神仏習合の源となった神社

弘法大師が山麓の天野社から勧請した高野山の鎮守。一宮は丹生明神、二宮は高野明神、三宮は総社の十二王子・百二十伴神が祀られている。

現在の社殿は文禄3年(1594)の再建で国の重要文化財に指定されている

御社の拝殿として建立された山王院。重要行事や問答が行われる

4 西塔
さいとう

根本大塔と一対の重要な塔

大日如来の密教世界を表現するため、根本大塔と二基一対で真然大徳が仁和2年(886)に建立。本尊の金剛界大日如来と胎蔵界四仏が奉安される。

高さ27.27mの擬宝珠(ぎぼし)高欄付多宝塔。天保5年(1834)に再建された

5 御影堂
みえどう

大師が住まわれた重要な聖域

弘法大師の持仏堂として建立され、のちに真如親王直筆の『弘法大師御影像』を安置したことから、御影堂と名付けられた。高野山で最重要の聖域。

堂内外陣には弘法大師の十大弟子像が掲げられている

6 根本大塔
こんぽんだいとう

美しい壇上伽藍のシンボル

弘法大師、真然大徳の2代にわたって創建された、日本で最初の多宝塔。真言密教の根本道場における象徴として建立されたことからこの名がつけられた。堂内の立体曼荼羅は必見。

高さ48.5m、各四面幅23.5m。迫力あふれる朱塗りの大塔

7 不動堂
ふどうどう

国宝指定の美しさと重厚さ

建久8年(1197)行勝上人により建立。当初は阿弥陀堂だったとされ、のちに行勝上人作と伝わる不動明王を本尊とした。

お堂の四隅は4人の工匠が造り、すべて形が違うと伝えられる

東方に阿閦如来、南方に宝生如来、西方に阿弥陀如来、北方に不空成就如来の四仏が胎蔵大日如来を囲む。金胎不二の思想を表現した仏像群

ココにも注目!

六角経蔵 ろっかくきょうぞう

鳥羽上皇皇后が上皇を弔うため建立。基壇を押してひと回りすれば一切経を読経した功徳を得るといわれる。

三鈷の松 さんこのまつ

大師が聖地を探して占い、唐より投げた三鈷杵がかかったとされる松。3本松葉を探して福を授かるお守りに。

注目ポイント

立体曼荼羅
りったいまんだら

中央に安置される本尊、金色に輝く胎蔵大日如来が圧倒的な存在感を放つ。本尊を黄金色の金剛界四仏が取り囲み、16本の柱には堂本印象画伯の筆による色鮮やかな十六大菩薩が、四方の壁には密教を伝えた八祖像が描かれる。堂内そのものが弘法大師の思想する立体の曼荼羅として構成されている。堂内をゆっくり一周して、胎蔵界と金剛界の融合を存分に体感したい。

壇上伽藍での行事

旧正御影供
きゅうしょうみえく

弘法大師が入定した旧暦3月21日に宗祖への報恩を捧げる盛大な儀式。壇上伽藍、金剛峯寺、奥之院で前夜からさまざまな法会を実施。

場所 壇上伽藍 御影堂
開催日 旧暦3月21日

大曼荼羅供
だいまんだらく

両界曼荼羅を掲げて導師の声明や読経、きらびやかな袈裟を身につけた僧侶らによるお練り供養などが行われる密教の重要な法会。

場所 壇上伽藍 金堂
開催日 4月10日の9:00～

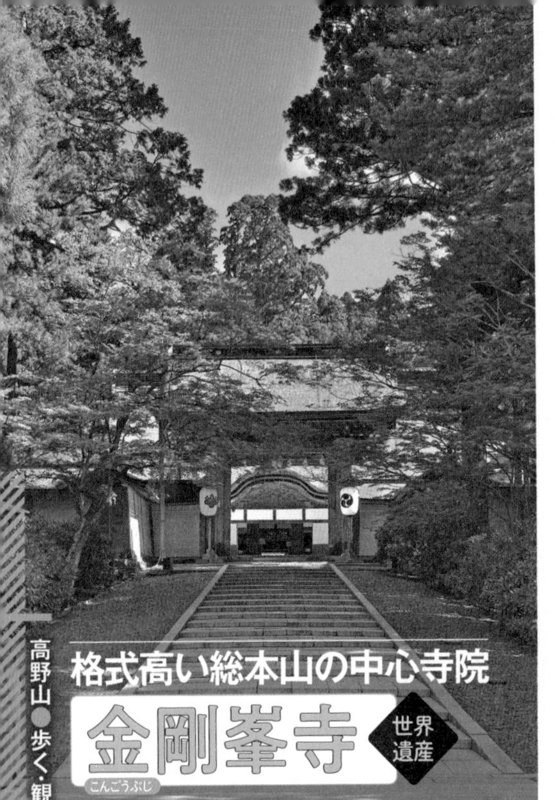

格式高い総本山の中心寺院

金剛峯寺（こんごうぶじ） 世界遺産

高野山最大で最高の風格を持つ中心寺院で 連綿と続く歴史と修行僧の生活を知る

豊臣秀吉の母の菩提寺として開かれ、現在は全国の高野山真言宗3600寺と高野山山内の117寺の総本山でもある。広大な敷地に主殿をはじめ多くの建物が建ち、最高職・座主（ざす）の住まいもある。「金剛峯寺」の名は弘法大師（こうぼうだいし）が『金剛峯楼閣一切瑜伽瑜祇経（こんごうぶろうかくいっさいゆがゆぎきょう）』というお経からつけ、仏教を究めるという思いを込めたと伝わる。

MAP 付録P.9 D-3

☎0736-56-2011 所高野町高野山132 開8:30〜17:00 休無休 料1000円(茶菓接待付、山内共通券2500円利用可) 交高野山ケーブル・高野山駅から南海りんかんバス・奥の院前行きで10分、千手院橋下車、徒歩3分／大門南駐車場行きで11分、金剛峯寺前下車すぐ Pあり

↑昔の火事による焼失の教訓から、主殿屋根には雨水を溜めた「天水桶」が置かれている

↑主殿の台所には3つの釜で2000人分のご飯を炊く「二石釜」が残る

高野山最大の寺院を拝観!!

由緒ある寺院の風格にふれる

大門坂からは距離も起伏もあり、昔の熊野詣を体験できる散策路。

1 正門（せいもん）

歴史を見守り続ける表の門

秀吉の時代に建立された金剛峯寺最古の建造物。天皇や皇族、高野山の重職のみが出入りを許された時代もあった。

↑昔の名残から、今でも僧侶は右側のくぐり戸から出入りする

注目ポイント

2つの寺紋

金剛峯寺には桐(左)と巴(右)の2種類の紋がある。「五三の桐」の紋は豊臣秀吉から拝領された青巌寺の寺紋。「三つ巴」の紋は高野山の鎮守である丹生都比売神社の定紋。金剛峯寺の寺紋はこの2つで表されている。

2 大主殿（だいしゅでん）

威風堂々、圧巻の存在感

東西約60m・南北約70mにわたる主殿は、本坊とも呼ばれる。文久（ぶんきゅう）3年(1863)に再建され、檜皮葺（ひわだぶ）きの屋根や殿内に納められた見事な襖絵など、見どころ満載の荘厳な建立物。

↑持仏間(仏間)前にある大広間。重要な儀式や法要が行われる

↓「大玄関」は正門同様に天皇・皇族や重職だけが出入りできた

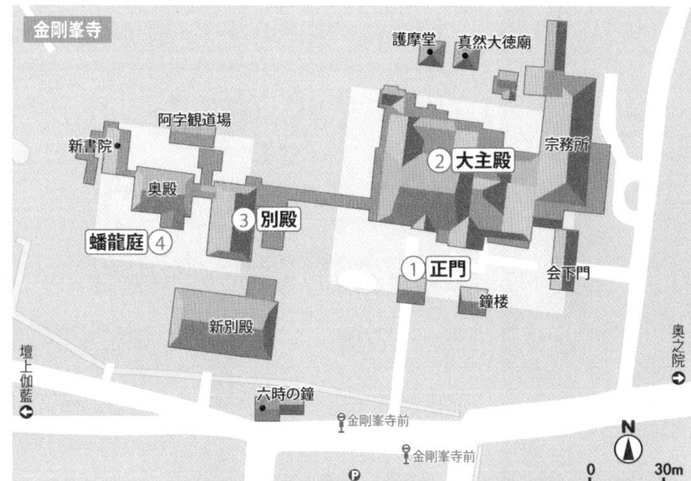

3 別殿
べつでん

鮮やかな襖絵の数々

昭和9年(1934)に桃山様式で建立され、襖絵に花鳥の描写や高野山草創までの弘法大師のエピソードが美しく描かれている。

↑両側に各4つの部屋が並ぶ。襖絵は守屋多々志画伯作

4 蟠龍庭
ばんりゅうてい

国内屈指の優美な石庭

昭和59年(1984)に造園された国内で最大級を誇る2340㎡の石庭。雲海を表した石庭は別殿側から見て奥に雄、手前に雌の一対の龍が向かい合い、奥殿を守っているさまを表現している。

↓龍を表す石材は弘法大師誕生地の四国産の花崗岩、雲海の白川砂は京都産

お守りをチェック

←身代守700円。自身の代わりに厄を受け守ってくれる除厄のお守り

→一願お守り1000円。下部が護摩木になり上部を切り離し身につける

←大日如来守500円。密教の絶対的中心の本尊、大日如来のご加護を

ココにも注目!

新別殿
しんべつでん

蟠龍庭に臨む入母屋造の荘重な造り。91畳と78畳の二間からなり、参拝者の休憩所や僧侶の講話会場として使用。

阿字観道場
あじかんどうじょう

真言密教の瞑想法「阿字観」。金剛峯寺では「阿字観教室」の講座が開講され、道場で実習することができる。

金剛峯寺での行事

高野の火まつり
こうやのひまつり

毎年3月の第1日曜に高野山の春の山開きと招福厄除を祈願して開催。高野山の僧侶や修験者たちが行う大護摩供養がメイン行事。

場所 金剛峯寺 駐車場
開催日 3月第1日曜の12:30〜

青葉まつり
あおばまつり

弘法大師の誕生を祝い、6月15日手前の日曜に開催。前日の前夜祭では、金剛峯寺前広場に夜店が並び「奉燈行列」が繰り広げられる。

場所 一の橋〜金剛峯寺
開催日 開催日の12:00〜

深遠なる大師信仰の中心地

奥之院

おくのいん

世界遺産

昔と変わらぬ静寂の時が流れる参道を通り、弘法大師が祈りを続ける御廟へ歩を進める

今も禅定を続け「世の中の平和と人々の幸福を願っている」とされる弘法大師。その御廟がある聖地・奥之院は高野山の中で最も神聖な霊域。樹齢600年の老杉並木が林立する約2kmの参道には数多くの墓碑や供養塔が立ち並び、凛とした空気に包まれている。「お大師様の御心にふれたい」と、多くの人々が訪ねてやまない。

MAP 付録P.6 C-3

☎0736-56-2002 所高野町高野山550 開休料参拝自由(燈籠堂受付は8:30〜17:30) 交高野山ケーブル・高野山駅から南海りんかんバス・奥の院前行きで14分、一の橋まで奥の院口下車すぐ Pあり

↑徳川2代将軍・秀忠の正室、崇源院(お江)の供養塔。総高6.6m

↑杉並木に現れる無縁塚。石塔がピラミッド状に積み上げられている

境内に凛とした空気が漂う

参道を進み聖域へ向かう

一の橋から御廟までの約2kmの祈りの道のりには、弘法大師を敬う先人たちの供養塔が無数に並ぶ。

1 一の橋

いちのはし

弘法大師に迎えられる場所

御廟へと続く表参道への入口の一の橋。弘法大師が参詣者をここまで迎え、帰路はここで見送ると伝えられている。

↑弘法大師のお迎えに感謝して、一礼してから渡りたい

2 参道

さんどう

静寂に包まれた聖なる道

樹齢600年の杉並木に囲まれる参道。歴代天皇、名だたる名僧や武将から無名の庶民まで、約20万基の供養塔が並ぶ。

↑整然と並ぶ老杉が身が引き締まるような雰囲気を醸し出す

注目ポイント

供養塔・墓碑

御廟へ続く参道には、豊臣秀吉などの戦国武将(写真左)、皇族や歴史上の著名人などの供養塔や墓碑だけではなく、企業や団体の供養塔や慰霊塔も見られる。UCC上島珈琲の慰霊塔(写真右)のように企業のメイン商品やキャラクターをデザインした石碑も多い。

3 御廟橋

ごびょうばし

ここからお大師様の霊域へ

御廟橋から先は弘法大師御廟がある霊域。脱帽して服装を正し、一礼してから橋を渡るのが習わし。ここから奥は写真撮影も禁止されている。

→橋から先は心静かに私語も慎む。橋下は清らかな玉川が流れる

奥之院

弘法大師御廟
玉川
転軸山
森林公園
4 燈籠堂
御廟橋 3
水向地蔵
織田信長供養塔
御供所
豊臣家墓所
法然上人供養塔
一番石（崇源院供養塔）
化粧地蔵
汗かき地蔵
姿見の井戸
英霊殿
N
0 200m
参道
覚鑁坂
上杉謙信・景勝霊屋
2
中の橋
しろあり供養塔
371
奥の院前
高野山宿坊協会 中の橋案内所
明智光秀供養塔
石田三成供養塔
371
奥州仙台伊達家供養塔
武田信玄・勝頼供養塔
一の橋 1
司馬遼太郎文学碑
高野山宿坊協会
中央案内所 P.79
奥の院口
高野山宿坊協会 一の橋案内所 P.79
壇上伽藍、
金剛峯寺
小田原通り
P.89 苅萱堂
恵光院 P.91
高野参詣道（女人道）

4 燈籠堂
とうろうどう

時を超えて輝き続ける燈火

真然大徳（しんぜんだいとく）により建立された弘法大師御廟前に建つ拝殿。2万基以上の献燈が金色に輝く。祈親（きしん）上人が献じた祈親燈と白河上皇が献じた白河燈は「消えずの火」と呼ばれ1000年以上燃え続けている。

➲不死の象徴「消えずの火」と無数の燈籠が輝く幻想的な堂内

ココにも注目！

姿見の井戸
すがたみのいど

井戸の水面をのぞいて自分の姿が見えなければ、3年以内に亡くなるという言い伝えがある。

化粧地蔵
けしょうじぞう

頬紅やおしろいがカラフルに塗られたお地蔵様。化粧をすると願いが叶うといわれている。

水向地蔵
みずむけじぞう

玉川を背に地蔵菩薩や不動明王、観音菩薩が並ぶ。奥之院詣で前に水を手向け先祖の冥福を祈る。

奥之院での行事

高野山ろうそくまつり

毎年8月13日に開かれる、奥之院に眠る御霊を供養する盆行事。参道には参詣者が供える10万本以上のろうそくの灯が幻想的に浮かび上がる。

場所 奥之院 参道
開催日 8月13日の18:00〜

奥之院萬燈会
おくのいんまんどうえ

奥之院に寄進されている燈籠の総供養として、春と秋に燈籠堂で開催。春は御供所から燈籠堂までの行道（お練り）に、秋は燈籠の灯りのなか、僧侶の声明を唱えて供養を行う様子に注目。

場所 奥之院 燈籠堂　開催日 4月21日の9:00〜、10月1〜3日の19:00〜

霊峰の歴史を今に伝えるスポットを訪ね歩く

高野山に残る遺構

1200年の歴史を紡いだ真言密教の聖地には、ほかにも見どころがたくさん。宗教芸術や勇壮な建築物など高野山への興趣は尽きない。

高野山霊宝館
こうやさんれいほうかん

高野山1200年、117寺院の至宝が集まる歴史博物館

明治時代の廃仏毀釈や火災を契機に、高野山で所有する宝物を守ろうとする動きが高まり、大正10年(1921)の開館に至った。8万点におよぶ絵画、彫刻、工芸品、書跡などの仏教美術が息づく。

MAP 付録P.8 C-4

☎0736-56-2029 所高野町高野山306 開8:30〜17:30(11〜4月は〜17:00) 入館は各30分前まで 休展示替休館年4回あり 料1300円 交高野山ケーブル・高野山駅から南海りんかんバス・奥の院前行きで10分、千手院橋下車、徒歩10分/大門南駐車場行きで12分、霊宝館前下車すぐ Pあり

注目ポイント

大切に守られてきた高野山の宝物

弘法大師が唐から持ち帰ったとされる諸尊仏龕や弘法大師筆の聾瞽指帰など国宝や重要文化財だけで約2万8000点を所蔵。貴重な文化財は年1回の夏期特別展と年間を通じての企画展、常設展により公開している。

紫雲殿とともに本館に建つ放光閣は下層5間×5間、上層3間×3間の重層宝形造りで大日如来を納める

開設当時に建てられた本館は登録有形文化財に登録されている

展示されている作品は、事前にホームページで確認しておきたい

阿弥陀如来坐像などの指定文化財が並ぶ

大門
だいもん

世界遺産

鮮やかな朱塗りの聖地高野山の総門

高野山の入口にそびえ立ち、左右には金剛力士像を配する。移動、再建を繰り返し、現在の建物は宝永(ほうえい)2年(1705)に再建されたもの。5間重層の大楼門で高さは25.8m。

MAP 付録P.8 A-3

☎0736-56-2011(金剛峯寺) 所高野町高野山241 開休料見学自由 交高野山ケーブル・高野山駅から南海りんかんバス・大門南駐車場行きで16分、大門下車すぐ Pなし

注目ポイント

2枚の柱聯(ちゅうれん)

中央にある2本の正面柱には、墨書を彫った柱聯が掲げられており、右に「不闕日日之影向」、左に「検知處々之遺跡」とある。これは日々欠かさず、弘法大師が縁のある場所に現れ、見守ってくださるという意味が記されている。

開創時は九十九折谷(つづらおりだに)に鳥居を建て総門にしていたという

右が康意作の阿形像5.46m、左が運長作の吽形像5.58m。奈良の東大寺の仁王像に次ぐ大きさを誇る

苅萱堂
かるかやどう

苅萱道心と石童丸の伝説が残るお堂

高野聖により全国に伝えられた石童丸物語ゆかりのお堂。堂内には物語を描いた額がいくつも掲げられ、厄除親子地蔵尊は道心と石童丸の合作の地蔵とされている。

↑宿坊、密厳院に属する仏堂

MAP 付録P.9 F-3
☎0736-56-2202(密厳院)
所 高野町高野山478　開休料 境内自由
交 高野山ケーブル・高野山駅から南海りんかんバス・奥の院前行きで13分、苅萱堂前下車すぐ　P あり

注目ポイント

石童丸物語

歌舞伎や浄瑠璃などで知られる苅萱道心と子・石童丸、その母・千里姫の悲劇の物語。領主として優雅に暮らす加藤左衛門尉繁氏は、正妻と妾の醜い争いから逃れて出家し、高野山で修行し苅萱道心と名乗った。息子・石童丸が成長すると、母とともに父親探しの旅に出て、父を探し当てるが、道心は棄恩入無為のため、自分が父とは名乗らず、石童丸には父親はすでに他界したと告げる。母は長旅の疲れで亡くなり、身寄りのない石童丸は、実の父とは知らずに道心と子弟として苅萱堂で30年以上修行を積んだという。

高野山大師教会
こうやさんだいしきょうかい

菩薩十善戒授戒など日帰り修行体験も

開創1100年を記念し、大正14年(1925)に建てられた高野山真言宗の教化伝道本部。本尊は弘法大師で、脇仏として愛染明王と不動明王を祀る。授戒や写経体験(有料)も。

↑大講堂と教化研修道場からなる

MAP 付録P.8 C-3
☎0736-56-2015　所 高野町高野山347
開 8:30〜17:00　休 無休　料 入館無料
交 高野山ケーブル・高野山駅から南海りんかんバス・奥の院前行きで10分、千手院橋下車、徒歩5分／大門南駐車場行きで11分、金剛峯寺前下車すぐ　P なし

徳川家霊台　世界遺産
とくがわけれいだい

大徳院に建てられた霊台だけが残る

3代将軍・家光が寛永20年(1643)に建てた霊舎で、家康と2代将軍秀忠が祀られている。江戸時代の代表的な霊廟建築で、内部は非公開だが、絢爛豪華たる装飾が施されている。

↑金剛峯寺の所有で国の重要文化財

MAP 付録P.8 C-2
☎0736-56-2011(金剛峯寺)
所 高野町高野山682　開 8:30〜17:00
休 無休　料 200円(山内共通券2500円利用可)　交 高野山ケーブル・高野山駅から南海りんかんバス・奥の院前行きで8分、浪切不動前下車すぐ　P なし

↑滋賀県の石山寺の多宝塔に次いで古い貞応2年(1223)建立の多宝塔

金剛三昧院　世界遺産
こんごうさんまいいん

源頼朝供養のため北条政子により創建

建暦元年(1211)、北条政子の発願により禅定院として創建され、のちに源実朝菩提のために禅定院を改築して金剛三昧院と改称し、以後将軍家の菩提寺として信仰された。

↑天然記念物の境内のシャクナゲ

MAP 付録P.9 D-4
☎0736-56-3838　所 高野町高野山425
開 8:00〜17:00　休 無休
料 300円(特別時期は500円)
交 高野山ケーブル・高野山駅から南海りんかんバス・奥の院前行きで10分、千手院橋下車、徒歩5分　P あり

女人堂
にょにんどう

かつて7カ所あった最大級の規模を誇る

高野山の女人禁制は、明治5年(1872)まで続き、山内境内の手前には女人堂が建てられ、女性の信徒はここに籠り、弘法大師御廟に向かって祈りを捧げたという。

↑唯一現存するのは、不動坂口女人堂

MAP 付録P.8 C-1
☎0736-56-2011(金剛峯寺)
所 高野町高野山709　開 8:30〜17:00
休 無休　料 無料　交 高野山ケーブル・高野山駅から南海りんかんバス・奥の院前行きで6分、女人堂下車すぐ　P なし

蓮華定院
れんげじょういん

遺品や墓所が残る真田家ゆかりの寺院

慶長5年(1600)の関ヶ原の戦いの後、戦国武将真田昌幸・幸村父子が蟄居した寺。幸村が滞在した「上段の間」や遺物が保存されており、宿泊する場合に拝観できる。

↑真田家の家紋、六文銭が残る宿坊

MAP 付録P.8 C-2
☎0736-56-2231　所 高野町高野山700
開休料 宿坊利用の場合拝観可
交 高野山ケーブル・高野山駅から南海りんかんバス・奥の院前行きで7分、一心口下車すぐ　P あり

重森三玲による高野山温泉 福智院の庭園。廊下や客室から眺められる

高野山ならではの経験

宿坊で過ごす静寂の時間

歴史ある寺院で精進料理をいただき、写経や阿字観などの修行を体験する。自分と向き合える聖地の極上空間。

修行の場だが、宿坊選びも高野山詣の楽しみのひとつ

宿坊の起源は定かではないが、かつて高野山は日帰りができる場所でなく、僧侶や参詣者たちは縁故ある寺院に宿泊していた。現在では誰でも好きな宿坊に宿泊でき、宿泊施設としてのサービスも向上しており、魅力もさまざま。精進料理や歴史遺産、美しい庭園などを楽しみ、写経、読経などの貴重な体験ができる。

宿泊information

宿坊選びのポイント

観光の拠点として利用する、勤行体験をしたいなど、目的に応じて選べる。修行体験は予約の有無や料金など事前に確認を。

宿泊時のマナー

宿坊といっても、堅苦しく考える必要はない。僧侶や他の宿泊客に迷惑をかけず、感謝の気持ちをもって、節度ある行動を心がける。

問い合わせ

高野山宿坊協会 ☎0736-56-2616

↑高野山の山菜や名物のごま豆腐、高野豆腐といった料理が並ぶ精進料理も宿坊の楽しみのひとつ

個性豊かな高野山の宿坊

現在、52の宿坊があり、年間を通じて多くの参詣者を受け入れている。

不動院 ふどういん

静かな環境と設備の良さが好評

通りから少し離れた場所にある宿坊。全客室にトイレ、洗面所が付き、新たに離れの客室も登場。写経体験は毛筆を使って本格的に。

↑仏教関連の書籍のほかDVDの鑑賞もできるライブラリーなど最新設備も充実

MAP 付録P.9 E-4

☎0736-56-2414 所高野町高野山456
交高野山ケーブル・高野山駅から南海りんかんバス・奥の院前行きで12分、蓮花谷下車、徒歩3分 Pあり in15:00 out10:00
室10室(全室禁煙) 予算1泊2食付1万4000円〜
修行体験朝の勤行、護摩祈禱(毎月28日)、写経(有料)

高野山温泉 福智院 こうやさんおんせん ふくちいん

天然温泉でくつろげる宿坊

800年余の歴史がある宿坊。高野山で唯一の温泉がある。昭和の名作庭家・重森三玲(しげもりみれい)による美しい庭園や精進料理が堪能できる。

↑露天風呂の天女の湯。ほかにも高野槇造りの露天風呂などがある

MAP 付録P.9 D-2

☎0736-56-2021 所高野町高野山657
交高野山ケーブル・高野山駅から南海りんかんバス・奥の院前行きなどで9分、高野警察前下車すぐ Pあり in15:00 out9:00 室62室
予算1泊2食付2万円〜 修行体験朝の勤行、吉祥宝来づくり(有料)、写経(有料)、写仏(有料)、腕輪念珠作り(有料)

こんな修行が体験できます

僧侶の生活や高野山の文化を直に感じられる貴重な場。初めてでもていねいに指導してくれるので安心。

護摩祈禱 ごまきとう

ご本尊前の壇上で、護摩木を焚いて祈禱する真言密教の修法。炎が燃え盛る幻想的な儀式

朝の勤行 あさのごんぎょう

寺院の僧侶全員が正装で揃い、厳かに経典を読み上げる。毎日早朝、規則正しく行われる

阿字観 あじかん

真言密教の教典「大日経」に基づく瞑想法のひとつ。座り方や呼吸法から学ぶ入門編を体験

1日目

14:00 チェックイン

お世話になるお坊さんのていねいな挨拶のあと、回廊からお部屋へ向かう

16:30 阿字観(瞑想)

密教独自の瞑想を体験。静寂な堂内で、心も体も清らかになるひととき

17:30 夕食

美しく味わい深い精進料理をお部屋でゆっくりと

19:00 奥之院ナイトツアー

恵光院から出発し、有資格者の僧侶が奥之院を案内(参加費3500円、https://awesome-tours.jp/)

21:00 入浴/就寝

大浴場でゆったり体をほぐしたあと、ふかふかの布団で早めに就寝

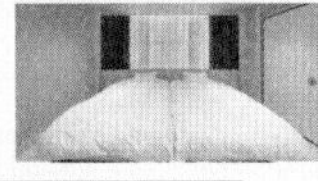

2日目

7:00 起床/朝の勤行

凛とした朝の本堂で勤行に参加。力強く響き渡る読経を聞き順番にお焼香を

7:30 護摩祈禱

勤行後は毘沙門堂で行われる護摩祈祷へ。燃え上がる炎と太鼓の競演を体感

8:00 朝食

早起きしてお勤め体験をしたあとの心尽くしの朝食は、格別なおいしさ

10:00 チェックアウト

仏門体験と精進料理で身心ともに癒やされて、大満足の一泊宿坊が終了

ここで体験しました

恵光院 えこういん

2022年には高野山最大級の宿坊スイートルームが誕生。1室のみなので予約はお早めに。

MAP 付録P.9 F-3

☎0736-56-2514 所高野町高野山497 交高野山ケーブル・高野山駅から南海りんかんバス・奥の院前行きで13分、苅萱堂前下車、徒歩2分 Pあり in14:00 out10:00 室35室 予算1泊2食付2万2000円～ 修行体験 朝の勤行、阿字観、護摩祈禱

西南院 さいなんいん

四季折々の景観に心が落ち着く

高野山の入口・大門の近くに立地。ほとんどの部屋から重森三玲作の大石庭を眺められる。手作りのごま豆腐や創作精進料理が好評。

四季折々の表情を見せる客殿の奥に広がる石庭。夜にはライトアップされる

MAP 付録P.8 A-3

☎0736-56-2421 所高野町高野山249 交高野山ケーブル・高野山駅から南海りんかんバス・大門南駐車場行きで15分、弁天前下車すぐ 休12月20日～2月29日 Pあり in15:00 out10:00 室20室(全室禁煙) 予算1泊2食付1万4300円～ 修行体験 朝の勤行、写経(奉納する場合は1500円)

金剛三昧院 こんごうさんまいいん

貴重な歴史遺産に泊まる贅沢

境内には国宝の多宝塔があり世界遺産に登録されている唯一の宿坊。ほかにも重要文化財の経蔵や本殿、四所明神社(ししょみょうじんじゃ)など史跡も多い。

重要文化財の「上段の間」や大広間の「襖絵」など、滞在しながら見学できる

MAP 付録P.9 D-4

☎0736-56-3838 所高野町高野山425 交高野山ケーブル・高野山駅から南海りんかんバス・奥の院前行きで10分、千手院橋下車、徒歩5分 Pあり in14:00 out9:00 室50室(全室禁煙) 予算1泊2食付1万3000円～ 修行体験 朝の勤行、写経(有料)、境内説明(有料)、塗香作り体験(有料)、阿字観(有料)

大師信仰が受け継がれてきた高野山の歩み

弘法大師が祈り続ける霊場

日本ではまったく新しい真言密教という仏教体系を、唐から持ち帰ってきた弘法大師空海。その禅定・修行のための道場を高野山に発見するが、そこから高野山は多くの歴史を乗り越えていく。

9世紀前半

空海による高野山開創

布教活動にいそしむ

唐から「虚しく往きて実ちて」帰国した空海 禅定の道場として高野山の下賜が許される

唐への留学は20年間の滞在が義務だったが、空海はわずか2年で大同元年(806)に帰国する。持ち帰った経典や密教の法具類は膨大だった。弘仁7年(816)に修禅の地として高野山を賜りたいと嵯峨天皇に上表文を書き、許可される。翌年から開創が進められるが、造営費は莫大で、しかも国費ではないため寄進に頼るほかなかった。したがって空海の入定前に完成した堂宇はわずかな数だった。

9世紀後半～12世紀

入滅と高野の荒廃と浄土信仰

入定信仰の広がり

弘法大師への尊崇の高まりが多くの伝説を生み、やがて浄土信仰の地として高野詣が盛んに

承和2年(835)に入定した空海は、延喜21年(921)に醍醐天皇から「弘法大師」の諡号を贈られるが、この頃から空海は現在も奥之院の霊廟で禅定を続けているという伝承がいわれるようになる。この言い伝えは遊行僧・高野聖の勧進活動によって空海はさらに広い層から尊崇を得ることになり、やがて全国に弘法大師をめぐる多種多様の伝説が生まれていく。

空海の入滅後、弟子の真然大徳によって伽藍が整備されるが、東寺との事件や火災などで10世紀末に高野山は荒廃。この衰亡を再興したのは定誉で長和5年(1016)に高野山に登り、復興を誓っている。平安末期には平清盛による根本大塔の再建や上皇・貴族らの参詣が盛んになり、高野山は浄土信仰の場として広く知られていく。

御廟では今も弘法大師は生きて瞑想しているとされ、そのために1日2回、食事を運ぶ生身供が行われている

空海を高野山へ導いた明神さま

密教修行の地を求めて大和の宇智郡をさまよっていた空海は2頭の犬を連れた猟師＝狩場明神(高野明神)の化身に出会い、山上が平坦で霊威に満ちている山の所在を教えられる。空海が翌日山に登ると、地主神・丹生都比売大神はこの山を譲ると神託したという。この山こそが高野山で、壇上伽藍の西側に鎮座する御社には、真言密教の守り神として丹生明神と高野明神を勧請して祀ってある。これは空海の高野山発見を物語る伝説のひとつで、空海はまず古くからの神々を祀ってから密教の伽藍を建立したことになる。神仏習合の原点ともいえるだろう。

壇上伽藍の西端に鎮座する御社は、高野山の守護神として弘法大師が天野にある丹生都比売神社から勧請して祀ったもの

入山できなかった女性たちの祈りの場

高野山は七里四方が女人禁制だったため、讃岐(香川県)善通寺から我が子・空海を訪ねてきた母・玉依御前は、空海によって山麓に弘仁7年(816)に創建された慈尊院(P.103)で迎えられた。空海は必ず月に9度、高野山頂から二十数kmの山道を下って当院に母を訪ねたのでこの地は"九度山"と呼ばれるようになったという。高野山の表玄関とされ、冬季は避寒修行の場でもあった。

女人高野とも呼ばれ、子授けや安産、授乳などを願って乳房形の絵馬などが奉納されている

宝永3年（1706）に描かれた『高野山壇上寺中絵図』〈金剛峯寺所蔵〉。現在は117の寺院がある高野山だが、江戸時代後期には約1000の寺院が存在した

16世紀

信長や秀吉も恐れた武装集団

戦乱のなかの高野山

信長を撃退もした高野の大規模な僧兵集団
紀州攻めの秀吉はやがて高野山に寺領を寄進

紀伊では守護の弱体化にともなって雑賀衆や根来衆らの共同体が鉄砲を武器とする強力な武士団を形成。織田信長は元亀2年（1571）に比叡山を焼き討ちにし、天正5年（1577）には紀州の雑賀衆を一応屈服させ、天正8年（1580）には本願寺との石山合戦に勝利するが、大きな武力を持つ高野山と対立するようになる。謀反を起こし高野に逃げ込んだ荒木村重の家臣の引き渡しを高野山が拒否したため、信長は多くの高野山の僧を殺害、天正9年（1581）には高野攻めが行われるが、本能寺の変により終わる。豊臣秀吉は小牧・長久手の戦いで大坂を脅かした雑賀衆・根来衆を討つために天正13年（1585）に紀州攻めを開始、土着勢力は総崩れとなり、高野山も木食応其の仲介で降伏した。その後、秀吉は応其に帰依し、母の菩提のために山内に青巌寺を建てている。

奥之院参道には戦国武将らの多くの墓碑や供養塔が立つ

木食応其坐像〈興山寺所蔵〉。応其は秀吉の高野攻めを阻止。やがて秀吉の深い信頼を得た。高野山に興山寺を開基
写真提供：和歌山県立博物館

17世紀

篤い信仰を寄せた徳川家

徳川政権下の高野山

徳川家菩提寺の蓮花院は室町時代からの縁
しかし力の強大化には分断政策で対応

関ヶ原の戦いで敗れた西軍の真田昌幸・信繁（幸村）父子は高野山に蟄居を命じられ、最初は蓮華定院（P.89）に身を寄せるが、のちに寺領の九度山に移り、大坂の陣まで雌伏することになる。江戸幕府が家康によって開かれるが、徳川家と高野山の関わりは古く、室町期には徳川家の祖先である松平親氏が山内にある蓮花院の檀家となり、家康の文禄3年（1594）の高野山参詣では宿坊として利用、寺名を大徳院とした。寛永20年（1643）には3代将軍・家光が秀忠のために大徳院の裏山に徳川家霊台（P.89）を建立している。しかし、一方で幕府は高野山の勢力強大化を恐れた。高野山の僧侶は学侶・行人・聖の高野三方（三派）に分かれ、お互いに激しい権力争いを展開していたが、元禄7年（1694）の紛争で幕府は三方を分断する政策を実施し、商売に入れ込んだ多くの行人の遠島や寺の取り潰しが行われた。

関ヶ原の戦いの結果、真田昌幸・信繁父子が幽閉された高野山蓮華定院。日本庭園も美しい

徳川3代将軍・家光が寛永20年（1643）に建てた徳川家霊台。初代家康と2代秀忠を祀る

19～21世紀

経済基盤の喪失から復興へ
新しい時代を迎える

神仏分離令と上知令と火災で大きな打撃 しかし交通網の発達と世界遺産登録で再生へ

慶応(けいおう)4年(1868)の明治政府による神仏分離令で高野山は真言宗一宗の山になり、青厳寺と興山寺は統合して金剛峯寺(こんごうぶじ)となった。さらに上知令によって寺領や寺有林も返還・没収され、高野山はその経済的基盤を失う。さらに明治21年(1888)の大火によって寺院の統廃合が進んだ。しかし女人禁制の解除と交通インフラの整備によって高野山は復興していく。戦後の高度成長期からは家族連れの観光客なども増え、平成16年(2004)には「紀伊山地の霊場と参詣道」として世界遺産に登録された。平成27年(2015)に高野山は開山1200年を迎えているが、この年の高野市の観光客数は前年比140.8%と増加し、外国人観光客も確実に増大した。世界遺産登録が大きく影響していると考えられる。

↑高野山霊宝館(P.88)は高野山の貴重な文化遺産を保存展示する宗教芸術の宝庫

空海の時代から伝わる和紙・紀州高野紙(きしゅうこうやがみ)

弘法大師が九度山で製法を教えたとも伝わる紀州高野紙は、高野山で発刊された密教関連の書籍「高野版(こうやばん)」に使われたことで発展。紙質の強さから傘紙や障子紙としても利用され、紀伊藩の特産品となった。その技術は門外不出だったが、何らかの形で埼玉県小川町に伝わった。

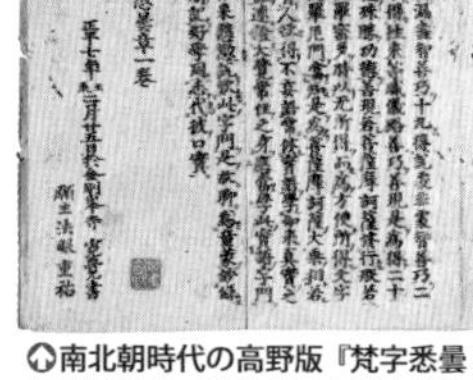
↑南北朝時代の高野版『梵字悉曇字母并釈義』〈和歌山県立博物館所蔵〉。『梵字悉曇字母并釈義』は空海が編纂した日本初のサンスクリット字典で、字母表や字義などが書かれている

紙遊苑 しゆうえん

九度山 MAP 付録P.7 D-1

弘法大師が伝えたとされる紀州高野紙の伝統と技術を伝える。高野紙を漉いていた頃の風景を再現したジオラマがおもしろいと人気がある。

↑紀州高野紙の紙漉きも体験できる(要予約・有料)

☎0736-54-3484 所九度山町慈尊院749-6 開9:00～16:30
休月・火曜 料入館無料、紙漉き体験300円～(要予約)
交南海・九度山駅から徒歩30分 P町営駐車場利用

高野山 歴史年表

西暦	元号	事項
774	宝亀 5	空海、現在の香川県善通寺市に生まれる
804	延暦 23	空海が唐へ渡る
806	大同 元	空海が真言密教を授かり帰国
816	弘仁 7	空海、嵯峨天皇から高野山を下賜される
835	承和 2	3月21日、空海が**奥之院**→P.86に入定する
887	仁和 3	空海が構想した伽藍が完成する
921	延喜 21	空海に弘法大師の諡号が贈られる
994	正暦 5	御影堂を残し、伽藍が全焼
1016	長和 5	定誉が荒廃した高野山に入り、復興に着手
1023	治安 3	藤原道長が高野山を参詣
1223	貞応 2	北条政子が**金剛三昧院**→P.89を建立
1253	建長 5	**高野版**の出版が始まる
1265	文永 2	**慈尊院**→P.103から高野山までの参詣道の町石が立てられる。弘安8年(1285)に完成
1439	永享 11	松平親氏が蓮花院と師檀契約を取り交わす
1581	天正 9	織田信長が1300人以上の高野聖を殺害。高野攻めを始める
1585	13	豊臣秀吉が紀州攻めを始める。秀吉は高野山の焼き討ちを図るも、**木食応其**→P.93の働きにより危機を回避
1593	文禄 2	豊臣秀吉が青巌寺(現在の**金剛峯寺**→P.84の主殿)を建立
1594	3	徳川家康が高野山を参詣
1600	慶長 5	関ヶ原の戦いが起こる
1643	寛永 20	徳川家光が**徳川家霊台**→P.89を建立
1705	宝永 2	現在の**大門**→P.88が建立
1847	弘化 4	現在の**御影堂**→P.83が紀州徳川家により寄進される
1868	明治 元	明治政府による神仏分離令
1869	2	青巌寺と興山寺の2寺を合併し、総本山**金剛峯寺**→P.84と改める。高野三方を解体
1872	5	新政府が「神社仏閣の女人禁制解除」の太政官布告を発令
1888	21	大火で多くの寺院、民家、仏像などが焼失
1891	24	**金剛峯寺**→P.84の子院を約5分の1に統廃合
1894	27	高野山で初めての子どもが生まれる
1906	39	高野山の女人禁制が全廃
1921	大正 10	**高野山霊宝館**→P.88が開館
1926	15	高野山大学設立
1930	昭和 5	高野山ケーブル(南海鋼索線)が開業
1932	7	**壇上伽藍**→P.80の金堂が7度目の再建
2004	平成 16	**「紀伊山地の霊場と参詣道」**→P.56として、熊野や吉野などとともに世界遺産に登録される
2015	27	開創1200年を迎え、壇上伽藍の**中門**→P.82が172年ぶりに再建

高野山●歴史

天空の宗教遺産へ
高野参詣道（こうやさんけいみち）

高野山へ向かうには、いにしえの人々が通った、高野七口をたどってゆっくり登りたい。

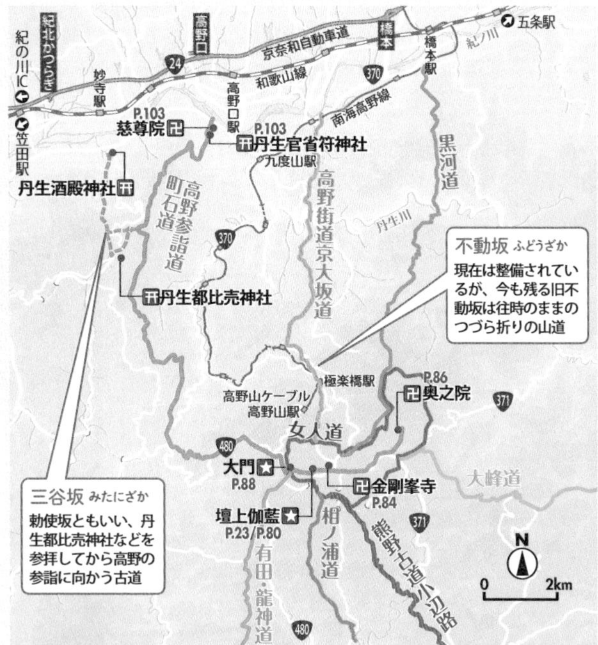

メインルートを行くのもいいが古道の面影が残る道も魅力だ

世界遺産の拡大登録が承認され、新たに不動坂、黒河道、三谷坂、女人道が加わった高野山への参詣道。歴史ある古道沿いに見つかるさまざまな遺物や寺社、集落、自然などに接しながら壇上伽藍や奥之院を目指して高野七口を歩く。体力や時間、季節との相談も必要。

高野参詣道町石道 こうやさんけいみちちょういしみち

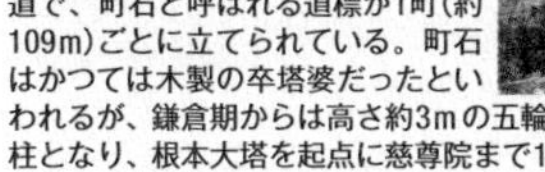

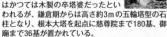

高野山麓の九度山にある慈尊院から高野山奥之院に至る約24kmの信仰の道で、町石と呼ばれる道標が1町（約109m）ごとに立てられている。町石はかつては木製の卒塔婆だったといわれるが、鎌倉期からは高さ約3mの五輪塔型の石柱となり、根本大塔を起点に慈尊院まで180基、御廟まで36基が置かれている。

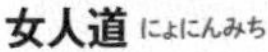

女人道 にょにんみち

高野山上の平坦地を囲む峰々を結ぶと蓮の花が開いた形になるといわれ、その"外八葉"の峰々の尾根道が女人道と呼ばれ、女人禁制のため山内に入れなかった女性が利用した。高野山へは高野七口と呼ばれる主要道があったが、それらの各入口には女性のための籠り堂「女人堂」が設けられていた。

高野街道京大坂道 こうやかいどうきょうおおさかみち

高野街道は起点の異なる4つの街道が河内長野市で合流して高野街道京大坂道となる。建物が現存する唯一の女人堂もある。

有田・龍神道 ありた・りゅうじんみち

有田道は有田から花園村（現かつらぎ町）に向かい、辻の茶屋で中辺路から分岐した龍神道と合流し、大門へ向かう古道。

相ノ浦道 あいのうらみち

高野山の南に位置する高野町相ノ浦からの参詣道で、あまり利用されることはなかった。高野槇の産地として知られる。

黒河道 くろこみち

橋本市賢堂から丹生川の玉川峡を渡り、高野山の黒河口へ向かう古道。奈良方面からの参詣客が多く、大和口とも呼んだ。

大峰道 おおみねみち

空海が高野山に入った最初の道といわれ、大峰山につながるので、かつては山岳信仰の修験者がよく利用した道でもある。

熊野古道小辺路 くまのこどうこへち ➲P.57

高野山と熊野三山を結び、紀伊半島を縦断する古道で、伯母子峠など3つの難所がある。果無集落は"天空の郷"と称される。

高野山麓にある世界遺産

世界遺産に追加登録された参詣道、三谷坂にある丹生の氏神の社。

慈尊院

じそんいん

九度山

MAP 付録P.7 D-1

➲P.103

丹生官省符神社

にうかんしょうぶじんじゃ

九度山

MAP 付録P.7 D-1

➲P.103

丹生都比売神社 にうつひめじんじゃ

1700年以上前の創建と伝わる紀伊国一宮。主祭神の丹生都比売大神（にうつひめのおおかみ）が、空海に神領の高野山を授けたことから、高野山の総鎮守とされる。世界文化遺産に登録されている。

九度山周辺 MAP 付録P.5 D-3

☎0736-26-0102 所かつらぎ町上天野230 開休料境内自由（社務所8：45〜16：30） 交JR笠田駅からかつらぎ町コミュニティバス・丹生都比売神社行きで30分、終点下車すぐ Pあり

丹生酒殿神社 にうさかどのじんじゃ

天照大神（あまてらすおおみかみ）の妹丹生都比売大神（稚日女命（わかひるめのみこと））が降臨したとされ、紀の川の水で酒を醸造して供えたのでこの名がある。秋には境内の大イチョウが見事。

九度山周辺 MAP 付録P.5 D-2

☎0736-22-0300（かつらぎ町観光協会） 所かつらぎ町三谷631 開休料境内自由 交JR妙寺駅から徒歩25分 Pあり

今も高野山で人々を見守り続ける「お大師さま」

数々の教えを残した弘法大師の足跡

讃岐で生まれ、両親から「貴物」ともいわれたという少年・真魚は大学を捨て、唐で密教を受け継いで日本に持ち帰り、真言宗の開祖として高野山を開山。お大師さまとして多くの伝説を残す。

天才少年は密教を求めて唐へ渡る

讃岐国多度郡屛風ヶ浦で宝亀5年(774)に、佐伯氏の家に生まれた空海は幼名を真魚といった。18歳で大学の明経科に入学するが満足できず、大学を捨てて私度僧となって吉野や四国で山岳修行を繰り返し、この頃に奈良・大安寺の僧勤操からは「虚空蔵求聞持法」を授かっている。24歳のとき、空海は儒教・道教に対し仏教の優位性を示した『聾瞽指帰』(のちに『三教指帰』)を著し、出家を決心するが、この後の渡唐までの7年間はほとんど謎とされる。空海が正規の留学僧として遣唐使船第一船(最澄は第二船)に乗って難波ノ津を出帆したのは延暦23年(804)5月で、暴風雨などもあって最終的に長安に入ったのは12月だった。この頃、最澄はすでに天台山に登って天台教を学んでいた。

『古今文字讃』の写本(上巻の一部)〈人間文化研究機構国立国語研究所所蔵〉。中国で編纂された雑書体を解説した『古今文字讃』は、遣唐使として留学した空海が入手して日本に持ち帰り、嵯峨天皇に献上したと『性霊集』にある

62年の濃密な時間を駆け抜ける

唐の長安で空海は青龍寺の恵果に師事。恵果は空海に密教の奥義をすべて伝授、真言密教の正統な継承者となった。大同元年(806)に帰国した空海は唐から持ち帰った膨大な密教関連の経典や仏具、仏画などの目録『御請来目録』を朝廷に提出。弘仁7年(816)には真言密教の修行の場として高野山を嵯峨天皇から下賜され、翌年から弟子を派遣して開山の準備を始める。弘仁12年(821)には満濃池の難工事を短期間で完成させ、天長5年(828)には庶民のための最初の学校とされる「綜芸種智院」を京都に開設。ほかに「いろは」五十音図の制作という伝説もあるほど、帰国後の空海は多忙を極めた。承和2年(835)、「我永く山に還らん」と弟子たちにその後を任せて、3月21日に入定した。62歳だった。

壇上伽藍の金堂内に掛けられている弘法大師の御影

26枚の絵に描かれた空海の生涯

絵の一枚一枚に大師の思想が劇的に現前する

大正5年(1916)に開創1100年を記念して、東京在住の細川糸子氏が仏画師に描かせて奉納した『弘法大師行状絵図』は、空海の生涯を描いた26枚からなる額絵で、高野山大師教会本部講堂で見られる。幼名・真魚として生まれた「御誕生」から始まり、唐での「恵果和尚に師事」、「高野山御開創」、そして「御入定」などの26場面が拝観できる。

『弘法大師行状絵図』〈高野山大師教会本部所蔵〉の1枚「御入定」

唐から日本へ広めた真言密教

言葉では伝えられない密教の世界

空海は、釈迦如来が秘密なしに衆生を教化する顕教に対して密教の優位性を説いた。日本で最初に密教を公式に紹介したのは最澄だが、最澄の密教は不完全なもので、本格的な密教は空海によるものとされる。密教は釈迦入滅後1000年以上も経た7～8世紀にインドで成立し、中国に伝承した。空海は唐の長安で恵果からそれを受け継ぎ、日本へ多くの経典や曼荼羅などとともに持ち帰った。密教は永遠不滅の真理とされる大日如来（マハーヴァイローチャナ。神仏習合では天照大御神と同一視される）を主尊とし、その教えによって大日如来と一体化して即身成仏するというもの。しかしその教義は深くて秘密のものとされたので、曼荼羅と呼ばれる視覚的図像によってわかりやすく密教の世界観を示した。日本で密教を発展させて真言宗の開祖となった空海の真言密教は、『大日経』などを中心経典とし、加持祈禱によって現世利益を得ると説いている。

真言密教の道場の中心である"壇上伽藍"に建つ根本大塔に安置されている本尊・胎蔵界大日如来像。胎蔵界は大日教が説く密教世界のひとつ

護摩 ごま

バラモン教などの宗教儀礼を仏教が採用し、護摩木を護摩壇の火中に投入して人の煩悩などを焼き浄め、悟りを得るために行われる修法。本来は密教の秘法とされる。真言系の野外での護摩は柴燈護摩という。

護摩壇では毎朝護摩を焚き、堂内を浄める。護摩木は人の煩悩を表している

曼荼羅 まんだら

密教の宇宙観・世界観を凝縮して絵画化したものが曼荼羅。多くの種類があるが、密教の最高教典である大日経と金剛頂経をそれぞれ視覚化したものが、胎蔵曼荼羅と金剛界曼荼羅からなる両部曼荼羅だ。

密教の奥義は語ることは不可能で、曼荼羅という「装置」を通さなければ習得できないという

金剛杵 こんごうしょ

帝釈天や金剛力士らが持つ最強の武器・金剛杵は人の煩悩を打ち砕く、密教に独特の仏具。さまざまな種類があるが、独鈷杵と三鈷杵、五鈷杵の3種に大別される。弘法大師が大切にしていたのは五鈷杵だとされる。

インド神話では雷を操る武具。爪の部分を鈷といい、中央部の膨らみは大日如来と考えられた

四国八十八ヶ所の霊場

弘法大師と同行二人でお遍路に

古くは平安時代に僧侶が四国の地を巡り、江戸期になると八十八ヶ所の弘法大師ゆかりの霊場をまわる庶民の遍路も盛んになる。全行程の距離はルートによって異なるが約1200㎞。徒歩ならば40日、車なら最短で5日ほどで1巡できる。巡礼者が着る白衣は死装束といわれ、金剛杖を持つことは弘法大師と同行することを意味する。お遍路の最中、地元の人々から食べ物や宿が提供されるが、これらの風習は「お接待」として定着している。遍路すれば病気が治ると信じられているため霊場は「お四国病院」とも呼ばれる。八十八ヶ所すべてを巡れば結願成就となり、さらに高野山の奥之院に詣でれば満願成就となる。

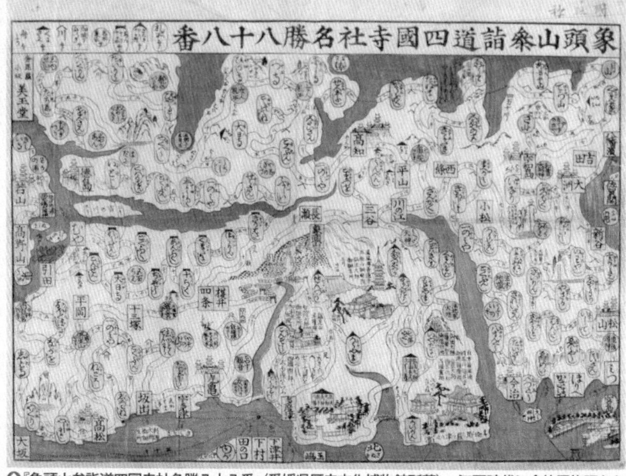

『象頭山参詣道四国寺社名勝八十八番』〈愛媛県歴史文化博物館所蔵〉。江戸時代に金比羅権現あたりでみやげ物として販売されたものとされる。左端中央部に高野山の名も記されている

聖なる地のおもてなしをいただく

滋味に富む精進料理

戒律に基づいて、動物性の食材を使わずに調理される精進料理。高野山では、専門店や宿坊で、伝統の味を楽しむことができる。

「高野山の精進料理」のこと

甘・塩・酸・辛・苦の「五味」に、心を清く静める「淡味」を加えた伝統の技法と味付け。高野山の山里で採れる季節の食材を、弘法大師（こうぼうだいし）の「生かせいのち」の教えのもと1200年にわたり作り継がれる料理。

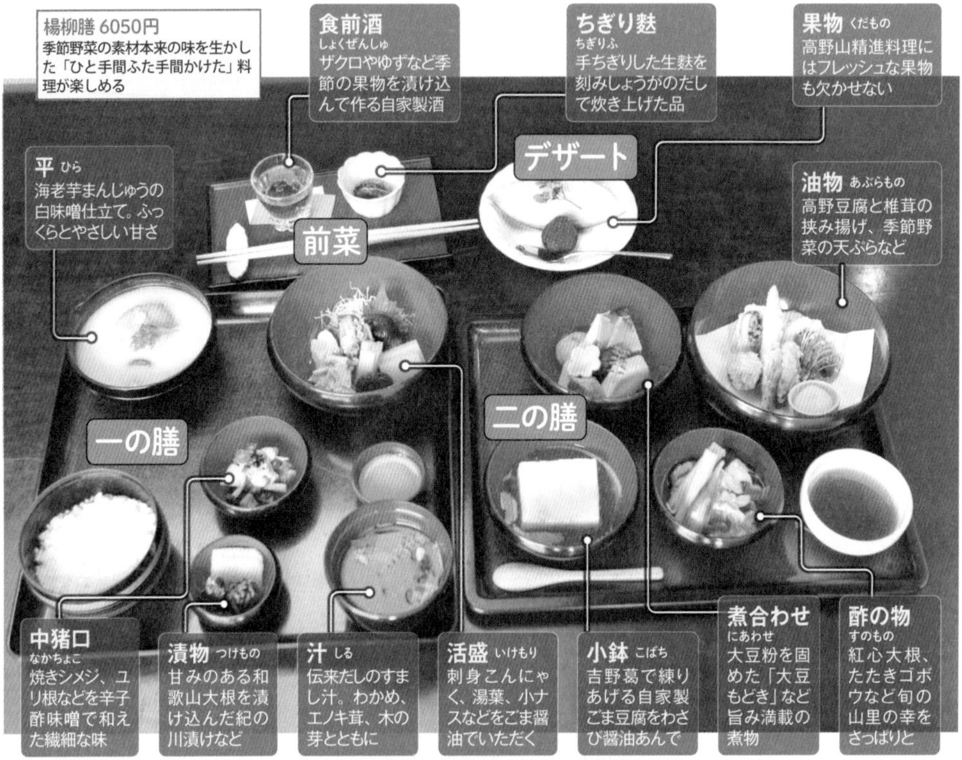

楊柳膳 6050円
季節野菜の素材本来の味を生かした「ひと手間ふた手間かけた」料理が楽しめる

食前酒 しょくぜんしゅ
ザクロやゆずなど季節の果物を漬け込んで作る自家製酒

ちぎり麩 ちぎりふ
手ちぎりした生麩を刻みしょうがのだしで炊き上げた品

果物 くだもの
高野山精進料理にはフレッシュな果物も欠かせない

平 ひら
海老芋まんじゅうの白味噌仕立て。ふっくらとやさしい甘さ

デザート

前菜

油物 あぶらもの
高野豆腐と椎茸の挟み揚げ、季節野菜の天ぷらなど

一の膳

二の膳

中猪口 なかちょこ
焼きシメジ、ユリ根などを辛子酢味噌で和えた繊細な味

漬物 つけもの
甘みのある和歌山大根を漬け込んだ紀の川漬けなど

汁 しる
伝来だしのすまし汁。わかめ、エノキ茸、木の芽とともに

活盛 いけもり
刺身こんにゃく、湯葉、小ナスなどをごま醤油でいただく

小鉢 こばち
吉野葛で練りあげる自家製ごま豆腐をわさび醤油あんで

煮合わせ にあわせ
大豆粉を固めた「大豆もどき」など旨み満載の煮物

酢の物 すのもの
紅心大根、たたきゴボウなど旬の山里の幸をさっぱりと

花菱
はなびし

MAP 付録P.9 D-3

老舗暖簾が伝える極上の味 寺院を眺めてのお食事も

明治初期の創業時から高野山料理の暖簾を守り続ける老舗。精進料理は料理長おまかせの精進会席をはじめ、季節の食前酒と前菜から始まる写真の「楊柳膳」など各種。四季の風情と旬の味覚を存分に味わえる。

目抜き通り沿いに構える風格ある店舗

☎0736-56-2236
所 高野町高野山769 営 11:00～18:00(LO) 18:00～は完全予約制 休 不定休 交 高野山ケーブル・高野山駅から南海りんかんバス・奥の院前行きで10分、千手院橋下車すぐ P あり

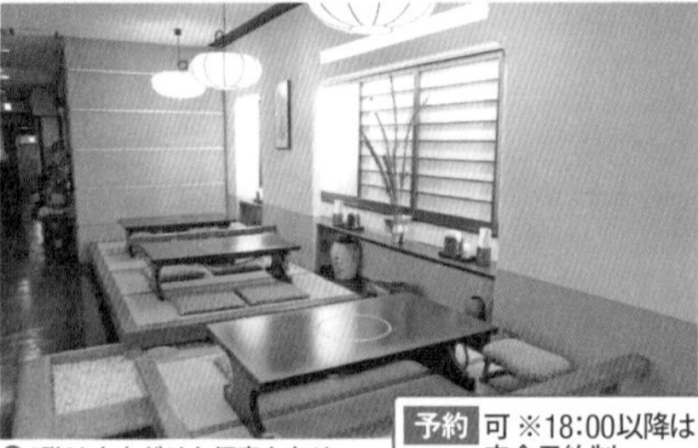
2階は小上がりと個室もあり、2階座敷からは寺院を眺めて食事が楽しめる

予約 可 ※18:00以降は完全予約制
予算 L 2640円～

一乗院

いちじょういん

MAP 付録P.9 D-3

1000年以上の歴史をつなぐ景観美しい寺院の贅沢御膳

奥之院と壇上伽藍参詣の要路に位置し、宿坊寺院の一室で昼食が楽しめる。料理長が作り上げる精進料理は、高野山の季節の食材をふんだんに使用し目にも鮮やか。

☎0736-56-2214
所 高野町高野山606
営 11:30または12:00に開始(完全予約制)
休 不定休
交 高野山ケーブル・高野山駅から南海りんかんバス・奥の院前行きで9分、高野警察前下車すぐ　Ⓟあり

予約 要
予算 Ⓛ8000円～

花山吹御膳 8000円
本膳・二の膳・三の膳のベーシックな御膳。山里の旬の食材にこだわる正統派料理

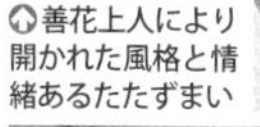

↑善花上人により開かれた風格と情緒あるたたずまい

←瞑想や写経等も体験できる宿坊施設を備える格式高い客室(左)。本堂を中心に堂棟を望む庭園では四季折々の景観が楽しめる(右)

総持院

そうじいん

MAP 付録P.8 C-3

女性や一人旅客からも人気 伝統とモダンが調和する

京都の日本料理店で25年間キャリアを重ねた料理長が生み出す品々は、伝統を守りながらも、新しい感覚を取り入れた創作精進料理。壇上伽藍や金剛峯寺に近い立地も魅力。宿坊として利用もでき、プランは豊富。

☎0736-56-2111
所 高野町高野山143　休 不定休
交 高野山ケーブル・高野山駅から南海りんかんバス・大門南駐車場行きで11分、金剛峯寺前下車、徒歩3分　Ⓟあり

↑樹齢1000年の白藤が出迎える。重厚な歴史を感じて

↑大庭園や坪庭に臨む、さまざまな景観が楽しめる客室は全13室ある

※写真はイメージ

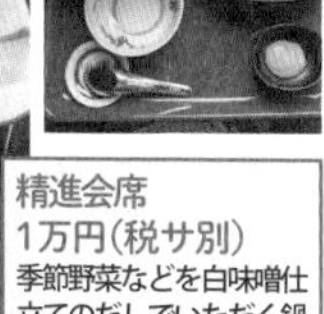

精進会席
1万円(税サ別)
季節野菜などを白味噌仕立てのだしでいただく鍋など繊細な料理の数々。すべての食材や調味料はグルテンフリー対応

中央食堂さんぼう

ちゅうおうしょくどうさんぼう

MAP 付録P.9 D-3

昔ながらの味と技法を守る山の特産品を使った料理

創業の100年前から、金剛峯寺をはじめ寺院に行事食を提供する。老舗店ながら食堂の居住まいで山の特産物を使った料理を手ごろな値段でいただける。濃厚な手練りごま豆腐を使う人気の「ごま豆腐鍋」はクリーミーな味わい。

☎0736-56-2345
所 高野町高野山722
営 11:00～16:00(売り切れ次第閉店)　休 不定休
交 高野山ケーブル・高野山駅から南海りんかんバス・奥の院前行きで10分、千手院橋下車すぐ　Ⓟなし

↑1200年前からの手法をできる限り忠実に守り続ける

予約 可※ネット予約のみ
予算 Ⓛ1250円～

精進花籠弁当 2500円
粟麩田楽、季節野菜の天ぷら、刺身こんにゃく、手練りごま豆腐などが付く人気の膳。季節によりメニューは変更

←テーブル席と小上がりがあり、地元住民からも愛される

独特の時が流れる
カフェ&ギャラリー

梵恩舎

ぼんおんしゃ

MAP 付録P.9 E-3

古民家をリノベーションしたカフェ&ギャラリー。オーナーが世界中を旅するなか働き方を考え、Iターンで始めた。癒やしの空間を重視し、手作りケーキのほか、ヘルシーなベジタブルランチ(数量限定)もおすすめ。

1.懐かしい雰囲気の古民家の店。店主が5カ国語を話せるので、外国人客の入店も多い
2.知人の陶芸作家の作品や、店主の奥様の絵画を展示販売するギャラリー
3.木をベースにしたシンプルなカフェ空間
4.ケーキセット550円。オーナー手作りによる自家製ケーキも人気だ

☎0736-56-5535
所高野町高野山730
営7:00~16:30 休月・火曜、不定休 交高野山ケーブル・高野山駅から南海りんかんバス・奥の院前行きで11分、小田原通り下車すぐ Pあり

散策後に立ち寄りたい憩いの場所

門前町の名物カフェへ

高野山のカフェのなかでも、個性が際立つ3軒をご紹介。おいしいスイーツやコーヒーを味わいながら、ちょっとひと休み。

素材にこだわり
アルコールも楽しめる

光海珈琲

こうみこーひー

MAP 付録P.9 F-3

奥之院の一の橋近くにあるカフェ。自家焙煎しているコーヒーなどに使う水は高野山の湧水を、卵は九度山で育った紀州地養卵を使用している。店内ではオリジナルグッズや高野山みやげの販売も行う。

☎0736-56-5030
所高野町高野山571 営7:30~17:00冬季9:00~17:00不定期(休憩時間閉店の場合あり) 休不定休 交高野山ケーブル・高野山駅から南海りんかんバス・奥の院前行きで13分、苅萱堂前下車すぐ Pなし

1.動物性一切不使用の精進カレーホットサンド950円。精進マヨネーズ添え
2.大きな木の看板が目印。ビールや焼酎などアルコールの販売もあり
3.チョコバナナクレープアマゾンカカオがけ1000円。アマゾンカカオのカカオニブが大人なアクセント
4.光海たまご珈琲650円。ビターな珈琲に紀州地卵黄をいれてマイルドに

バリスタが営む
天然石工房カフェ

心星

しんせい

MAP 付録P.8 B-3

コーヒーを極めたバリスタの資格を持つ店主が淹れた本格的なエスプレッソが味わえる。「本物のエスプレッソが飲める店」として外国人観光客も多数訪れる。

☎0736-26-7160
所高野町 高野山809ウエストサイド1F 営8:30~18:00 休水曜 交高野山ケーブル・高野山駅から南海りんかんバス・大門南駐車場行きで14分、愛宕前下車すぐ Pなし

1.天然石工房でもあり多彩な天然石アクセサリーも販売している
2.かわいく繊細なラテアートが描かれたカプチーノ580円
3.高野山の入口、大門近くにある明るい雰囲気の洋風カフェ
4.濃厚な味わいの本格派エスプレッソコーヒー(ダブル)580円

仏教聖地の名物を持ち帰り おみやげSelection

銘菓にごま豆腐、上品な雑貨など幅広くピックアップ。どれも高野山での体験を帰ってからも楽しめる逸品揃いだ。

笹巻あんぷ
1200円(6個入り)
よもぎを混ぜた麸にこし餡が入ったまんじゅうを、香り高い笹の葉で包んだ人気の伝統和菓子
麩善本店

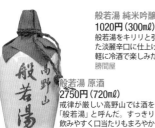

般若湯 純米吟醸
1020円(300mℓ)
般若湯をキリリと引き締めた淡麗辛口に仕上げた。手軽に冷酒で楽しみたい
勝間屋

般若湯 原酒
2750円(720mℓ)
戒律が厳しい高野山では酒を「般若湯」と呼んだ。すっきり飲みやすく口当たりもまろやか
勝間屋

ごまとうふ
237円(1個)
厳選した白ごまと吉野本葛をじっくり練り上げる。ごまの香りとなめらかな口当たりを堪能
角濱総本舗

みろく石
1200円(10個入り)
つぶ餡を入れてじっくり焼き上げたまんじゅう。香ばしく甘さ控えめでお茶うけにおすすめ
みろく石本舗 かさ國

六地蔵 6600円
地元の作家が作る表情豊かな六地蔵。カラフルな和紙柄がかわいくインテリアとして人気
高野山大師堂

ローズクォーツ 八寸共仕立
1万500円
ピンク色のローズクォーツを108玉の真言宗本式念珠に仕立てる
珠数屋四郎兵衛

上品塗香
990円(15g)
天然の漢薬香料だけを使った手に塗り込むお香。ほのかで上品な香りに癒やされる
高野山大師堂

開運切り絵「吉祥宝来」ハガキサイズ
495円(1枚)
高野山発祥の開運切り絵。玄関や床の間に開運招福の御守、魔除けとして一年中飾る
高野山大師堂

極上塗香
660円(1個)
弘法大師が伝えた高野紙で清め香を包んだ匂い袋。財布などに入れてみては
高野山大師堂

淡水真珠 水晶仕立
1万1000円
グレーの淡水真珠を水晶で上品に。略式でどの宗派の人でも使用が可能
珠数屋四郎兵衛

おみやげはココで購入

角濱総本舗
かどはまそうほんぽ
MAP 付録P.8 B-3
奥之院での生身供に使われるごま豆腐を作る店。ごま豆腐の新しい食べ方を提案する食事処も。
☎0736-56-2336 所高野町高野山262
営8:00〜17:00 休無休 交高野山ケーブル・高野山駅から南海りんかんバス・大門南駐車場行きで14分、愛宕前下車すぐ P共用駐車場利用

みろく石本舗 かさ國
みろくいしほんぽ かさくに
MAP 付録P.9 E-3
奥之院にある弥勒石にちなんだ銘菓「みろく石」の製造販売店。店内には休憩スペースもある。
☎0736-56-2327 所高野町高野山764
営8:00〜17:00 休不定休 交高野山ケーブル・高野山駅から南海りんかんバス・奥の院前行きで11分、小田原通り下車すぐ Pあり

高野山大師堂
こうやさんだいしどう
MAP 付録P.9 F-3
高野山で唯一の香木、線香の専門店。近年はオリジナルグッズの製造販売にも力を入れている。
☎0736-56-3912 所高野町高野山732
営9:00〜17:00 休不定休 交高野山ケーブル・高野山駅から南海りんかんバス・奥の院前行きで13分、苅萱堂下車すぐ Pなし

麩善 本店
ふぜん ほんてん
MAP 付録P.9 D-2
高野山で唯一の生麩専門店で、文政年間に創業。料理が映える色とりどりの生麩も豊富に揃う。
☎0736-56-2537(本店) 所高野町高野山712
営9:00〜17:00(売り切れ次第閉店)
休月曜(祝日の場合は翌日) 交高野山ケーブル・高野山駅から南海りんかんバス・奥の院前行きで8分、波切不動前下車、徒歩3分 Pなし

勝間屋
かつまや
MAP 付録P.9 D-3
僧が冬の寒さをしのぐために飲んだとされる地酒の般若湯などを取り扱うみやげ物店。
☎0736-56-2334 所高野町高野山782
営7:00〜19:00 休月曜
交高野山ケーブル・高野山駅から南海りんかんバス・奥の院前行きで10分、千手院橋下車すぐ
P金剛峯寺前駐車場利用

珠数屋四郎兵衛
しゅずやしろべえ
MAP 付録P.9 D-3
元禄年間創業、12代続く数珠、仏具の専門店。多彩な高野山みやげ販売コーナーもあり。
☎0736-56-2121 所高野町高野山771
営7:30〜20:00 1・2月9:00〜18:00 休無休
交高野山ケーブル・高野山駅から南海りんかんバス・奥の院前行きで10分、千手院橋下車すぐ
Pなし

歴史の深い高野山への玄関口

九度山 くどやま

戦国武将・真田幸村が過ごした時代を偲び、弘法大師創建の寺社で高野山の歴史を知る。

真田のみちを散策

道沿いに真田幸村ゆかりの史跡などが点在する九度山の中心部。店先の提灯や花壇などに真田の赤備えや家紋の六文銭などが施されている。九度山の旧家・米金の前に立つ「みち」のシンボル、九度山焼の金時像にも注目。

真田家の軌跡と高野山の歴史を色濃く残す街並みをゆっくり歩く

戦国の勇将として名高い真田幸村(さなだゆきむら)が父とともに長い蟄居生活を送ったことで知られる九度山。史跡やミュージアムなどの見どころが点在する「真田のみち」は散策におすすめ。また高野山参詣の表参道である高野参詣道町石道が通る世界遺産エリアには、高野山を開いた弘法大師(こうぼうだいし)創建の神社や、女人高野(にょにんこうや)と呼ばれる寺院が残るなど、高野山とゆかりの深い街でもある。

観光のポイント

真田幸村にまつわる数々の史跡を見学
真田幸村ゆかりの史跡をたどりながら「真田のみち」を散策する

高野山にゆかりのある世界遺産へ行く
高野山を開いた弘法大師との深い関わりや逸話が残る社寺も多い

交通information

和歌山駅からJR和歌山線で橋本駅まで1時間10分、南海高野線に乗り換えて九度山駅まで15分
高野山駅から高野山ケーブルで極楽橋駅まで5分、南海高野線に乗り換えて九度山駅まで30分

九度山と真田家の関わり

関ヶ原の戦いで豊臣方についた真田昌幸(さなだまさゆき)と幸村父子は、敗戦し高野山に配流された。その後、妻子や家来たちとともに、高野山の山麓にある九度山に移ることを許され、大坂の陣に参戦するまでの14年間をここで過ごした。

真田庵(善名称院)

さなだあん(ぜんみょうしょういん)

MAP 付録P.7 D-3

真田父子の草庵跡に建つ高野山真言宗の寺院

高野山から九度山に移った真田父子が家族とともに暮らした屋敷跡。現在は地蔵菩薩を本尊とする寺院で、ボタンの名所でも知られる。

☎0736-54-2218 所九度山町九度山1413
開境内自由(宝物資料館9:00〜16:00) 休無休
料宝物資料館200円(説明付は300円) 交南海・九度山駅から徒歩10分 P町営駐車場利用

↑武具や真田紐など真田家ゆかりの品々や、寺院を創建した大安上人の資料を展示

←幸村が雷を封じ込めて村人を救ったと伝わる井戸

九度山・真田ミュージアム

くどやま・さなだミュージアム

MAP 付録P.7 D-3

☎0736-54-2727 所九度山町九度山1452-4 開9:00〜17:00(入館は〜16:30) 休月・火曜(祝日の場合は翌平日) 料500円
交南海・九度山駅から徒歩10分
P町営駐車場利用

↑真田家3代の軌跡を展示する

丹生官省符神社

世界遺産

にうかんしょうぶじんじゃ

MAP 付録P.7 D-1

高野山開創に導いた地主神を祀る神社

狩場明神（かりばみょうじん）に姿を変えて、弘法大師を高野山へと導いたとされる高野御子大神（たかのみこのおおかみ）を祀ることから、高野山への道中を守る神様として人々の信仰を集める。

☎0736-54-2754
所九度山町慈尊院835
開休料境内自由　交南海・九度山駅から徒歩25分　Pあり

室町時代後期に再建された極彩色の本殿が森の緑に映える

119段の石段を上りきると、境内からは紀の川や高野山も望める

勝利寺

しょうりじ

MAP 付録P.7 D-1

現世利益をもたらす十一面観音の寺

高野参詣道町石道の玄関口に建ち、高野山の開創以前から参詣客で賑わってきた寺。勝利祈願に訪れる人も多い。

本堂には弘法大師が奉納したと伝わる十一面観音が安置されている

☎0736-54-2019（九度山町産業振興課）　所九度山町慈尊院749
開8:00〜17:00　休無休　料無料
交南海・九度山駅から徒歩30分
P町営駐車場利用

慈尊院

世界遺産

じそんいん

MAP 付録P.7 D-1

☎0736-54-2214
所九度山町慈尊院832
開8:00〜17:00　休無休
料無料　交南海・九度山駅から徒歩25分　Pあり

女人結縁の寺で名高い高野山麓の拠点

高野山の庶務を行う政所として創建。当時の女人禁制により高野山に入山できなかった弘法大師の母が滞在したことから、女人高野として女性からの信仰が篤い。

弘法大師が創立し、寛永年間に再建された多宝塔

母公の化身として弥勒菩薩を安置する弥勒堂(奥)と、安産祈願などに奉納された手づくりの乳房形絵馬

グルメ＆ショッピング

そば処 幸村庵

そばどころ ゆきむらあん

真田幸村ゆかりの地、信州上田に職人を派遣し生まれた紀州九度山真田そば。信州産のそば粉を使った二八そばは、つるつるした喉ごしが自慢だ。天ぷらや小鉢も楽しめる御膳メニューからごま豆腐などの一品ものまで揃う。

MAP 付録P.7 D-3

☎0736-54-3751　所九度山町九度山1404　営11:00〜18:00(LO17:30)　休月曜(祝日の場合は翌日)　交南海・九度山駅から徒歩10分　Pあり

甘露煮の香ばしさが食欲をそそるにしんそば1100円

柿の葉寿司などがセットになった幸村御膳2400円

畳敷きの店内では、足が楽なテーブル席で食べられる

九和楽

くわらく

サバの押し寿司を柿の葉でくるんだ名産、柿の葉寿司の専門店。持ち帰り用だが、店先のテーブルでも味わえる。

MAP 付録P.7 E-3

柿の葉寿司詰め合わせ9個入り1300円(サバ5個・鮭2個・椎茸2個)

☎0736-54-2600　所九度山町九度山1353　営8:00〜売り切れ次第閉店　休月曜(祝日の場合翌日)　交南海・九度山駅から徒歩5分　Pあり

美人の湯で名高い山あいの温泉地

龍神温泉

りゅうじんおんせん

1300年の歴史がある日高川上流の湯治場。渓谷美と名湯が、心と体を癒やしてくれる。

日高川沿いの自然と伝説が織りなす風情豊かな秘境を訪ねる

群馬県の川中温泉、島根県の湯の川温泉とともに「日本三美人の湯」と称される名湯が湧く温泉地。その歴史は、1300年前、弘法大師(こうぼうだいし)が難陀龍王(なんだりゅうおう)の夢のお告げによって開いたのが始まりと伝わる。江戸時代には紀州藩の湯治場として栄え、殿様や藩士らが宿泊した宿が今も残る。小説の舞台になった曼陀羅の滝、チベット密教の曼荼羅美術館など多彩な見どころが多い。

観光のポイント

豊かな自然に囲まれた温泉宿に泊まる
日高川の渓流沿いには、江戸時代から続く由緒ある宿が点在する

手作りの特産品をおみやげに購入
村に古くから伝わる手づくりの保存食やお菓子が多彩に揃う

交通information

高野山駅から南海りんかんバス・護摩壇山行きで1時間5分、終点で龍神バス・本宮大社前行きに乗り換えて龍神温泉バス停まで1時間18分(期間限定運行)／JR紀伊田辺駅から龍神バス・季楽里龍神行きで龍神温泉バス停まで1時間20分

龍神温泉 元湯

りゅうじんおんせん もとゆ

MAP 付録P.16 C-2

龍神村で唯一のかけ流しの美人湯

日本三美人の湯のひとつに数えられる名湯を、かけ流しで楽しめる公共浴場。肌がしっとりすることから、特に女性客の人気が高い。

☎0739-79-0726 所田辺市龍神村龍神37 開7:00～21:00(最終受付20:40) 休無休(12月～2月末は営業時間短縮、不定休) 料800円 交龍神温泉バス停から徒歩2分 Pあり

⬆渓流沿いの露天風呂のほか檜風呂と岩風呂の内湯も楽しめる

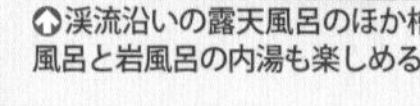

⬅観光帰りの立ち寄り湯に人気

曼陀羅の滝

まんだらのたき

MAP 付録P.16 C-2

弘法大師が修行した白糸のように流れる滝

弘法大師が修行し、命名したと伝わる滝。中里介山(なかざとかいざん)の小説『大菩薩峠』で、主人公が失明寸前の目を洗い、完治した滝として登場し有名になった。

☎0739-78-2222(龍神観光協会) 所田辺市龍神村龍神 開休料見学自由 交龍神温泉バス停から徒歩25分 P龍神温泉 元湯駐車場利用

⬆温泉寺から階段の多い遊歩道を通る

曼荼羅美術館

まんだらびじゅつかん

MAP 付録P.16 A-1

平和への祈りに満ちたチベット曼荼羅の美術館

仏教の世界観を表すチベット曼荼羅や仏具など、およそ70点を展示。700年前の貴重な曼荼羅も見ることができる。

☎0739-79-0331(季楽里龍神) 所田辺市龍神村龍神203 開9:30～16:30(入館は～16:00) 休不定休(4～11月無休) 料100円 交JR紀伊田辺駅から龍神バス・龍神温泉方面行きで1時間20分、季楽里龍神下車、徒歩5分 P季楽里龍神駐車場利用

⬆チベットから戦火に追われてインドに渡った高僧から館長に託されたといわれている品々

高野山と龍神村を結ぶ道

龍神温泉から護摩壇山を経て高野山へと続く42.7kmの有料道路、高野龍神スカイライン。標高1000mの護摩壇山の尾根伝いに走り、新緑や紅葉など四季折々の景色が楽しめる。

「紀州の屋根」と称される護摩壇山の周辺に広がるブナの原生林

龍神ごまさんスカイタワー

りゅうじんごまさんスカイタワー

MAP 付録P.3 E-4

和歌山県の最高峰、護摩壇山に立つ高さ33mの展望台。標高1306mから広大な紀伊山地の山々が眺められる。

☎0739-79-0622 所田辺市龍神村龍神1020-6 開9:30(土・日曜、祝日9:00)〜17:00 休12〜3月 料展望台300円 交JR紀伊田辺駅から車で1時間30分 Pあり

護摩木を積み上げた形のタワー

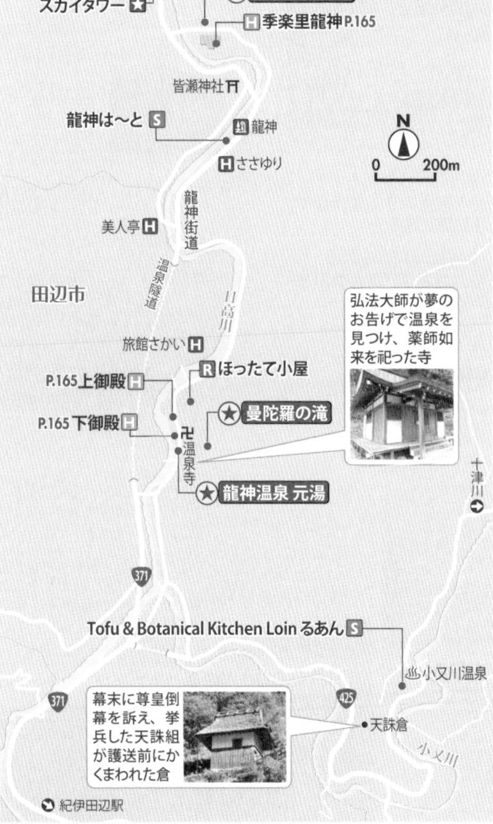

龍神村の名物をチェック

ほったて小屋

ほったてごや

温泉街から曼陀羅の滝に向かう遊歩道沿いにある小さな食事処。女将が山で採る山菜を使った手作りの味が堪能できる。

MAP 付録P.16 C-1

☎0739-79-0367
所田辺市龍神村龍神72-1
営11:00〜16:00
休木曜(祝日の場合は営業)
交龍神温泉バス停から徒歩5分
Pなし

ほったて小屋定食1400円。山菜を使った小鉢など

家庭的で温かい雰囲気が漂うこぢんまりした店

Tofu & Botanical Kitchen Loin るあん

トウフ & ボタニカル キッチン るあん

龍神村で昔から行われていた地釜を使った豆腐作りをする店。春と秋にコース仕立てのランチを提供(完全予約制5500円〜)。

MAP 付録P.16 B-2

☎0739-79-0637 所田辺市龍神村小又川259 営ランチ(春秋のみ)土〜月曜11:30入店、カフェ(7・8月のみ)土・日曜11:30〜18:00(LO17:30) 休火〜木曜 交JR紀伊田辺駅から龍神バス・龍神温泉方面行きで1時間10分、小又川口下車、徒歩25分 Pあり

谷間の日本の原風景を見ながらお茶できるカフェ。7〜8月のみ

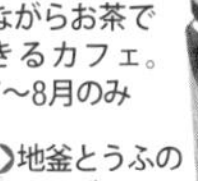

地釜とうふのオリーブオイル漬け1108円

龍神は〜と

りゅうじんは〜と

「道の駅 龍神」のそばにあるみやげ物ショップ。人気の柚べしのほか、最近開発されたクロモジ化粧水などオリジナル商品に注目。

MAP 付録P.16 A-1

☎0739-79-8068
所田辺市龍神村龍神165
営10:00〜16:00 休木曜
交JR紀伊田辺駅から龍神バス・龍神温泉方面行きで1時間17分、木族館下車、徒歩5分 Pあり

龍神の天然木を素材にしたクロモジの化粧水3888円/100mℓ

地場産生椎茸を使ったしいたけ節378円

おしゃれなパッケージも人気の柚べし864円

小さな木造りの店舗内で休憩がてらお買い物

和歌山
わかやま

戦国紀州から江戸時代の紀州徳川家へと続く兵たちの足跡が残る魅力あふれる城下町。

戦国地侍と紀州徳川家が紡ぐ歴史色豊かな景勝地

和歌山城の白亜の天守閣が今も街を見守る紀州徳川家の城下町として栄えた。戦国時代には信長や秀吉も恐れたという無敵の鉄砲傭兵集団であった雑賀衆(さいかしゅう)をはじめ、根来衆(ねごろしゅう)、粉河衆(こかわしゅう)ら紀の川周辺勢力の支配地としても知られ、そのゆかりの地や祭りを見ることができる。『万葉集』に詠まれた美しい海岸線が続く和歌浦には、風光明媚な見どころや史跡も数多い。

観光のポイント

和歌山城周辺にあるミュージアムへ
充実した収蔵品を鑑賞できる美術館や興味深い歴史博物館を巡る

歴史的な見どころが多い和歌浦を散策
『万葉集』ゆかりの神社や、紀州徳川家にまつわる史跡も数多い

交通information

白浜駅からJR紀勢本線特急「くろしお」で和歌山駅まで1時間25分／新宮駅からJR紀勢本線特急「くろしお」で和歌山駅まで3時間10分

和歌山城
わかやまじょう

MAP 付録P.6A-2

白亜の天守閣がそびえる城下町・和歌山のシンボル

御三家のひとつ紀州徳川家の居城として250年もの間、この地で栄華を誇った。城の周辺は緑豊かな公園で、昭和33年(1958)に再建された天守閣には、紀州藩ゆかりの資料が展示され、最上階からは市街地を一望できる。

↑名園と名高い、近世初頭に築造された西之丸庭園(紅葉渓庭園)

☎073-435-1044 所和歌山市一番丁3 開休料施設により異なる 交JR和歌山駅から和歌山バス・和歌浦方面／南海和歌山市駅行きなどで5分、和歌山城前下車すぐ Pあり(有料)

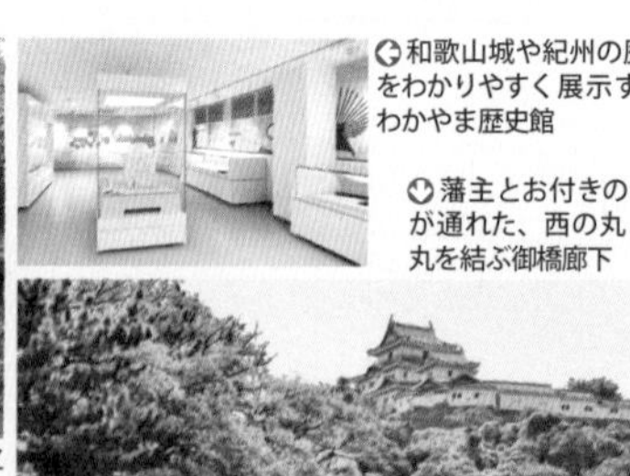

←和歌山城や紀州の歴史をわかりやすく展示する、わかやま歴史館

↓藩主とお付きの者だけが通れた、西の丸と二の丸を結ぶ御橋廊下

雛流し神事で有名な神社

淡嶋神社 あわしまじんじゃ

MAP 付録P.2A-2

医薬の神様である少彦名命を祭神とし、女性の病気や子授け、安産祈願の信仰を集める。雛人形の発祥地とされ、毎年3月3日の雛流し神事では全国から奉納された雛人形を船に乗せて海に流し供養する。

人形に願いを込めて海に流し送る
写真提供:一般社団法人 和歌山市観光協会

☎073-459-0043 所和歌山市加太 開9:00〜17:00 休無休 料境内自由、宝物館300円(団体のみ、予約制) 交南海・加太駅から徒歩20分 P参拝者は30分無料

紀三井寺

きみいでら

MAP 付録P.4C-3

400本もの桜が咲く季節は圧巻

名水が湧き出る早咲きソメイヨシノの名所

三井水が湧くことからこの名がつき、夏目漱石の作品に登場し、松尾芭蕉も詠んだ景観を誇る。本堂前の桜は、関西の開花発表の標本木。

☎073-444-1002 所和歌山市紀三井寺1201 開8:00〜17:00 休無休 料無料(徒歩参拝者。2024年4月4日まで) 交JR紀三井寺駅から徒歩10分 Pあり(有料)

和歌山県立近代美術館

わかやまけんりつきんだいびじゅつかん

MAP 付録P.6A-2

国内外の近代美術と充実した版画コレクション

ピカソなど海外の著名作家の作品をはじめとする幅広い収蔵品を誇り、充実した国内外の近現代版画コレクションも見られる。

黒川紀章氏設計の、日本の伝統を取り入れた個性的でモダンな外観

☎073-436-8690 所和歌山市吹上1-4-14 開9:30〜17:00(入館は〜16:30) 休月曜(祝日の場合は翌日)、展示替え期間 料350円(企画展は別料金) 交JR和歌山駅から和歌山バス・和歌浦方面行きで10分、県庁前下車すぐ Pあり(有料)

和歌浦に浮かぶレジャーリゾート

和歌山マリーナシティ

わかやまマリーナシティ

MAP 付録P.4B-4

テーマパークや観光魚市場、天然温泉施設、リゾートホテルなど複数のエリアで構成された人気のレジャースポット。

異国情緒たっぷりの島内に多彩なレジャー施設が並ぶ

☎0570-064-358(総合案内) 所和歌山市毛見1527 開休料施設により異なる 交JR海南駅から和歌山バス・マリーナシティ行きで15分、終点下車すぐ Pあり(有料)

和歌山ラーメンの名店へ

井出商店

いでしょうてん

和歌山ラーメンを全国に知らしめた店。連日全国からファンが集い行列ができるほど。屋台時代から引き継がれた「中華そば」は懐かしい豚骨の風味漂う醤油味。

MAP 付録P.6C-2

☎073-424-1689
所和歌山市田中町4-84
営11:30〜21:30 休木曜
交JR和歌山駅から徒歩7分 Pあり

麺はストレートの細麺。和歌山ラーメンの定番中華そば800円

ラーメンのお供に最適な早寿司(左)と巻き寿司(右)各150円

激動と栄華を見届けた歴史の舞台へ

戦国時代と紀州徳川家の面影を偲ぶ旅

戦国時代、土着の勢力として紀伊国に台頭した雑賀衆(さいかしゅう)や根来衆(ねごろしゅう)が信長や秀吉を悩ます。徳川御三家として8代将軍・吉宗もここから誕生。文化・芸術にも通じた殿様も大きな足跡を残した。

鉄砲で強化した紀伊の寺社勢力

文明(ぶんめい)9年(1477)に応仁の乱が終了しても、紀伊国守護畠山(はたけやま)氏の抗争は続き、その権威は弱体化する。そのため紀伊の寺社勢力は自立した存在となり、強い自治力と経済力を持つ雑賀衆や根来衆といった土着の勢力を形成するようになる。根來寺の僧侶は仏法を修行する学侶と実務を担当する行人とがあり、この行人がしだいに力を増して僧兵集団を形成していく。新義真言宗総本山の根來寺の寺領は室町末期には巨大な宗教都市を形成し、戦国期には根来衆と呼ばれる僧兵は8000～1万人にまで達し、種子島(たねがしま)から鉄砲の生産技術を採用した強力な武装勢力となっていた。雑賀衆は紀伊の北西部一帯にいた土豪や地侍たちの共同体で、豊かな財力を持つ堺商人と結びつき、戦国期には根来衆に続いて鉄砲を武器とする傭兵集団となったが、大坂本願寺の戦いで雑賀衆に苦しめられた信長は天正(てんしょう)5年(1577)に紀州攻めに出陣、雑賀衆は降伏。天正13年(1585)には秀吉が根来衆・雑賀衆を討つために紀州に攻め入り、太田城に籠城した根来・雑賀の残党を水攻めで攻略、両者はここに滅亡した。

『総光寺由来并太田城水責図』〈惣光寺所蔵〉。太田城に立て籠もった雑賀衆、根来衆は水攻めで滅びる。このために秀吉が築造した堤防は高さ4～6m、総延長は約7kmもあったとされる。籠城者は農民を含め約5000人とされ、攻防は1カ月にもおよんだ。首謀者は自害、解放された農民は武器の所有が禁止され、もっぱら農業に専念することを命令されるが、これはのちの秀吉による「刀狩・兵農分離」のさきがけとなった
写真提供:和歌山市立博物館

信長を苦しめた戦国期の鉄砲傭兵集団・雑賀衆。その有力頭領のひとりとされる伝説の雑賀孫市(鈴木孫一)にちなんだ和歌山市の祭礼・孫市まつりが毎年3月の最終日曜に本願寺鷺森別院を中心に開かれる
写真提供:孫市の会

『東照宮縁起絵巻』〈紀州東照宮所蔵〉は紀州藩初代藩主・徳川頼宣が描かせて紀州東照宮に奉納したもので、春の祭礼「和歌祭」の場面が圧巻

将軍吉宗と「数寄の殿様」治宝

関ヶ原の戦いの功績で浅野幸長が紀州に入国するが、元和5年(1619)に安芸広島藩へ加増移封されると、家康の十男・頼宣が紀州藩主となり、御三家を形成。これは紀州が地勢的に朝廷に近く、江戸への海上交通の要衝でもあったためとされる。入国後は和歌山城の改築や城下町の整備、有力農民を地士として優遇する懐柔策も実施した。元和7年(1621)には、東照大権現(家康)を祀る紀州東照宮を創建し、現在は頼宣も南龍大神として合祀されている。慶安4年(1651)の由井正雪の乱では幕府転覆計画に頼宣が関わったと疑われるが、のちに嫌疑は晴れる。家康の孫にあたる第2代藩主・光貞の庶子で第5代藩主となった徳川頼方は貞享元年(1684)、和歌山城下に生まれたが、享保元年(1716)に33歳で徳川8代将軍・吉宗となる。寛政元年(1789)、10代藩主となった治宝は就学の義務化をはじめ、医学館や学問所の設置、表千家の庇護、和歌浦の不老橋の建造、さらに自ら絵筆をとって作品を残すなど、教育・文化・芸術面にわたって多大な功績を残した。

歴史遺産が残る和歌浦

県名の由来とされる和歌浦は万葉歌人・山部赤人らに詠まれるなど古くから景勝地として親しまれてきた。特に玉津島は歌枕として知られ、鎮座する玉津島神社の祭神・衣通姫尊は和歌の神とされた。江戸時代にはこの地に紀州藩祖・徳川頼宣が紀州東照宮を創建した。

➲紀州徳川家の命で架けられた不老橋

紀州東照宮

きしゅうとうしょうぐう

雑賀山に建つ神社で、家康と紀州藩初代藩主・頼宣を祀る。関西の日光ともいわれ、狩野探幽作の壁画や伝 左甚五郎作の彫刻などに彩られた荘厳な社殿は見どころも多い。国の重要文化財にも指定されている。古くから「権現さん」の愛称で親しまれ、今なお多くの参拝客が訪れる。

和歌山 MAP 付録P.4 B-3

☎073-444-0808 所和歌山市和歌浦西2-1-20 開9:00〜16:30 休無休 料300円(ガイド付拝観は別途200円) 交JR和歌山駅から和歌山バス・新和歌浦行きで25分、権現前下車すぐ Pあり(有料)

⇧神職・巫女が社殿の彫刻や絵画について説明をしてくれるガイド付き拝観(所要時間約15分)もある

⇦楼門からの眺めは「絶景の宝庫 和歌の浦」として日本遺産に登録されている

歴史の舞台となった社寺や博物館を訪ねる

和歌山の歴史と文化を知るスポット

先史時代からの豊かな歴史と文化を体感できるミュージアムや、戦国時代や江戸時代にゆかりのある景勝地や社寺などへもぜひ足をのばしたい。

和歌山県立博物館
わかやまけんりつはくぶつかん

和歌山城の南側に建つ

和歌山県ゆかりの文化財を展示し、常設展では和歌山県3万年の歴史を紹介する。県内外の重要な文化財を展示する特別展や企画展も実施。

和歌山 MAP 付録P.6 A-2

☎073-436-8670 所和歌山市吹上1-4-14 開9:30〜17:00(入館は〜16:30) 休月曜(祝日の場合は翌平日) 料280円(特別展開催中は別料金) 交JR和歌山駅から和歌山バス・和歌浦方面行きで10分、県庁前下車、徒歩2分 Pあり(有料)

建物設計は黒川紀章氏

和歌山県立紀伊風土記の丘
わかやまけんりつきいふどきのおか

大小500基の古墳が点在

全国でも最大級の古墳数を誇る岩橋千塚(いわせせんつか)古墳群の広大なエリアに資料館、見学ができる石室、復元した竪穴住居などを整備。和歌山の郷土史が身近に学べる。

和歌山 MAP 付録P.2 B-3

☎073-471-6123 所和歌山市岩橋1411 開9:00〜16:30(資料館受付は〜16:00) 休月曜(祝日の場合は翌平日) 料無料(資料館は190円、特別展は別料金) 交JR和歌山駅から和歌山バス・紀伊風土記の丘行きで20分、終点下車すぐ Pあり

園内は約65haの広さを誇る

万葉館
まんようかん

万葉の世界にふれる

和歌浦の片男波(かたおなみ)公園内に位置する。和歌浦は多くの万葉歌人に詠われた景勝地で、館内では和歌山と『万葉集』の関係などをわかりやすく展示。

和歌山 MAP 付録P.4 B-3

☎073-446-5553(和歌公園管理事務所) 所和歌山市和歌浦南3-1700 開9:00〜17:00(入館は〜16:30) 休月曜(祝日の場合は翌平日)、12月29日〜1月3日 料無料 交JR和歌山駅から和歌山バス・新和歌浦行きで25分、不老橋下車、徒歩10分 Pあり(有料)

館内から和歌浦の風景も楽しめる

雑賀崎
さいかざき

万葉歌にも詠まれた景勝地

「日本のアマルフィ」と話題の港町で、戦国時代は雑賀孫市(さいかまごいち)らを頭領とする雑賀衆の本拠地があったとされる。西端に建つ雑賀崎灯台からは紀伊水道はもちろん淡路島や四国まで見渡すことができる。

和歌山 MAP 付録P.4 A-3

☎073-435-1234(和歌山市観光課) 所和歌山市雑賀崎809-2(雑賀崎灯台) 開休料見学自由 交JR和歌山駅から和歌山バス・雑賀崎行きで30分、雑賀崎遊園下車、徒歩15分 P周辺駐車場利用

夕日の名所としても知られる

根來寺
ねごろじ

新義真言宗の総本山

真言宗中興の祖といわれる興教大師(こうぎょうだいし)(覚鑁上人(かくばんしょうにん))が長承(ちょうしょう)元年(1132)に開いた。日本最大の木造の大塔(国宝)には、豊臣秀吉の紀州攻めの痕跡が残る。境内に広がる四季の景観も美しい。

岩出市 MAP 付録P.2 C-2

☎0736-62-1144 所岩出市根来2286 開9:10〜16:30(11〜3月は〜16:00) 休無休 料500円 交JR岩出駅から和歌山バス那賀・近畿大学経由樽井行きで22分、根来寺下車すぐ Pあり

戦国時代には強大な勢力を持ち、鉄砲をいち早く導入したともいわれる

粉河寺
こかわでら

枯山水の庭園も見事

『枕草子』や『山家集』にも登場する、西国三十三所第三番札所。紀州の青石とサツキやソテツを配した桃山時代築庭の庭園と札所最大級の本堂とのコントラストが美しい。

紀の川市 MAP 付録P.3 D-2

☎0736-73-4830 所紀の川市粉河2787 開8:00〜17:00 休無休 料無料(本堂内陣拝観は400円) 交JR粉河駅から徒歩15分 Pあり(有料)

紙本著色(しほんちゃくしょく)の『粉河寺縁起絵巻』は国宝に指定されている

黒潮が
もたらす
多彩な海景と
恵みに出会う

白浜・すさみ・田辺・みなべ

太平洋に臨む絶景と歴史ある温泉郷、
人気のアドベンチャーワールドがある
和歌山県随一のリゾートエリア。
早春には、甘い芳香に包まれる
日本一の梅の里へ出かけたい。

エリアと観光のポイント

白浜・すさみ・田辺・みなべはこんなところです

中心となる白浜は、テーマパークに海鮮、絶景まで見どころ豊富。海岸線をドライブしながら梅の里や、景勝地を巡るのもおすすめだ。

海も山も楽しみが満載の関西屈指の観光エリア

青い海と白い砂浜がまぶしいトロピカルなムードが漂うリゾート地・白浜を中心に広がるエリア。枯木灘と呼ばれる白浜から串本にかけての海岸沿いには、荒瀬が生み出す景勝地や本州最南端の潮岬が続き、太地では古式捕鯨の文化が受け継がれている。また熊野古道大辺路と中辺路の分岐点で、南方熊楠のゆかりの地・田辺やみなべの山側には、日本一の梅の里が続く。

白良浜周辺にリゾートホテルが集まる

アドベンチャーワールド

海がまぶしい温泉地

白浜

しらはま

白砂のビーチと青い海が広がる温泉リゾート。パンダに会えるアドベンチャーワールドも人気がある。

人気スポット

円月島 ▶P.117
アドベンチャーワールド ▶P.118

山海の景勝地が点在

すさみ

すさみ八景と称される海と山の絶景スポットが点在。イノブタ、伊勢エビなどご当地グルメも充実。

人気スポット

恋人岬(婦夫波) ▶P.126
長井坂 ▶P.127

日高川町
紀州備長炭振興館
印南町
みなべ町
阪和自動車道
424
田辺市
みなべ
南部梅林
和歌山駅
南部駅
みなべ
南紀田辺
紀伊田辺駅
闘雞神社
田辺
42
白浜
上富田町
白良浜
白浜駅
南紀白浜空港
南紀白浜
白浜町
アドベンチャーワールド
紀勢自動車道
紀勢本線(きのくに線)
周参見駅

主な温泉地

白浜温泉

日本三古湯のひとつに数えられ、1300年以上の歴史を持つ温泉地。歴代天皇も入ったという湯崎七湯など7つある温泉の総称。

熊野古道の分岐点

田辺(たなべ)

熊野古道の中辺路と大辺路の分岐の街。博物学者の南方熊楠、武蔵坊弁慶(むさしぼうべんけい)ゆかりの地でも知られる。

人気スポット

闘雞神社 ▶P.128
南方熊楠顕彰館 ▶P.130

日本一の梅の名産地

みなべ

南高梅(なんこううめ)に代表される梅の生産量日本一を誇る。早春には一帯が白い花で覆われ、梅まつりで賑わう。

人気スポット

紀州梅干館 ▶P.132
南部梅林 ▶P.132

足を延ばして周辺の街へ

串本(くしもと) ➡P.136

太平洋に臨む本州最南端の街。絶景広がる潮岬やテーブルサンゴの群生が見られる海中公園は必見。

太地(たいじ) ➡P.140

古式捕鯨発祥の地で知られ、世界最大規模の鯨の博物館があるほか、鯨料理も堪能できる。

高野山
龍神温泉元湯
北山村
熊野市
三重県
御浜町
紀宝町
熊野市駅
熊野速玉大社
熊野川(新宮川)
新宮市
新宮駅
新宮南
熊野那智大社
新那智勝浦道路
和歌山県
紀伊半島
那智勝浦
那智勝浦町
紀伊勝浦駅
太地町立くじらの博物館
太地町
太地
太地駅
すさみ町
古座川町
古座川峡 一枚岩
紀勢本線(きのくに線)
すさみ
すさみ南
恋人岬(帰夫皮)
見老津駅
江住駅
串本町
串本
串本駅
橋杭岩
紀伊大島
潮岬
太平洋

交通information

エリア内の移動手段

6つのエリアはJR紀勢本線でつながっており、1〜2時間おきに運行しているJR特急「くろしお」が各エリアの主要駅に停車(南部駅は一部列車が通過)する。紀伊田辺駅からは中辺路(P.46)、熊野本宮大社(P.32)を経由して、新宮駅に向かうバスが出ている。車の場合は、海沿いの国道42号を経由して移動できるほか、紀勢自動車道の南紀田辺ICからすさみ南ICまでの無料区間を利用するのもよい。

周辺エリアとのアクセス

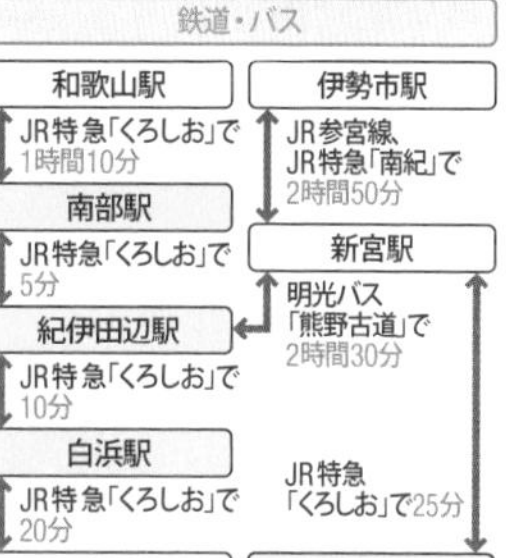

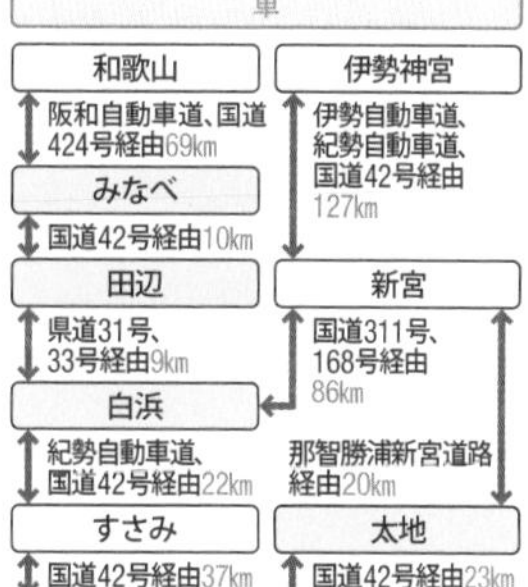

問い合わせ先

観光案内

白浜町観光課	☎0739-43-6588
田辺観光協会	☎0739-26-9929
みなべ観光協会	☎0739-74-8787
すさみ町観光協会	☎0739-34-3200
南紀串本観光協会	☎0735-62-3171
太地町観光協会	☎0735-59-2335

交通

JR東海テレフォンセンター	☎050-3772-3910
JR西日本お客様センター	☎0570-00-2486
明光バス 白浜営業所	☎0739-42-3378

白浜

P.130
南方熊楠記念館

番所山公園
円月島や温泉街を見渡せる展望広場や熱帯の植物が見られる自然公園
南紀白浜
グラスボート
P.120 珊瑚礁
円月島
P.25/P.117

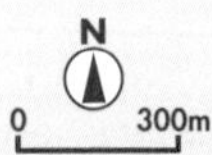

黄身は固まり白身は半熟という「反対玉子」は白浜温泉の名物
鉛山
P.125 崎の湯
P.159
SHIRAHAMA KEY TERRACE
HOTEL SEAMORE
鎌倉
オーベルジュ サウステラス
P.166
浜千鳥の湯 海舟
P.159
P.123
Café ペトラの
Tanto Kuwanto
P.123
千畳敷
P.21/P.116

万葉の昔から親しまれる湯壺と自然の造形美あふれる眺めを楽しむ

その名のとおり白い砂浜が広がる白良浜や見る者を圧倒する三段壁の断崖など、海沿いの景勝地で名高い白浜。飛鳥、奈良の時代から知られる歴史ある温泉地でもあり、海沿いに点在する外湯めぐりは白浜温泉の醍醐味だ。伊勢エビやクエなど名物の魚介もぜひ味わいたい。またかわいらしいパンダが暮らすアドベンチャーワールドでは、サファリや遊園地も楽しめる。

観光のポイント

美しい海の景観と温泉を満喫する
歴代天皇も訪れた、海の絶景と歴史のある古湯をゆっくり巡る

紀州が誇る豊かな海の幸をいただく
軒を連ねる海鮮グルメ店で、クエや伊勢エビなど名物を満喫する

交通information

和歌山駅からJR紀勢本線特急「くろしお」で白浜駅まで1時間25分／新宮駅からJR紀勢本線特急「くろしお」で白浜駅まで1時間50分

とれとれPARK

とれとれパーク

MAP 付録P.14 C-3

見どころ、遊びどころ満載 新鮮魚介でお腹も心も大満足

西日本最大級の海鮮マーケット、飲食店、海上釣堀、温浴・宿泊施設などを完備。白浜へ来たらぜひ押さえておきたい観光スポットだ。

☎0739-42-1010(とれとれ市場) 所白浜町堅田2521 開8:30〜18:30、食事処10:00〜17:30 休不定休 交JR白浜駅から明光バス・三段壁行きで5分、とれとれ市場前下車すぐ Pあり

新鮮魚介や地域の特産物が揃う「とれとれ市場(P.124)」。とれとれ横丁で新鮮魚介を堪能したり、おみやげ選びにも最適。遠方への宅配サービスも充実

新鮮な海の幸を使った豊富な季節料理をバイキング形式で味わえる「とれとれ亭」

海を望む露天風呂、紀州備長炭風呂など10種の浴槽が揃う「白浜温泉 とれとれの湯」

目の前でさばかれる新鮮生マグロの解体ショーは「とれとれ市場」の名物イベント。観客も大盛り上がり

夫婦和合と子宝祈願の歓喜神社と、男女神結合像のある白浜美術館

田辺湾
歓喜神社
白浜美術館
阪田公園
本覚寺
P.162ホテル川久
南紀白浜クルージング五漁丸
紀州汐彩の宿 月崎 P.166
熊野三所神社
P.124
御船足湯 福菱 ～Kagerou Cafe～
白良荘グランドホテル P.165
Sea Birth P.124
R 𣏐楽 P.121
P.125
良湯
柳橋足湯
R 幸鮨 P.120
P.163 白浜古賀の井リゾート&スパ
良浜
/P.117
白浜エネルギーランド
白浜駅
P.125 長生の湯
力
121
ホテル三楽荘 P.166
南紀白浜マリオットホテル P.161
とれとれPARK
牟婁の湯 P.125
白浜町役場
R 風車 P.121
ィッシャーマンズワーフ白浜
白浜町
山神社
P.158
INFINITO HOTEL&SPA 南紀白浜
平草原公園 P.116
白浜民俗温泉資料館
P.122
カフェラウンジ パシフィック INFINITO HOTEL&SPA 南紀白浜
白浜GC
アドベンチャーワールド
白浜空港

フィッシャーマンズワーフ白浜

フィッシャーマンズワーフしらはま

MAP 付録P.15 E-3

南紀の絶品海の幸を味わうならココ

漁師直営の海鮮市場とレストラン、ダイビングショップなどの複合施設。新鮮な魚介を海鮮丼や寿司で味わえたり、屋上でバーベキューも楽しめる。

☎0739-43-1700 所白浜町1667-22 開休施設により異なる 交JR白浜駅から明光バス・三段壁行きで18分、湯崎下車すぐ P1時間無料

湯崎漁港で水揚げされた鮮度抜群の魚介が並ぶ海鮮市場

海が見える和食と洋食のレストランやカフェもある

京都大学 白浜水族館

きょうとだいがくしらはますいぞくかん

MAP 付録P.14 A-3

海洋生物の実験所が運営 こだわりの解説はさすが

紀伊半島に生息する海洋生物約500種をわかりやすい解説とともに展示。こだわり解説ツアーは大人向けの深い内容で好評。

水槽の解説が詳しい、学べる水族館

☎0739-42-3515 所白浜町459 開9:00～16:30 休無休 料600円 交JR白浜駅から明光バス・町内循環線で16分、臨海(円月島)下車すぐ Pあり

熊野三所神社

くまのさんしょじんじゃ

MAP 付録P.15 D-1

熊野三社ゆかりの白砂が美しい古社

熊野の三社(本宮・速玉・那智)の御霊を祀る神社。境内には6世紀後半に築造されたと伝わる火雨塚(ひさめづか)古墳も残る。

かつての巨石信仰の面影も残る

☎0739-43-0558 所白浜町744 開休料境内自由 交JR白浜駅から明光バス・三段壁行きで13分、白浜バスセンター下車、徒歩3分 Pあり

白浜

アドベンチャーワールド

➡P.118

MAP 付録P.14 C-4

県内最大級！動物たちとふれあえるテーマパーク

ジャイアントパンダをはじめ140種1400頭の動物を飼育。ふれあい体験やツアーも人気。

同施設はパンダ飼育数日本一を誇る

船に乗って楽しむ白浜の海

景勝地や海底の眺めもゆっくりと楽しめる。

南紀白浜クルージング五漁丸

なんきしらはまクルージングごりょうまる

千畳敷や円月島などの名勝を漁船で巡る約40分のクルージング。美しい夕日が眺められるサンセット便もおすすめ。

MAP 付録P.15 D-1

☎080-1514-1587 所白浜町3587-1 開8:00、10:00、サンセットの3便 休11～3月、荒天時 料3000円(要予約、10名限定) 交JR白浜駅から明光バス・町内循環線などで18分、瀬戸の浦下車すぐ Pあり

南紀白浜グラスボート

なんきしらはまグラスボート

円月島周辺を巡り、ガラス張りになっている船底から熱帯魚やサンゴ礁などをじっくり観察する25分のツアー。

MAP 付録P.14 A-3

☎0739-42-2122 所白浜町500 開8:45～16:10(最終受付16:00) 休荒天時 料1600円 交JR白浜駅から明光バス・町内循環線などで16分、臨海(円月島)下車すぐ Pあり(有料)

白浜絶景ドライブ

風光明媚な海を満喫

表情豊かな海に沿って爽快に走る

自然がつくり出した美しく勇壮な景勝地が海岸沿いに集まる白浜。潮騒と海の香りを感じながら、息をのむ絶景めぐりに出かけたい。

1 平草原公園
へいそうげんこうえん

MAP 付録P.14 B-4

高台から白浜を一望する

桜や水仙、バラなど季節の花が咲き、展望台からは白浜の街を一望。外周は全長2kmのトリムコースになっている。

☎0739-43-2967(公園管理事務所)
所白浜町2054-2 開8:30~17:00
休無休 料無料
交JR白浜駅から車で10分 Pあり

⬆園内3カ所4500㎡の芝生広場は開放感いっぱい

2 三段壁
さんだんべき

MAP 付録P.14 A-4

黒潮が波打つ迫力の光景

高さ50mの岩壁が海にせり出し、南北2kmにわたり続く勇壮な景観は圧巻。岩壁の下にある洞窟も見学(料金別途)できる。

☎0739-43-6588(白浜町観光課)
所白浜町三段壁 開休料見学自由
交JR白浜駅から明光バス・三段壁行きで22分、終点下車すぐ Pあり

⬆漁師が、行き交う船や魚群を見張った「見壇(みだん)」に由来するともいわれる

立ち寄りスポット

三段壁洞窟
さんだんべきどうくつ

三段壁の真下に空いた洞窟で、平安時代に力を誇った熊野水軍の船隠し場であったところ。当時の番屋が再現され弁才天が祀られている。

MAP 付録P.14 A-4

☎0739-42-4495 所白浜町三段壁
開8:00~17:00(入場は~16:50)
休無休 料1500円 交JR白浜駅から明光バス・三段壁行きで22分、終点下車すぐ
P町営駐車場利用

⬆神秘的な雰囲気が漂う洞窟には、入口までかなり荒々しい波が打ち寄せる

⬆幾重にも重なった、なだらかな岩畳を下りていける。夕日の名所でもある

3 千畳敷
せんじょうじき

MAP 付録P.15 D-4

不思議な自然の造形が広がる

第三紀層のやわらかい砂岩が波に浸食されてできた名勝。その名のとおり岩畳を敷いたような不思議な光景が広がる。

☎0739-43-6588(白浜町観光課)
所白浜町千畳敷 開休料見学自由
交JR白浜駅から明光バス・三段壁行きで21分、千畳口下車、徒歩3分 Pあり

4 白良浜
しららはま

MAP 付録P.15 D-2

白と青のコントラストが印象的

白浜の名の由来にもなった長さ620mに渡る白砂の浜。毎年約50万人が訪れる関西屈指の美しいビーチは、「日本の快水浴場百選」にも選出。

☎0739-43-6588(白浜町観光課)
所白浜町864　開休料見学自由
交JR白浜駅から明光バス・三段壁行きで15分、白良浜下車すぐ　P夏期は有料

↑夏にはカラフルなパラソルが並び、南国ムードたっぷり

↑夏は花火大会をはじめ、多くのイベントが開催される

5 円月島
えんげつとう

MAP 付録P.14 A-3

夕日が美しい白浜のシンボル

島の中央に波で浸食された、満月のような洞の空いたユニークな姿は、白浜のシンボル。夕暮れどきには多くの人が訪れる。

☎0739-43-6588(白浜町観光課)
所白浜町3740　開休料見学自由
交JR白浜駅から明光バス・町内循環線などで13分、臨海(円月島)下車すぐ　Pあり

↑東西35m、南北130mの小さな無人島で、正式名称は「高嶋」という

移動時間◆約50分

おすすめドライブルート

県道34号沿いは夕日スポットが集まるので、日没時刻を確認しておくとよい。夏季休暇中は白浜中心部へ向かう道が混雑するので余裕をもって計画を。

JR白浜駅 ジェイアールしらはまえき
↓ 県道214・34・33号経由 7.1km／15分
1 平草原公園 へいそうげんこうえん
↓ 白浜スカイライン経由 2.1km／7分
2 三段壁 さんだんべき
↓ 県道34号経由 1.1km／5分
3 千畳敷 せんじょうじき
↓ 県道34号経由 2.2km／5分
4 白良浜 しららはま
↓ 県道34号経由 2.0km／5分
5 円月島 えんげつとう
↓ 県道34・31号経由 6.8km／15分
JR白浜駅 ジェイアールしらはまえき

愛らしい動物たちの 魅力を肌で感じる場所

アドベンチャーワールド

関西でも指折りのテーマパークには、一番人気のジャイアントパンダをはじめ、1400頭の動物たちが待っている。

一生の思い出になる出会い 動物たちとふれあい感動体験

「こころにスマイル 未来創造パーク」をテーマに、動物園、水族館、遊園地が一体となった大型テーマパーク。たくさんの動物たちと驚くほどの近さでふれあうことができる。フィーディング体験、ダイナミックなマリンライブなど、各種イベントも充実しており、大人も子どもも楽しめる。

MAP 付録P.14 C-4

☎0570-06-4481 所白浜町堅田2399
開10:00～17:00（GW・夏休み期間、季節により変動あり） 休不定休
料5300円（大人1Day）
交JR白浜駅から明光バス・アドベンチャーワールド行きで10分、終点下車すぐ Pあり（有料）

愛らしいパンダは必見

ブリーディングセンター

ジャイアントパンダの繁殖研究施設。現在は2頭のパンダ、「良浜(らうひん)」と「彩浜(さいひん)」が暮らしている。

↑屋外と屋内の運動場があり、2頭のパンダと対面できる

ジャイアントパンダ
体長1.2～1.7m。本来は中国の奥地にのみ生息している

かわいいパンダに接近

パンダラブ

ジャイアントパンダをはじめ、希少動物の繁殖・育成を目的とした施設。ここでは2頭のジャイアントパンダ、結浜(ゆいひん)と楓浜(ふうひん)が暮らしている。

↑竹を食べたり運動をする自然体のパンダに出会える。写真は結浜（左）、楓浜（右）

動物とのふれあい体験が充実!!

人気のイベントが見逃せない！

サファリWOW!ツアー

アフリカゾウ、アミメキリン、シロサイを間近で見たり、直接エサをあげられるウォーキングツアー。

開催 毎日 場所 サファリワールド 料金 3000円 時間 12:50～14:20 予約 事前予約、当日予約（Webのみ） 定員 20カップ

ウサギ・モルモットフレンドハウス

ウサギやモルモットと気軽にふれあえる。動物に触れたことのない子どもにおすすめ。

開催 毎日 場所 ふれあい広場内フレンドハウス 料金 無料 時間 当日パークガイドを確認 予約 整理券が必要

ドルフィンフィーディング

イルカにサインを出したり、魚をあげて仲良くなって握手にチャレンジ！ふれあいを楽しもう。

開催 毎日 場所 イルカふれあいプール 料金 2000円（4歳以上有料） 時間 11:50～12:20 予約 事前予約、当日予約（Webのみ） 定員 15組（1組5人まで）

マリンライブ"Smiles"

イルカとクジラがスピーディーで大迫力のパフォーマンスで観客を魅了する人気アトラクション。

開催 毎日
場所 ビッグオーシャン
料金 無料
時間 1日2回（約20分）
予約 不要

気分はまるで探検隊

サファリワールド

パーク内一番の面積を誇るこのエリアには、肉食・草食動物が自然に近い状態で飼育されている。体験ツアーも豊富で、専用車や徒歩などさまざまな方法で散策可能。

ライオン
体長は1.5～2.5m、体重は120～250kg。食事の様子を見ることもできる

アミメキリン
体長4～5.3m。陸上で最も背が高い。長い舌を使いエサを食べる

カバ
体長3～4m。水と陸の両方で過ごす。陸上では時速40kmで走ることができる

たくさんの動物がお出迎え

ふれあい広場

気ままに暮らしている動物と自由にふれあえるエリア。カバのフィーディング体験や、チンパンジー教室、コツメカワウソの食事タイムなどアトラクションも豊富。

↑初めてのふれあい体験で思い出をつくろう

海の動物たちが大集合

マリンワールド

イルカやペンギンをはじめとした海の動物たちを間近に見ることができる。食事タイムなどアトラクションも充実。イルカたちがジャンプする姿は迫力満点。

バンドウイルカ
体長2.5～3.8m。「マリンライブ」でパフォーマンスを見られる

←エンペラーペンギンは名前の通りペンギンの中で最も大きい(左)。タキシードを着ているような模様に目の周りの白い縁が特徴のアデリーペンギン(右)

楽しい乗り物がいっぱい

プレイゾーン

パンダコースターや動物モチーフのメリーゴーランドなど、親子で楽しめるアトラクションがたくさん。エンジョイドームは雨の日も楽しめる。

↑パーク内をぐるっと駆け抜けるビッグアドベンチャーコースター

園内の食事スポット

パン工房

パンこうぼう

アドベンチャーワールドオリジナルの動物パンやプレートメニューも充実のパン工房。

営時期により異なる
休アドベンチャーワールドに準ずる

↓パンダバーガー1200円

サファリレストランJambo

サファリレストラン ジャンボ

サファリをテーマにした、おいしくてボリューム満点のメニューが人気のレストラン。

営時期により異なる
休アドベンチャーワールドに準ずる

↓ライノミニプレート1580円

おみやげをチェック

↑マリン柄ミニタオル850円

→竹を持ったかわいいバンブーパンダ3980円(Lサイズ)

↑アミメキリンぬいぐるみ2230円～

→パンダ柄の帆布生地のトートバッグ1850円

黒潮の贈り物を贅沢に使った一皿

粋な海鮮料理の宴

豊かな海から水揚げされる魚介の旨みを生かした料理は、白浜グルメの代表格だ。多彩な素材や調理法から、お気に入りの味を見つけたい。

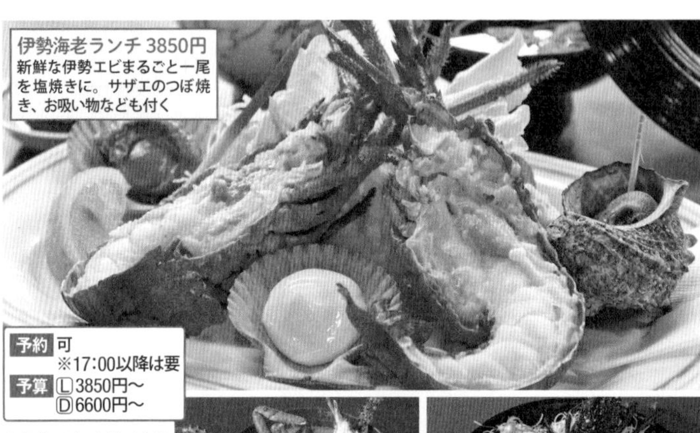

伊勢海老ランチ 3850円
新鮮な伊勢エビまるごと一尾を塩焼きに。サザエのつぼ焼き、お吸い物なども付く

予約 可
※17:00以降は要
予算 Ⓛ3850円～
Ⓓ6600円～

伊勢エビのお造りを注文すると+330円で頭の部分を味噌汁にしてもらえる(左)。新鮮でプリプリな食感と深い甘みが味わえる伊勢エビのお造り4400円～(右)

店内からは円月島が眺められる

新鮮で上質な伊勢エビをお手ごろ価格で味わえる

珊瑚礁

さんごしょう

MAP 付録P.14 A-3

名勝、円月島(P.117)を望みながら自慢の海鮮料理を堪能できる。店内には海水と同じ状態の生け簀があるので、いつでも新鮮な南紀産の伊勢エビ料理を楽しむことができ、旬の季節にはクエやクツエビもおすすめ。

☎0739-42-4357
所白浜町500-1 営11:00～21:00(LO 19:30) 休水曜(祝日、お盆、年末年始の場合は営業) 交JR白浜駅から明光バス・町内循環線などで16分、臨海(円月島)下車すぐ Pあり

紀州沖で獲れた海の幸と板前の技が光る老舗寿司店

幸鮨

こうずし

MAP 付録P.15 D-2

予約 望ましい
予算 Ⓛ2000円～
Ⓓ4000円～
※2階個室利用時サービス料10%

四季折々の新鮮な魚介をシンプルかつひと手間を加えて提供してくれる創業50年の名店。10～4月に紀州沖で水揚げされるクツエビのお造りは、伊勢エビよりも甘みがあり、プリプリの食感がたまらない逸品。

☎0739-42-4027
所白浜町新地銀座通り1405-15
営11:00～14:00(LO) 17:00～22:00(LO21:30)
休火曜 交JR白浜駅から明光バス・三段壁行きで15分、白良浜下車、徒歩3分 Pあり

老舗ならではの和の趣が感じられる。出前もしてくれる

クツエビのお造り5000円～(1人前)
幻の伊勢エビと呼ばれる希少なクツエビ。おすすめは噛むごとに味が広がるお造りとにぎり

紀州産の新鮮な魚介を楽しめる特上にぎり4070円

清潔感漂う檜でできたカウンター席。2階には座敷も完備

白良浜を望みながらいただく
食材にこだわった海鮮料理

甚力
じんりっきー

MAP 付録P.15 D-2

魚介や野菜などを焼いた石で蒸し上げる「水煙蒸」、自家製しょうがダレに漬けたカツオとウニをご飯にのせる「鰹めし」などオリジナリティあふれる料理が人気。自家農園の野菜を使ったピザなど食材にもこだわる。

☎0739-43-5945
所 白浜町走り湯3079 営 9:30〜17:30(LO) 休 火曜(祝日の場合は営業)
交 JR白浜駅から明光バス・三段壁行きで16分、走り湯下車すぐ P あり

予約 可
予算 LD 2000円〜

水煙蒸 2300円
エビ、魚介、牛肉などを熱した石の蒸気で蒸し上げる料理。ご飯、汁、香の物付きは3000円

ビーチから直結していてテラス席もある

天井の高い広々とした店内からは白良浜を望むことができる

ピザセット1000円。自家製ラー油とグレープシードオイルでお好みの味に

鰹めし2800円は、ご飯9杯を食べたお客さんがいるほどの絶品料理

旬の魚がたっぷりのった
地元住民にも愛される名物丼

㐂楽
きらく

MAP 付録P.15 D-1

予約 可
予算 L 1500円〜 D 2500円〜

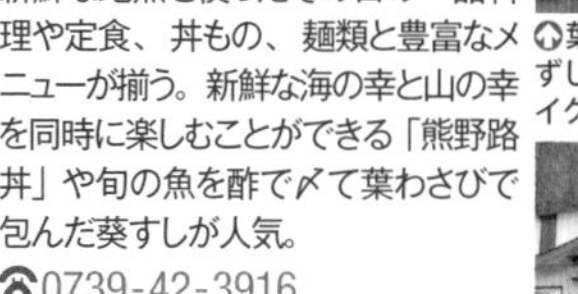
新鮮な地魚を使ったその日の一品料理や定食、丼もの、麺類と豊富なメニューが揃う。新鮮な海の幸と山の幸を同時に楽しむことができる「熊野路丼」や旬の魚を酢で〆て葉わさびで包んだ葵すしが人気。

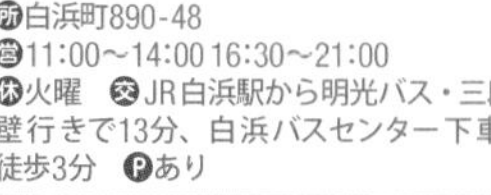
☎0739-42-3916
所 白浜町890-48
営 11:00〜14:00 16:30〜21:00
休 火曜 交 JR白浜駅から明光バス・三段壁行きで13分、白浜バスセンター下車、徒歩3分 P あり

葉わさびの風味が利いた葵ずし1100円は、個数注文やテイクアウトもできる

ランチタイムは満席になることも多く地元住民にも人気

熊野路丼 1600円
その日に揚がった旬魚が3〜4種類と山菜がのった海鮮丼。とろろや生卵をかけて食べる

天然本くえ鍋コース 1万3200円
天然本くえ鍋+天然本くえの料理2種(唐揚げ・雑炊)+まぐろ刺身+小鉢+デザートが付く。2名から注文できる

一年を通してクエが味わえる
天然本クエ料理専門店

風車
ふうしゃ

MAP 付録P.15 F-3

予約 要
予算 D 1万円〜

通年クエ鍋をはじめとした、さまざまな天然本クエ料理が堪能できる専門店。養殖のクエは一切使用せず、天然の本クエを店主が自ら料理するこだわりよう。希少な「くえトロ」のコースもおすすめ。

☎0739-42-4498
所 白浜町2319-6
営 17:00〜21:00
休 火・水曜
交 JR白浜駅から明光バス・三段壁行きで17分、まぶ湯下車、徒歩5分 P あり

コース料理に付く、天然本くえの唐揚げ。単品の場合は3850円

食事はすべて和の個室で。宿泊もできる(温泉付き客室)

カフェラウンジ パシフィック INFINITO HOTEL&SPA 南紀白浜

カフェラウンジ パシフィック
インフィニート ホテル＆スパ なんきしらはま

MAP 付録P.15 F-4

海を眺めながら優雅なひとときリゾートホテルのカフェラウンジ

街の中心部から少し離れた丘の上に建つINFINITO HOTEL&SPA 南紀白浜(P.158)内のカフェラウンジ。広大な太平洋を望む窓側の席で贅沢な時間を過ごしたい。モーニングやバーとしても利用できる。

☎0739-42-2733
(INFINITO HOTEL&SPA 南紀白浜)
所白浜町2018 営10:00〜23:30(LO) 休無休
交JR白浜駅から明光バス・三段壁行きで18分、新湯崎下車、徒歩20分 Pあり

1.白浜の街と太平洋を一望できるテラス席。天気が良ければ、四国まで見えることも
2.ケーキセット(各種ケーキ＋440円)やピザ、サンドイッチなどの軽食も充実
3.18時からはバータイム。夜の白浜の景観を楽しみながら、お酒を味わいたい

白浜●食べる

オーシャンビューと穏やかな時間が心地よい

シーサイドカフェに憩う

リゾート地・白浜での散策の休憩には、海が見渡せる特等席が自慢のカフェへ。おしゃれなドリンクやランチメニューも楽しみだ。

1.プライベートビーチと見紛う海辺に、赤い屋根の外観が映える
2.白浜ブールの黒蜜きな粉600円。黒蜜のきな粉の風味が抜群
3.きのこの旨みが際立つ一品。白浜きのこのチーズオムライス1200円
4.目の前に広がる青い海に癒やされながらゆったりとした時を過ごせる

秘境カフェ 権現平

ひきょうカフェ ごんげんだいら

MAP 付録P.14 C-4

閑静な海辺に建つ隠れ家のような空間

中心街から離れた閑静な海辺にある別荘をリノベーションしたモダンなカフェ。床に砂利を敷きつめたおしゃれな店内で、目の前に広がる海と地元食材にこだわった創作メニューが味わえる。2階には座敷席も完備。

☎0739-33-9643
所白浜町才野1758-29
営11:00〜16:00
休火曜
交JR白浜駅から車で10分 Pあり

Café ペトラの里

カフェ ペトラのさと

MAP 付録P.15 E-4

千畳敷近くの高台から眺望を楽しめる

眺望の良い小高い丘の上に建つログハウスで、マダム特製の手作りスイーツやオリジナルドリンク、オーガニックコーヒーを存分に楽しむことができる。明るいマダムとの会話も魅力だ。女子旅限定での宿泊もできる。

☎0739-43-6848
所白浜町2927-1790
営4～11月の土・日曜 11:30～16:00
休月～金曜、不定休(冬期気まぐれ営業あり) 交JR白浜駅から明光バス・三段壁行きで20分、草原の湯下車すぐ
Pあり

1.ログハウスならではの温かみのある店内。個室やキッズルームも完備
2.テラスにあるカップルシートは抜群の眺望を独占できる
3.小高い丘の上にあるログハウスが目印。店外には足湯もある
4.濃厚デカプリンちゃん

シーサイドカフェに憩う

Tanto Kuwanto

タント クワント

MAP 付録P.15 D-4

贅沢なロケーションで地元住民に愛されるお店

和歌山県の夕陽100選にも選ばれている千畳敷のすぐ近くにある人気のカフェ。花や植物が配された優雅な雰囲気の店内には、ゆったりとくつろげる席が用意されており、モーニングやランチを目当てにした地元住民で賑わう。

☎0739-43-8007
所白浜町1671-1
営9:00～17:00 休不定休
交JR白浜駅から明光バス・三段壁行きで21分、千畳口下車、徒歩2分
Pあり

1.ほどよい甘さが人気の生クリームがたっぷりのったココア486円
2.窓から見える絶景を眺めながら贅沢なひとときを
3.ワンプレートに盛り付けられたボリューム満点のランチ950円
4.たくさんの光が降り注ぐ大きな窓とさまざまな植物で彩られた空間

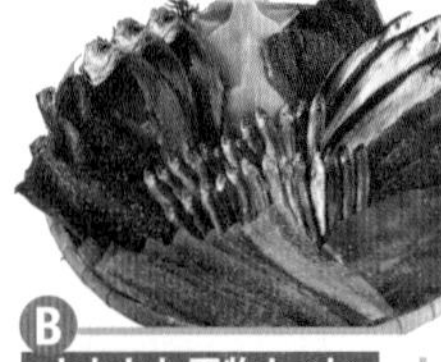

海辺の街で過ごした記憶が甦る
白浜名物を探す

おみやげ選びに悩むのも旅の楽しみのひとつ。海産物やマリン雑貨、味みやげなど白浜の定番みやげはこちら。

A **生かげろう**
120円（1個）
ひとつひとつパティシエ手作りの本店限定の「生かげろう」は、季節限定のイチゴやレモン、チョコなどのバリエーションも楽しみ。要冷蔵

A **かげろう**
1200円（10個入り）
誕生から50年以上続く紀州銘菓。サクッとした食感とやわらかい口どけが特徴。ほうじ茶味の茶かげろうも人気

B **とれとれ干物セット**
3000円～
干物が7種類入ったセット。贈り物やみやげ物としても人気（写真はイメージ。内容は変わる場合あり）

A **柚もなか**
650円（12個入り）
職人による自社生産のもなか生地と、創業より続く独自の柚餡が香り高い逸品

B **活〆真鯛**
120円～（100g）
堅田漁業協同組合で養殖した紀州産の真鯛。その日水揚げされた真鯛を活〆に

C **海の小瓶**
400円、500円、600円（3種類）
砂や貝殻、シーグラスなどをかわいいボトルに閉じ込めた

C **ガラス玉**
1650円（大）770円（小）
延縄漁などで網や縄を海に投じた際に浮きの役目として使用されていたビン玉（写真はイメージ）

C **ブリキのバス**
2640円～
コレクションやギフトにもおすすめ。アンティークな雰囲気を出すインテリアとしても◎

D **アメリカンウィート**
400円（330mℓ）
世界最高級のアロマホップ、チェコの「ザーツ」を使用した、少し苦みのあるビール

D **みかんエール**
490円（330mℓ）
紀州の特選高級ミカン果汁と皮を加え発酵させたさわやかなミカン風味のビール

A 福菱 ～Kagerou Cafe～
ふくびし ～カゲロウ カフェ～
MAP 付録P.15 F-2

数々の賞を受賞する紀州の銘菓

紀州銘菓で有名な老舗菓子店。併設のカフェでは本店限定の生かげろうやランチが楽しめる。海の見えるテラスも人気。

☎0739-42-3129 所白浜町1279-3 営8:00～18:00 Cafe&Bar18:00～20:00(LO17:30) 休無休(臨時休業あり) 交JR白浜駅から明光バス・三段壁行きで10分、白浜桟橋下車すぐ Pあり(第2駐車場あり)

B とれとれ市場
とれとれいちば
MAP 付録P.14 C-3

お楽しみ満載の海鮮マーケット

新鮮な海の幸が集まる堅田漁協直営の巨大海鮮市場。買い物だけでなく、新鮮な海鮮を食べられる「とれとれ横丁」もある。

☎0739-42-1010 所白浜町堅田2521 営8:30～18:30 休不定休 交JR白浜駅から明光バス・三段壁行きで5分、とれとれ市場前下車すぐ Pあり

C Sea Birth
シー バース
MAP 付録P.15 F-2

海を感じられる商品がズラリ

シーグラスで作ったアクセサリーや海にまつわる雑貨が揃う。かわいらしい商品の数々はインテリアとしても人気が高い。

☎0739-42-2548 所白浜町1275-12 営10:00～21:00 休不定休 交JR白浜駅から明光バス・三段壁行きで10分、白浜桟橋下車すぐ Pあり

D ナギサビール
MAP 付録P.14 B-4

白浜の名水で仕込んだ地ビール

名水「富田の水」で仕込み、酵母菌が醸し出す自然のやさしい炭酸で、味わい深く飲みやすいビール。季節限定品もあり。

☎050-3820-8958 所白浜町2927-220 営9:00～18:00 休水曜(祝日、お盆は営業) 交JR白浜駅から明光バス・三段壁行きで22分、終点下車、徒歩15分 Pあり

1300年の歴史を持つ温泉地で湯浴み

風情漂う外湯めぐり

日帰りの露天風呂や公衆浴場で、万葉時代から知られてきた、歴史ある名湯が気軽に楽しめる。

岩場に造られた「崎の湯」の女湯にある檜風呂からは青い海を遠くまで見渡せる

歴史や景観とともに名湯を満喫

道後温泉、有馬温泉と並ぶ日本三古湯のひとつ。飛鳥・奈良時代から知られ歴代天皇も入ったという湯崎七湯をはじめ白浜、古賀浦、大浦など7つの温泉を総じて「白浜温泉」と呼んでいる。

牟婁の湯
むろのゆ

MAP 付録P.15 F-3

2つの源泉を湯くらべ

白浜温泉の代表的な外湯。『万葉集』にも登場する行幸湯(みゆきゆ)と砿湯(まぶゆ)の2つの源泉を引く、由緒あるお湯を一度に楽しめる。

☎0739-43-0686 所白浜町1665 営7:00～22:00(受付は～21:30) 休火曜 料420円 交JR白浜駅から明光バス・三段壁行きで18分、湯崎下車、徒歩2分 Pあり アメニティ タオル(有料)、シャンプー(有料)

歴史ある2つの源泉をそれぞれ楽しめる湯船。砿湯は塩けのあるにごり湯が特徴

長生の湯
ちょうせいのゆ

MAP 付録P.15 F-2

緑に囲まれた美肌の湯

山間部に湧いた源泉から引いた美肌の湯。海のそばにありながら木々の春夏秋冬をしっとりと味わうことができる。

四季の移ろいを感じられる露天風呂。隣にはラーメン処を併設している

☎0739-42-3010 所白浜町古賀浦2763 営10:00～22:00 休水曜(祝日の場合は翌日) 料800円 交JR白浜駅から明光バス・三段壁行きで8分、古賀浦下車すぐ Pあり アメニティ タオル(有料)、バスタオル(有料)、シャンプー、ドライヤー

崎の湯
さきのゆ

MAP 付録P.15 E-3

10m先にダイナミックな海岸が広がる。女湯では檜風呂も楽しむことができる

歴代天皇も入った名湯

万葉時代から知られた湯崎七湯でひとつだけ残った歴史ある湯つぼ。間近に海が迫る岩場に造られた野趣を満喫できる。

☎0739-42-3016 所白浜町1668 営8:00～17:00(4～6・9月は～18:00) 7・8月7:00～19:00 休無休(荒天時は休業) 料500円(3歳以上) 交JR白浜駅から明光バス・三段壁行きで18分、湯崎下車、徒歩5分 Pあり アメニティ タオル(有料)

白良湯
しららゆ

MAP 付録P.15 D-2

湯船から白良浜を眺める

白良浜に面して建つレトロな木造建築の2階にある浴場。早朝から地元の人で賑わい、昔ながらの銭湯の雰囲気が好評。

どこか懐かしい造りの浴室の窓の向こうに、白良浜の青い海と白い砂浜が広がる

☎0739-43-2614 所白浜町3313-1 営7:00～22:00(受付は～21:30) 休木曜 料420円 交JR白浜駅から明光バス・三段壁行きで15分、白良浜下車、徒歩3分 Pあり アメニティ タオル(有料)、シャンプー(有料)

無料で利用できる足湯

白浜温泉には十数カ所の足湯が点在し、多くが無料開放。景色や泉質など好みに合わせて楽しめる。

☎0739-43-6588(白浜町観光課)

銀座通りそばの柳橋足湯

多彩な景観とイノブタに会える街

すさみ

黒潮に洗われる美しく壮大な海岸線と亜熱帯性植物が生い茂る南国の豊かな自然が魅力。

山海に広がる絶景のすさみ八景とご当地グルメをたっぷりと楽しむ

日本の南岸を流れる黒潮の深く青い海が広がるすさみ。入り江や岩礁の入り組んだ枯木灘(かれきなだ)と呼ばれる海岸線が続き、熊野古道の大辺路(おおへち)もこの街を通るほか、山中には渓谷を流れる滝など変化に富んだ「すさみ八景」が点在する。また、イノシシと豚の交配種である「イノブタ発祥の地」としても知られ、伊勢エビやカツオとともにグルメも充実している。

観光のポイント

街が誇る景勝地・すさみ八景をまわる
枯木灘や2つの黒島、広瀬渓谷の滝など海山に広がる絶景を見る

すさみ町の名物・イノブタに触れる
イノブタ発祥の地「イノブータン王国」の味覚やイベントを楽しむ

交通information

白浜駅からJR紀勢本線特急「くろしお」で周参見駅まで20分(普通で30分)/新宮駅からJR紀勢本線特急「くろしお」で周参見駅まで1時間25分

恋人岬(婦夫波)

こいびとみさき(めおとなみ)

MAP 付録P.23 E-4

枯木灘を代表する奇観は朝日や夕日の名所

激しい海流が陸の黒島に当たり、真っ二つに裂けた波が、再びぶつかり合う様子は、婦夫波や合掌波と呼ばれる。

☎0739-34-3200(すさみ町観光協会)
所 すさみ町見老津2-1
開休料 見学自由
交 JR周参見駅から車で10分  Pあり

↑変化に富む海岸線が続く枯木灘海岸のなかでも特に美しい

海山の景勝地・すさみ八景

国道42号沿いに6カ所、山側に2カ所の景勝地が広がる。リアス海岸の枯木灘、亜熱帯植物の茂る江須崎(えすざき)島、周参見川(すさみがわ)支流の広瀬渓谷を流れ落ちる滝など、どれも表情豊かな絶景が楽しめる。

↑太平洋に突き出た陸続きの江須崎島には密林が広がる

↑高さ30mの美しい雫の滝。初夏の新緑、秋の紅葉が見事

日本童謡の園公園

にほんどうようのそのこうえん

MAP 付録P.23 E-4

懐かしい旋律とともに海辺の公園を散策

美しい海岸を望む吉野熊野国立公園にあり、紀州ゆかりの童謡『まりと殿様』『鳩ぽっぽ』などのモニュメントが並ぶ。

☎0739-34-3200(すさみ町観光協会)
所すさみ町江住 開休料見学自由
交JR江住駅から徒歩30分 Pあり

モニュメントのボタンを押すとメロディが流れる仕組み

すさみ町立エビとカニの水族館

すさみちょうりつエビとカニのすいぞくかん

MAP 付録P.23 F-4

世界で唯一のユニークな水族館

道の駅 すさみに併設された、世界各地のエビやカニを中心に約150種類集めた水族館。ユニークな展示で楽しめる。

☎0739-58-8007
所すさみ町江住808-1 開9:00〜17:00(入館は〜16:20) 休無休
料800円 交JR江住駅から徒歩8分
P道の駅 すさみ駐車場利用

水槽のほか、タッチングプールや解説ツアーも開催

昭和レトロな雰囲気のこぢんまりした建物が印象的

長井坂 世界遺産

ながいさか

MAP 付録P.23 E-4

世界遺産でもある熊野古道大辺路ルート

大辺路街道のなかでも往時のたたずまいを残すルート。文人墨客も絶賛した峠道からの枯木灘の眺めは絶景。

☎0739-34-3200(すさみ町観光協会)
所すさみ町見老津 開休料見学自由
交JR周参見駅から徒歩3時間/JR見老津駅から徒歩5分
Pなし

版築や道標に昔ながらの風情を感じる街道だ

古道の途中、木々の間からは枯木灘海岸が見渡せる

イノブタの発祥地

昭和45年(1970)に雄のイノシシと雌の豚を交配させた「イノブタ」が誕生したすさみ町。昭和61年(1986)には「イノブータン王国」を建国し、町おこしを展開。毎年5月3日にすさみ海水浴場で建国祭が開催される。街の宿や食事処ではイノブタ肉を使った料理が味わえる。

赤ちゃんイノブタが激走するイノブタダービーは建国祭の目玉

グルメスポット

すさみ食堂

すさみしょくどう

周参見(すさみ)駅の近くにある食事処。イノシシと豚をかけ合わせた、すさみ町特産の「イノブタ」を使った料理をはじめ、さんま寿司やめはり寿司など南紀を代表する郷土料理も堪能できる。

MAP 付録P.22 A-4

☎0739-55-3803 所すさみ町周参見4310 開11:00〜20:00(LO19:30) 休木曜 交JR周参見駅から徒歩2分 Pあり

イノブタの旨みを生かした名物のイノブタ丼1000円

懐かしい雰囲気のお店は地元民の憩いの場にもなっている

人気のさんま寿司1本600円を目当てに遠方からの来客も多い

自然に恵まれた交通の要衝

田辺 たなべ

熊野の西の拠点として古くから人々で賑わい、深い緑と豊かな海の自然に彩られた歴史ある街。

熊野古道の分岐点に残る 偉人の歴史と悠久の大自然

熊野古道の中辺路と大辺路の分岐点であったことから「口熊野」と呼ばれ、古くから交通の要衝として栄えた田辺市。ナショナルトラスト運動の先駆けともなった雄大な岩礁を誇る天神崎を有する自然豊かな景勝地でもある。また武蔵坊弁慶が誕生し、世界的博物学者・南方熊楠(P.130)が後半生を暮らした場所としても知られ、市内にはゆかりの場所などが多く残る。

観光のポイント

歴史上の偉人のゆかりの地を訪れる
武蔵坊弁慶ゆかりの神社や孤高の学者・南方熊楠の資料館を見学

梅やミカンなど自然の恵みを味わう
名産の梅や柑橘類を、料理やスイーツなど多彩な味わい方で楽しむ

交通information

和歌山駅からJR紀勢本線特急「くろしお」で紀伊田辺駅まで1時間15分／白浜駅からJR紀勢本線特急「くろしお」で紀伊田辺駅まで10分(普通で15分)

天神崎

てんじんざき
MAP 付録P.12 B-2

海・磯・陸が一体となった豊かな生態系の宝庫

田辺湾の北側に突き出た岬の丘陵部と、干潮時に顔を出す平らな岩礁の間に、無数の動植物が共存する貴重な生態系エリア。

☎0739-25-5353(天神崎の自然を大切にする会) 所田辺市天神崎5-17 開休料見学自由 交JR紀伊田辺駅から龍神バス・南部駅行きで5分、明洋前下車、徒歩15分 Pあり

↑干潮時には13haの岩礁が顔を出す

武蔵坊弁慶が生まれた地

田辺は武蔵坊弁慶が生まれたと伝わる地。熊野三山を統括する別当家の湛増の嫡子として生まれ、比叡山での修行ののち源義経と出会い、生涯彼を支えたとされる人物。闘雞神社には弁慶の産湯を沸かした釜が展示され、秋には弁慶まつりも開催される。

↑闘雞神社に立つ、鶏合わせを見つめる湛増・弁慶の父子像
写真提供:田辺市観光振興課

闘雞神社

とうけいじんじゃ
MAP 付録P.13 F-4

勝負事の神様として信仰 世界遺産にも追加登録

源平合戦の折、武蔵坊弁慶の父・湛増が、熊野水軍がどちらにつくかを、紅白7羽の鶏を闘わせて占ったのが名前の由来と伝わる。

☎0739-22-0155 所田辺市東陽1-1 開8:30〜17:00 休無休 料無料 交JR紀伊田辺駅から徒歩6分 Pあり

↑古い歴史を持つ社殿は、流失前の熊野本宮大社社殿を再現している。境内には弁慶親子の銅像も立つ

←毎年7月24・25日の田辺祭では華やかな山車が見どころ

写真提供:田辺市観光振興課

紀州石神田辺梅林

きしゅういしがみたなべばいりん

MAP 付録P.12 C-1

☎0739-26-9931(紀州田辺観梅協会事務局)
所田辺市上芳養5057-2 開2月中旬～3月上旬
9:00～17:00 休期間中無休 料無料
交JR紀伊田辺駅から車で30分 Pあり

標高300mの山々に広がるのどかな遅咲きの梅林

「一目30万本」と謳われる、田辺を代表する梅林。標高約300mから、はるか海に向かって梅林の折り重なるロケーションは実に壮観。

◀2月中旬から3月上旬に見頃を迎える

▼市街地の梅林よりやや遅めに開花する
写真提供:紀州田辺観梅協会

農村交流を楽しむ施設

秋津野ガルテン あきずのガルテン

MAP 付録P.13 E-1

市内の小学校跡地と木造校舎を生かした農村体験型の交流施設。ミカンの収穫体験や宿泊ができるほか、地元の野菜を使って地域の人たちが作る料理を提供する農家レストランと、お菓子体験工房も併設している。

☎0739-35-1199 所田辺市上秋津4558-8 開休料施設により異なる 交JR紀伊田辺駅から龍神バス・龍神温泉方面行きで14分、上秋津下車、徒歩3分 Pあり

◀自然に溶け込んだ木造校舎が、レトロな懐かしい雰囲気を醸し出している

◀新鮮な野菜を使用した、素朴な料理が好評の農家レストラン「みかん畑」

名物グルメをチェック

宝来寿司

ほうらいずし

創業昭和8年(1933)の老舗寿司店。通常の寿司をはじめ、食感が楽しめる田辺湾特産のひとはめ(ヒロメ)料理や淡白で上品な味のタチウオ料理が絶品。田辺の食材を使った創作丼「あがら丼」にも注目。

MAP 付録P.13 E-3

☎0739-22-0834 所田辺市湊18-12
営10:00～21:00(LO20:30) 休月曜(祝日は営業の場合あり) 交JR紀伊田辺駅から徒歩5分 P共用駐車場利用

◀テーブル席、小上がりを完備。テイクアウトメニューも

▶地元の新鮮なタチウオを照り焼きして丼にのせたあがら丼1210円。梅干し入りの吸物付き

▶寿司めしにメ鯖を芯にして型で押したひとはめ寿司770円

歴史

森羅万象の謎を探り続けた知の巨人

好奇心に満ちた南方熊楠の生涯

熊楠は超人的な知識と記憶力を駆使し、自然の生態系は「諸草木相互の関係はなはだ密着錯雑」したものと考えた。しかし熊楠の世界はとてつもなく広く、まだまだ多くの不思議が残る。

変形菌世界と生態系から南方マンダラの構想へ

城下町・和歌山で熊楠は慶応3年(1867)に生まれているが、この年は漱石が生まれ、龍馬が暗殺された年でもある。9歳の頃から5年間で江戸時代の百科事典『和漢三才図会』全105巻をすべて筆写したという。19歳でアメリカに渡り、キューバでは新種の地衣類を発見し、学会を騒がせた。ロンドンでは大英博物館図書室で膨大な洋書の抜き書きを残した。帰国後は明治37年(1904)から田辺に定住し、盛んに菌類や変形菌(粘菌)類の採集に出かける。明治42年(1909)からは神社合祀反対運動を、生態系やエコロジーの観点から強力に展開した。熊楠は変形菌の採集・研究によって「南方マンダラ」と呼ばれる世界を構想し、生態系そのものが曼陀羅だと考えた。

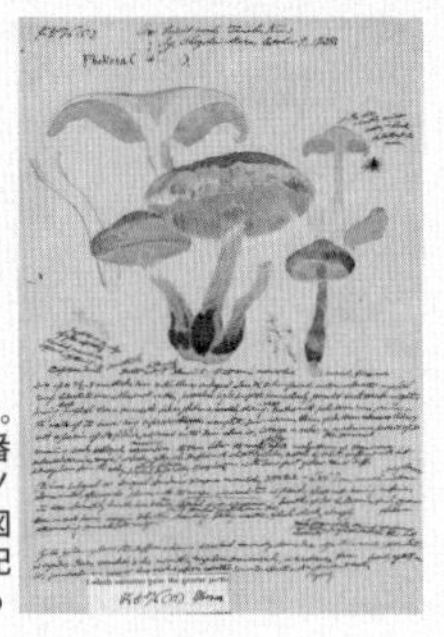

➡『菌類図譜』〈国立科学博物館所蔵〉。熊楠が残した菌類図譜は4728までの番号が振られているが、欠番も多い。キノコ類のスケッチで、絵の具による彩色図と英文による採集時のデータや特徴の記載、さらに実物標本や胞子標本からなる

⬅ジャクソンビル(アメリカ・フロリダ州)の南方熊楠胸像写真〈南方熊楠顕彰館所蔵〉。明治20年(1887)から明治24年(1891)まで、アメリカのミシガン州やフロリダ州で植物採集や英文書の読書で過ごした熊楠は、明治25年(1892)にロンドンに向かう。翌26年(1893)には学術誌『Nature』に星座に関する論文が掲載され、大英博物館図書室に通って多くの学術書から抜き書きしたノートは52冊に達した。帰国したのは明治33年(1900)だった

自然環境保護と神社合祀反対運動

神社統廃合の政策は三重県や和歌山県などで特に強行された。熊楠の合祀反対運動は自らが変形菌「アオウツボホコリ」を発見した猿神社(田辺市)が合祀され、神社林も伐採されたことに始まる。植物病理学者・白井光太郎宛の書簡では「わが国特有の天然風景はわが国の曼陀羅」と記し、和歌山県知事には「エコロギー」という用語を使って、すべてが密接に相互に関係する生態系の保護を激しく訴えた。

⬅南方熊楠林中裸像〈南方熊楠顕彰館所蔵〉。神社合祀による樹木伐採に反対した熊楠が、その意思を訴えるために明治43年(1910)に撮影したものという

南方熊楠顕彰館

みなかたくまぐすけんしょうかん

田辺 MAP 付録P.13 D-4

熊楠が残した蔵書や資料を保存・研究・活用するために、平成18年(2006)に開館。平成12年(2000)に死去した長女・文枝氏が熊楠邸や遺品、標本などを田辺市に遺贈したことも拠点設置の大きな契機となった。

☎0739-26-9909
所田辺市中屋敷町36
開10:00～17:00(入館は～16:30)
休月曜、祝日の翌日
料無料(熊楠邸は350円) 交JR紀伊田辺駅から徒歩10分 Pあり

⬆熊楠の残した蔵書や資料を見るには事前手続きが必要

⬆熊楠が没するまでの25年間を過ごした「旧南方家住宅」

南方熊楠記念館

みなかたくまぐすきねんかん

白浜 MAP 付録P.14 A-3

「幼少期～青年期」「海外での活躍」「生物学者・南方熊楠」「民俗学者・南方熊楠」「研究生活と熊楠の晩年」をテーマに約800点を展示。

⬆田辺湾南端の番所山公園に位置する。京都大学白浜水族館も近接

☎0739-42-2872 所白浜町3601-1 開9:00～17:00(入館は～16:30)
休木曜(7月21日～8月31日は無休) 料600円
交JR白浜駅から明光バス・町内循環線などで16分、臨海(円月島)下車、徒歩8分 P共用駐車場利用

和歌山 わかやま

8歳頃から14歳までに『和漢三才図会』105巻を写し終えた熊楠は、明治12年(1879)に和歌山中学に入学。博物学の教授・鳥山啓(とりやまひらく)と出会い大きな影響を受ける。

『動物学』〈南方熊楠顕彰館所蔵〉。13歳の頃に洋書や和漢書から独自に書いて編集した最初の著作

高野山 こうやさん

南方家は真言宗延命院の檀家で、熊楠は高野山に4回登っている。大正9年(1920)、10年(1921)には高野山真言宗管長になっていた土宜法龍(どきほうりゅう)を訪ね、奥之院では菌類などを調べている。

植物調査で熊楠が宿泊した一乗院。ここで昼寝する熊楠の写真も残る

那智山 なちさん

ロンドンから帰国した熊楠は、明治35年(1902)から那智山麓に滞在する。ここで菌類などの採集に没頭し、森羅万象すべてが相互に関連している、と考えた。

熊楠の「南方マンダラ」は那智時代の粘菌や昆虫などの生態系の観察から構想されていく〈南方熊楠顕彰館所蔵〉

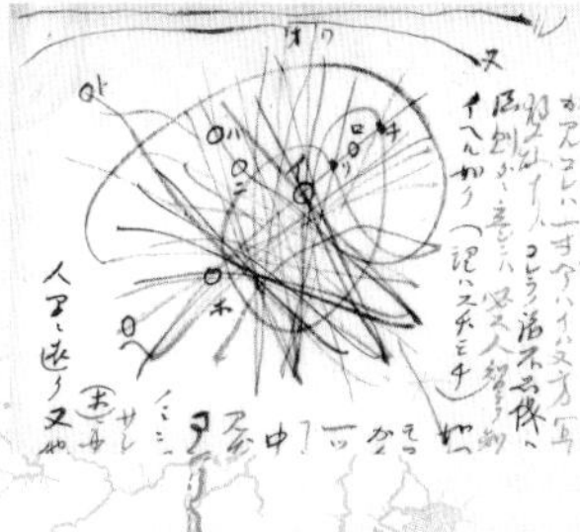

神島 かしま

田辺湾に浮かぶ神の島。この自然の森の保存に熊楠は尽力。昭和4年(1929)には昭和天皇が上陸し、熊楠は御召艦上で変形菌などに関する進講や進献をした。上陸は不可。

田辺 MAP 付録P.12 B-3

写真提供：田辺市観光振興課

引作の大楠 ひきつくりのおおくす

三重県最大の楠。神社合祀の励行によって伐採の危機に見舞われたが、南方熊楠や柳田國男らの運動によって阻止された。樹齢約1500年、樹高約35m。

御浜町 MAP 付録P.11 F-2

☎05979-2-3151(御浜町教育委員会) 所御浜町引作

開休料見学自由 交JR阿田和駅から車で15分 Pあり

写真提供：御浜町教育委員会

田辺 たなべ

那智山中での生態系調査を切り上げた熊楠は明治37年(1904)から、熊野三山への入口に位置する田辺に定住し、終生この地にとどまった。明治39年(1906)には闘雞(とうけい)神社宮司の娘・田村松枝と結婚。この頃から変形菌類の採集・収集を進めるが、明治政府の神社合祀令が和歌山県でも強行されたため、熊楠は反対の論陣を張り、生態系の重要さを訴えた。

昭和天皇に動植物の標本をキャラメル箱に詰めて献上した〈南方熊楠顕彰館所蔵〉

中辺路 なかへち

熊野三山へのメインルートで、平安時代の貴人も通った。熊楠も生態系のフィールドワークのために利用し、野中の杉の逸話でも知られる。伏拝王子(ふしおがみおうじ)には和泉式部供養塔もある。

熊野古道中辺路の継桜王子社にそびえる樹齢800年の杉の巨木「野中の一方杉」。熊楠は神社合祀による伐採に反対し、保存に奔走した

海に面した日本一の梅の産地

みなべ

熊野の西の拠点として古くから人々で賑わい、深い緑と豊かな海の自然に彩られた歴史ある街。

やさしい梅の香りに誘われて散策と梅三昧を楽しむいにしえの路

和歌山県のほぼ中央に位置する梅の生産日本一の街。なだらかな丘が連なり、「一目百万、香り十里」と称される名産の南高(なんこう)梅(うめ)の梅林が一面に広がっている。数カ所ある梅林を散策したり、花の最盛期にはイベントも開かれ多くの人で賑わう。梅干しはもちろん、多彩な梅製品が味わえるのも楽しみ。また熊野古道で唯一の海岸ルートもこの街を通っている。

観光のポイント

広大な梅林を歩き、早春の訪れを感じる
一面に梅の花が咲き誇り、甘い香りが漂うなかで散策を楽しむ

南高梅を使ったスイーツや梅酒を購入
町内に点在するショップで、お気に入りの梅製品をおみやげに購入する

交通information

和歌山駅からJR紀勢本線特急「くろしお」で南部駅まで1時間10分／白浜駅からJR紀勢本線特急「くろしお」で南部駅まで20分(普通で30分、紀伊田辺駅で乗り換え)

紀州梅干館

きしゅううめぼしかん

MAP 付録P.14 A-1

梅のことなら何でもわかる見学・学習できる大型施設

梅の歴史を学べる梅ギャラリーや梅干しの製造工場を見学できる施設。予約をすれば梅干し、梅酒、梅ジュース作り体験などもできる。

☎0739-72-2151 所みなべ町山内1339 開8:30～17:00 休メンテナンス休館日、(工場見学は土曜不定休、日曜・祝日休) 料見学無料 交JR南部駅から車で5分 Pあり

↑手作業で行われる、梅干しが店頭に並ぶまでの作業工程を見学できる

←梅酒作り体験は、風味の異なる3種の梅酒を手軽に作れると人気

南部梅林

みなべばいりん

MAP 付録P.14 C-1

南高梅の白い花が丘陵地にどこまでも続く

日本有数の規模を誇り、最盛期には南高梅の白い花で山全体がかすむ優美な景色が広がる。遊歩道の散策も楽しめる。

☎0739-74-3464(梅の里観梅協会) 所みなべ町晩稲 開1月下旬～3月上旬の8:00～17:00 休期間中無休 料300円 交JR南部駅から龍神バス(南部梅林観梅行)で10分 Pあり

↑期間中は梅まつりが開催され賑わう

みなべうめ振興館

みなべうめしんこうかん

MAP 付録P.14 B-1

梅の町・みなべを紹介するユニークな展示室を見学

2階にある梅資料ゾーンでは、梅の歴史、文学などさまざまな視点で紹介。1階は歴史ゾーン、3階ではみなべ町の特産品を販売。

☎0739-74-3444 所みなべ町谷口538-1 開9:00～17:00 休火曜(祝日の場合はその翌日、2月は無休) 料無料 交JR南部駅から車で10分 Pあり

↑約150年前の日本最古の梅干しも展示

最高級の炭・紀州備長炭

和歌山県の地場産業、紀州備長炭は馬目樫・荒樫を原料にした白炭で、みなべや田辺が一大産地として知られている。1000℃以上の高温で焼かれた炭は、叩くと金属音がするほど非常に堅い。火持ちと火力の良さから料理での使用にも重宝されている。

紀州備長炭振興館

きしゅうびんちょうたんしんこうかん

MAP 付録P.10 B-1

☎0739-76-2258 所みなべ町清川1267 開8:30～17:00 休土曜 料入館無料(風鈴づくり体験は材料費1430円、要予約) 交阪和道みなべICから約14km Pあり共用駐車場利用(無料)

歴史や文化、炭の生産工程をわかりやすく解説。窯の見学や風鈴づくり体験もできる

千里の浜

せんりのはま

MAP 付録P.14 A-2

美しい白砂が続く海岸はアカウミガメの産卵地

古くから景勝地として知られ、熊野古道紀伊路のなかで唯一海岸を通る経路。毎年5～8月には、絶滅危惧種に指定されたアカウミガメが産卵にやってくる。

☎0739-74-8787(みなべ観光協会)
所みなべ町山内 開休料見学自由
交JR南部駅から車で10分
Pあり(海岸への車乗り入れ禁止)

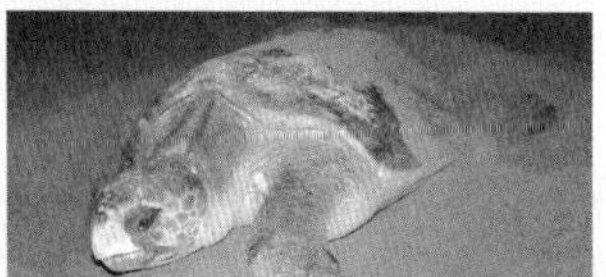

アカウミガメの産卵の観察は事前にみなべ町教育委員会への申請が必要

海が見えるカフェ

Café de manma

カフェド マンマ

MAP 付録P.14 B-2

オーシャンビューで隠れ家のようなカフェレストラン。梅干しを使ったスイーツなど評判メニューを揃える。癒やしの時間を求めて訪れるリピーターも多い。

☎0739-72-2361
所みなべ町埴田1590-40
営10:00～17:00(LO16:30)
※ランチ11:00～14:00(土・日曜、祝日15:00)、モーニング土・日曜、祝日の9:00～10:00
休水曜 交JR南部駅から徒歩20分 Pあり

7種の材料を使用した、虹色ふわとろオムライス1100円

南高梅のシロップ漬けが入ったわかやまポンチ830円

デートに最適なカップルシートも完備

紀州が誇る伝統の味を持ち帰り
芳香漂う梅みやげ

梅の里で名高い田辺とみなべで買いたい多彩な梅製品をご紹介。梅干しや梅酒など、厳選された梅から作られた逸品をじっくり吟味したい。

「南高梅(なんこううめ)」のこと

梅の最高級品といわれ、果実は非常に大きく種は小さめ、果肉が厚くやわらかいのが特徴。発見者の高田貞楠(たかださだくす)と、梅の品種調査を行った南部高校の名前を取り「南高梅」と名付けられた。

B しらら 1652円(6粒)
厳選南高梅を塩分5%に仕上げた梅干し。ほんのり甘酸っぱく上品な味わいは贈答品にも最適

B 桃姫
とろこく♥桃たっぷり梅酒
1100円(500㎖)
完熟南高梅を熟成貯蔵した梅酒に桃果汁をたっぷり加えた女性人気No.1の梅酒

B 梅damono
750円 (6粒)
塩味控えめ梅干しに和歌山県特産の、桃、ミカン、イチゴの果汁を加えた新感覚のフルーツ梅干し

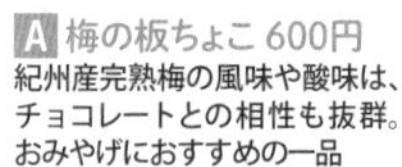

A 梅の板ちょこ 600円
紀州産完熟梅の風味や酸味は、チョコレートとの相性も抜群。おみやげにおすすめの一品

A かみはやさんの梅酒 白(左)
かみはやさんの梅酒 紅(右)
各1800円(720㎖)
白は芳醇な香りとスキッとした酸味が特徴。紅は風味と酸味のバランスが良くまろやか

C どでか梅 6粒
1300円(1粒入り×6袋)
超大粒の梅干しを1粒ずつ袋詰めに。プチギフトにおすすめ

B 紀州南高 完熟梅酒 樽
2750円(720㎖)
完熟梅酒を洋酒用のオーク樽に詰め替えて熟成させた、ブランデーのような味わいの梅酒

A 幻の梅
3000円(500g)
枝成り完熟の粒選りの紀州梅を使用し、フルーティで甘さたっぷりに仕上げたハチミツ梅干し

A うまい梅
2900円 (500g)
食べごたえのある完熟梅のやわらかな果肉を、旨みたっぷりに仕上げた紀州梅干し。バランスの良い味わいがやみつきになる一品

A プラムガーデン オカハタ

田辺 MAP 付録P.13 F-3

直営店ならではの品揃え

枝なり完熟梅を使用した紀州梅干しを取り扱う岡畑農園の直営販売店。紀伊田辺駅から徒歩3分の好立地で、試食しながら好みの商品を選べる。

☎0739-26-2107
所田辺市湊14-11
営10:00～19:00
休日曜 交JR紀伊田辺駅から徒歩3分
Pなし

B 紀州梅の里 なかた
きしゅううめのさと なかた

田辺 MAP 付録P.13 F-2

創業120余年、紀州の老舗

本社工場敷地内の直売店。紀州材を使った本格木造建築の店内で、いろいろな種類の梅干しや梅酒の買い物を楽しめる。

☎0739-22-2858
所田辺市下三栖1475
営9:00～17:00
休水曜
交JR紀伊田辺駅から車で15分 Pあり

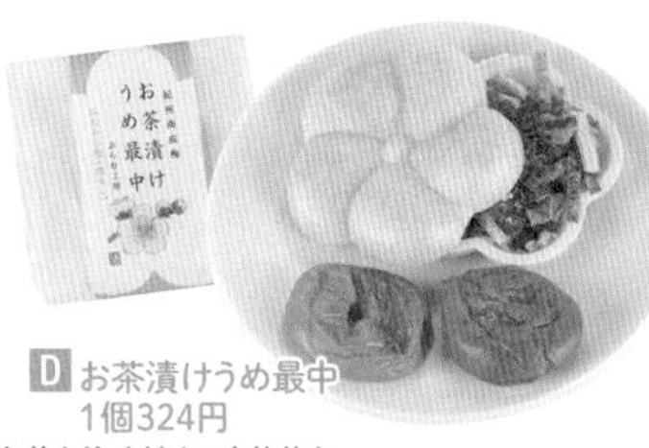

D お茶漬けうめ最中
1個324円
お茶を注ぐだけで本格的な梅茶漬けが楽しめる

D スコウメ
540円(70g)
梅とゆずと唐辛子が原料の調味料。梅の酸味と唐辛子の辛さが食欲をそそる。いろいろな料理にふりかけてみて

D UME de AHIJO
540円(200g)
アウトドアに最適な加熱するだけのにんにく風味のおいしいアヒージョ

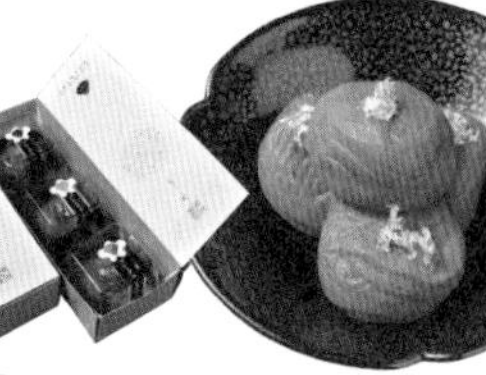

D プレミアム ダイヤモンド 梅
1080円(3粒)～
熟練の職人が厳選した特大完熟梅をハチミツを加えて漬け込み、金粉をあしらった逸品

C 紀州南高梅酒
1460円(720mℓ)
じっくりと時間をかけて熟成させて作られた、まろやかな喉ごしが楽しめる梅酒

C 梅の妖精
880円(160g)
完熟南高梅のフルーティな梅ティー。甘酸っぱい香りと上品な風味を楽しめると人気

E 元祖はちみつ梅干し 黄金漬 400円(80g)
まろやかな甘みと酸味が絶妙。果肉たっぷりの黄金漬は梅いちばんを代表する人気梅干し

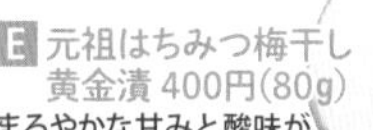

E 福つつみ 1350円(7粒)
種を抜いた黄金漬を国産の太白とろろ昆布を主原料とした薄皮で包んだ食べやすい梅干し

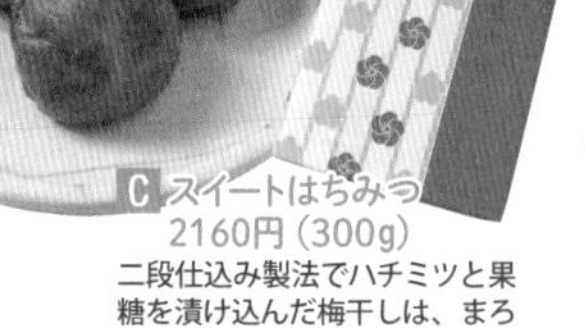

C スイートはちみつ
2160円(300g)
二段仕込み製法でハチミツと果糖を漬け込んだ梅干しは、まろやかでほどよい甘さが広がる

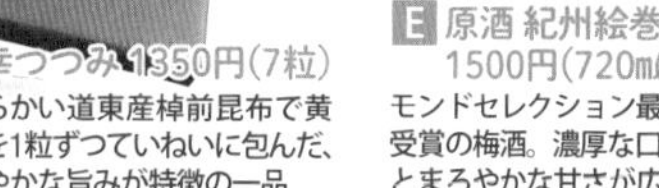

E 幸つつみ 1350円(7粒)
やわらかい道東産棹前昆布で黄金漬を1粒ずつていねいに包んだ、まろやかな旨みが特徴の一品

E 原酒 紀州絵巻
1500円(720mℓ)
モンドセレクション最高金賞受賞の梅酒。濃厚な口当たりとまろやかな甘さが広がる

C 紀州梅干館 ➡P.132
きしゅううめぼしかん
みなべ MAP 付録P.14 A-1

梅干し作りを学ぶ体験型直売店
梅干しや梅酒の直売をはじめ、梅干し製造工場などが見学できる大型店。梅酒、梅干し、梅ジュース作り体験も可能(要予約)。

D ぷらむ工房
ぷらむこうぼう
みなべ MAP 付録P.14 C-1

創意工夫に富んだ商品が並ぶ
4代にわたって受け継がれる、老舗梅メーカー岩本食品の直売店。梅スイーツなどユニークでオリジナリティあふれる梅製品が豊富。

☎0739-74-2406
所 みなべ町晩稲1187
営 9:00～17:00
休 不定休
交 JR南部駅から車で10分 Ⓟあり

E 梅いちばん 南部店
うめいちばん みなべてん
みなべ MAP 付録P.14 B-2

リピート購入も多い人気店
梅メーカー梅一番井口の直営店。国道42号沿いの利便性の良い場所にあり、ファンの多い黄金梅など種類豊富なオリジナル梅製品を販売。

☎0739-72-3611
所 みなべ町埴田1540
営 9:00～18:00
休 火曜
交 JR南部駅から徒歩20分 Ⓟあり

広大な太平洋に臨む本州最南端の街

串本 くしもと

黒潮の恵みが随所に見られる街。
目の前に広がる大海原や奇岩など
息をのむ風景が旅人を待つ。

紺碧の海にはサンゴが群生し 太平洋の絶景スポットが点在

紀伊半島の先端に位置し、定番スポットの潮岬(しおのみさき)をはじめ、橋杭岩(はしぐいいわ)や紀伊大島の海金剛(うみこんごう)など、太平洋の雄大な景色が楽しめる絶景の宝庫だ。また世界最北のテーブルサンゴの群生域があり、国内有数のダイビングのメッカとしても知られ、串本海中公園では串本の海の生物たちに出会える。日本とトルコの友好の証しでもあるトルコ記念館へも足を運びたい。

ACCESS

白浜駅からJR紀勢本線特急「くろしお」で串本駅まで55分(普通で1時間15分)
新宮駅からJR紀勢本線特急「くろしお」で串本駅まで50分(普通で1時間10分)

水族館や海中展望塔で
サンゴの海と親しめる

串本海中公園

くしもとかいちゅうこうえん

日本で初めて海中公園に指定され、海中の景観を楽しめる施設や水族館が充実。温暖で透明度の高い海を背景に飼育体験やマリンスポーツなどの体験プログラムも用意されている。

MAP 付録P.23 D-1

☎0735-62-1122
所 串本町有田1157 開 9:00～16:30(入園は～16:00、GW・夏季・年末年始など営業時間延長あり) 休 無休 料 水族館・海中展望塔入場券2000円 交 JR串本駅から無料シャトルバスなどで13分、海中公園センター下車すぐ Ⓟあり

↑沖合140m、水深6.3mの海中展望塔でサンゴなどを観察できる

↑半潜水型の海中観光船で、サンゴの群生や熱帯魚たちと遭遇

↑水族館では、串本の海で見られる生物約400種、4000点を展示

橋脚のような奇岩群で
朝日の絶景スポット

橋杭岩

はしぐいいわ

串本から大島方面へ、大小約40の奇岩が橋脚のように海上に並び、弘法大師(こうぼうだいし)が一晩で橋を架けたという伝説が残る。

MAP 付録P.23 E-1

☎0735-62-3171(南紀串本観光協会) 所 串本町橋杭
開休料 見学自由 交 JR串本駅から串本町コミュニティバス佐部・上田原方面行きで3分、橋杭岩下車すぐ Ⓟあり

↑約850mにわたり奇岩が並び、国の天然記念物に指定されている

足を延ばして奇岩が屹立する清流・古座川(こざがわ)へ

「佐田の桜」として知られる桜の名所、七川(しちかわ)ダムから下流に向かう景勝地の峡谷。両岸には蔵土(くろず)の天柱(てんちゅう)岩、相瀬(あいせ)一枚岩、月野瀬(つきのせ)の牡丹(ぼたん)岩、高池の虫喰(むしくい)岩などの奇岩、怪石が約20kmにわたり続き、清流では鮎釣りやカヌー下りが楽しめる。

↑高さ約150m、幅約800mの巨大な一枚岩。国内最大級で国の天然記念物

古座川峡 一枚岩

こざがわきょう いちまいいわ

MAP 付録P.11 D-4

☎0735-67-7901(古座川町地域振興課) 所 古座川町相瀬
開休料 見学自由 交 JR串本駅から車で25分 Ⓟあり

串本

周参見駅
古座川峡 一枚岩
光明寺
法雲寺
稲荷神社
すさみ
371
熊野街道
42
串本海中公園
串本ダイビングパーク
串本海中公園にあり、初心者でも手軽に体験ダイビングを楽しめる
太地駅
くしもと橋杭岩
串本町役場
きのくに線（紀勢本線）
42
橋杭岩
橋杭岩の間から昇る朝日は、絶好の撮影ポイントで人気がある
HOTEL & RESORTS WAKAYAMA KUSHIMOTO
串本町
大江戸温泉物語 南紀串本
袋港
串本駅
料理 萬口
串本儀平 本店
砥崎
無量寺
串本応挙芦雪館
熊野灘
大島港
日米修交記念館
紀伊大島
串本港
串本本土と紀伊大島とを結び、386mのループ橋と290mのアーチ橋からなる
42
串本の中心部が一望できる。明かりが灯る頃の風景も美しい
苗我島
くしもと大橋
P.21/P.138 潮岬
馬坂園地
近畿自然歩道
N
0 500m

ペリーの黒船以前に
米船が来航していた

日米修交記念館

にちべいしゅうこうきねんかん

寛政(かんせい)3年(1791)に2隻の米国商船が大島に寄航した記録が残り、日米交流の記念として建てられた町立の博物館。

MAP 付録P.24 B-4

☎0735-65-0099 所串本町樫野1033 開9:00～17:00 休無休 料250円 交JR串本駅から串本町コミュニティバス大島・出雲方面行きで41分、樫野下車、徒歩10分 Pあり

◯黒船来航の62年も前に来航した商船レイディ・ワシントン号の模型や当時の文献などを展示

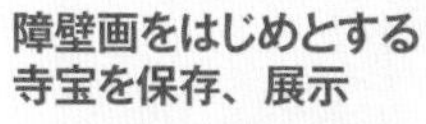

障壁画をはじめとする
寺宝を保存、展示

串本応挙芦雪館

くしもとおうきょろせつかん

無量寺(むりょうじ)の境内にあり、円山応挙(まるやまおうきょ)と弟子の長沢芦雪(ながさわろせつ)の近世障壁画を中心に室町、桃山、江戸時代の絵画を展示している。

MAP 付録P.24 A-2

◯国指定重要文化財・長沢芦雪筆(龍虎図・襖)のほか、若沖、白隠、狩野派などの作品約100点を所蔵

☎0735-62-6670 所串本町串本833 開9:30～16:30(入館は～16:00) 休不定休 料1300円(大雨など天候により収蔵庫拝観不可の場合あり) 交JR串本駅から徒歩7分 Pあり

串本の名物をチェック

料理 萬口

りょうり まんこう

串本駅の近くにある老舗の食事処。肉料理、天ぷら、麺類、丼物など地元で愛され続ける料理が充実。なかでもかつお茶漬けは全国的に有名な名物料理だ。

MAP 付録P.24 B-1

☎0735-62-0344 所串本町串本42-17 営11:30～21:00(LO) 休水曜(祝日の場合は翌日) 交JR串本駅からすぐ Pあり

◯かつお茶漬け1700円。ごま風味の特性ダレがポイント

◯タレに絡ませたカツオをご飯にのせてお茶漬けで

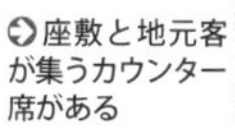

◯座敷と地元客が集うカウンター席がある

串本儀平 本店

くしもとぎへい ほんてん

明治26年(1893)創業の老舗菓子店。橋杭岩をイメージした形の名物うすかわ饅頭をはじめ、串本にまつわる銘菓が揃う。

MAP 付録P.24 C-1

◯甘さ控えめのうすかわ饅頭。10個入りで1620円

☎0735-62-0075 所串本町串本1851 営7:00～18:00 休無休 交JR串本駅から徒歩3分 Pあり

本州最南端シーサイドドライブ

心地よい潮風と見渡す限りの大海原

名勝奇勝と異文化に出会う

串本から本州最南端の地・潮岬(しおのみさき)を通って紀伊大島(きいおおしま)へ。
太平洋の絶景やトルコとの友好の歴史を訪ねる爽快なドライブの旅。

潮岬に広がる望楼の芝から水平線を眺めることができる

1 潮岬
しおのみさき

MAP 付録P.23 D-2

遮るもののない海を見渡せる

太平洋に突き出た本州最南端の岬で八丈島とほぼ同緯度にある。潮岬灯台や望楼の芝から、大海原を一望できる。

☎0735-62-3171(南紀串本観光協会) 所串本町潮岬 開休料見学自由 交JR串本駅から串本町コミュニティバス潮岬観光タワー行きで15分、潮岬灯台前下車すぐ Pあり

日本の夕陽百選のひとつに数えられている

潮岬周辺の立ち寄りスポット

潮岬灯台
しおのみさきとうだい

30mの断崖に建つ白亜の灯台。眼下には太平洋の大海原が広がる。

MAP 付録P.23 D-2

☎0735-62-0141 所串本町潮岬 開9:00～16:30(3～9月の土・日曜、祝日と8月10～19日8:30～17:00) 休無休 料300円 交JR串本駅から串本町コミュニティバス潮岬観光タワー行きで15分、潮岬灯台前下車すぐ P共用駐車場利用(有料)

潮岬観光タワー
しおのみさきかんこうタワー

展望台から、潮岬灯台、望楼の芝、紀伊大島などが見渡せる。

MAP 付録P.23 D-2

☎0735-62-0810 所串本町潮岬 開9:00～17:00(12～2月8:30～16:00) 休無休 料300円 交JR串本駅から串本町コミュニティバス潮岬観光タワー行きで17分、終点下車すぐ Pあり

エルトゥールル号海難事故

明治23年(1890)、オスマン帝国初の親善訪日使節団を乗せたフリゲート艦が嵐により串本町沖で座礁、大破し、587人が殉職。地元住民の献身的な救助活動により、69名の命が救われた。以来、友好の絆が生まれ、串本町とトルコのヤカケント町、メルスィン市は姉妹都市になっている。

エルトゥールル号の遭難場所の近くに建つ国内最古の石造灯台

樫野埼灯台 かしのざきとうだい

MAP 付録P.24 C-3

☎0735-62-3171(南紀串本観光協会) 所串本町樫野 開休料見学自由 交JR串本駅から串本町コミュニティバス樫野灯台口行きで44分、終点下車、徒歩7分 P樫野埼駐車場利用

おすすめドライブルート

JR串本駅からレンタカーで南紀随一の絶景や歴史スポットを効率よくまわれる。途中にも展望スポットが点在し、朝日や夕日を見に出かけるのもおすすめ。

JR串本駅 ジェイアールくしもとえき

↓ 国道42号、県道41号経由 6.3km／11分

1 潮岬 しおのみさき

↓ 県道41・40号経由 14.0km／21分

2 トルコ記念館 トルコきねんかん

↓ 県道40号経由 2.0km／8分

3 海金剛 うみこんごう

↓ 県道40・41号経由 10.7km／23分

JR串本駅 ジェイアールくしもとえき

金山展望台（かなやまてんぼうだい）

ハイキングも楽しめるウバメガシが茂る登山道にある、熊野灘を望む展望台。橋杭岩が見えるなど眺めのいい紀伊大島のビューポイント。

トルコ政府から寄贈された品々も展示されている

2 トルコ記念館

トルコきねんかん

MAP 付録P.24 C-3

友好の証しとして建てられた資料館

エルトゥールル号の模型や遺品、写真などの資料が展示され、遭難事故当時の様子を詳しく知ることができる。

☎0735-65-0628 所串本町樫野1025-26
開9:00〜17:00 休無休 料500円
交JR串本駅から串本町コミュニティバス樫野灯台口行きで44分、終点下車、徒歩3分
P樫野埼駐車場利用

記念館の近くには、トルコ軍艦遭難慰霊碑が立つ

トルコ雑貨をおみやげに

Ottoman Konak 樫野崎店

オットマン コナック かしのざきてん

樫野埼灯台に続く散歩道沿いにあるトルコキリム、絨毯、雑貨の専門店。本社は大阪にあり、キリムデザイナーでもあるオーナーのセレクトで質の良いトルコグッズが揃う。

MAP 付録P.24 C-3

☎090-9867-7254 所串本町樫野崎1028 営9:00〜17:30(冬季は〜17:00)
休不定休 交JR串本駅から串本町コミュニティバス樫野灯台口行きで44分、終点下車、徒歩5分 P樫野埼駐車場利用

店内にはキリムのほかインテリア用品がずらりと並び、トルコアイスも販売

自社工場で作られた絨毯3000円〜。価格や大きさなど応相談

トルコのお守り500円〜

3 海金剛

うみこんごう

MAP 付録P.24 B-4

奇岩に波が砕け散る景勝地

断崖下の海面から荒々しく切り立ったピラミッド形や獅子頭のような巨岩が突き出し、荒波が打ち寄せる様子は迫力満点だ。

☎0735-62-3171(南紀串本観光協会)
所串本町樫野 開休料見学自由 交JR串本駅から串本町コミュニティバス樫野灯台口行きで41分、樫野下車、徒歩12分
P日米修交記念館駐車場利用

自然が織りなす造形美が広がる

鯨の歴史と文化を今に伝える

太地（たいじ）

約400年の歴史がある捕鯨文化の街。
史跡や祭り、郷土料理を通じて、
人々の暮らしに思いを馳せてみたい。

黒潮の雄大な熊野灘（くまのなだ）を望み 捕鯨文化が息づく県下最小の街

紀伊半島の突端、熊野灘に突き出た小さな半島に位置。江戸時代初期より捕鯨文化を育む古式捕鯨発祥の地として知られ、現在も小形鯨の追い込み漁が行われている。世界最大規模のくじらの博物館をはじめ、燈明崎や太地浦くじら祭など、古式捕鯨にまつわる史跡や文化が残り、近年ではイルカや鯨とふれあえるスポットも人気がある。

ACCESS

白浜駅からJR紀勢本線「特急くろしお」で太地駅まで1時間20分(普通で2時間)
新宮駅からJR紀勢本線「特急くろしお」で太地駅まで25分(普通で30分)

鯨とふれあい
捕鯨400年の文化を知る

太地町立 くじらの博物館

たいじちょうりつくじらのはくぶつかん

↑アルビノのバンドウイルカなど珍しい小型のイルカと出会える

古式捕鯨を再現したジオラマをはじめ、鯨の骨格標本や液浸標本などを展示して、人と鯨の歴史から鯨の生態までを紹介。鯨やイルカのショーやふれあいイベントも開かれる。

MAP 付録P.22 B-1
☎0735-59-2400
所 太地町太地2934-2
開 8:30〜17:00　休 無休
料 大人1800円、小・中学生900円　交 JR太地駅から町営じゅんかんバスで約10分、くじら館下車すぐ　P あり

↑セミクジラと勢子舟の実物大模型が天井から吊り下げられている

←3種類のゴンドウを紹介するダイナミックなクジラショーも楽しめる

太地町で発祥した古式捕鯨の歴史

慶長（けいちょう）11年(1606)、豪族の和田忠兵衛頼元（わだちゅうべえよりもと）が、尾州・師崎（もろざき）(愛知県)の伝次などと共同で、太地浦において突取捕鯨を開始。さらに延宝（えんぽう）年間には、頼元の孫、頼治（よりはる）(のちの太地角右衛門)が、突取り法に網を併用する方法を考案。日本における古式捕鯨の発展に、大きな役割を果たした。

↑『熊野太地浦捕鯨図』〈太地町立くじらの博物館所蔵〉

梶取崎 かんどりざき

MAP 付録P.22 C-2

わが国の捕鯨発祥の地として、くじら供養碑が建てられ、毎年4月29日には鯨供養祭を開催。

☎0735-59-2335(太地町産業建設課)　所 太地町太地
開 休 料 見学自由　交 JR太地駅から町営じゅんかんバスで20分、梶取崎下車すぐ　P あり

燈明崎 とうみょうざき

MAP 付録P.22 C-1

かつては鯨の群れを見張る山見台が置かれ、日本初の鯨油を用いた行灯燈明台があった。

☎0735-59-2335(太地町産業建設課)　所 太地町太地　開 休 料 見学自由　交 JR太地駅から町営じゅんかんバスで10分、平見公園前下車、徒歩10分　P あり

突端にある継子投からの眺め。継子投の名前は、継母が幼い赤ん坊をここから投げ落としたという伝説が由来

360度の眺望が開ける太地町指折りの景勝地

平見台園地

ひらみだいえんち

継子投(ままこなげ)と呼ばれる展望スポットからは、紀伊大島や太地の海岸線を一望できる。

MAP 付録P.22 B-2

☎0735-59-2335(太地町産業建設課)
所太地町太地 開休料見学自由
交JR太地駅から町営じゅんかんバスで20分、南紀園下車すぐ Pあり

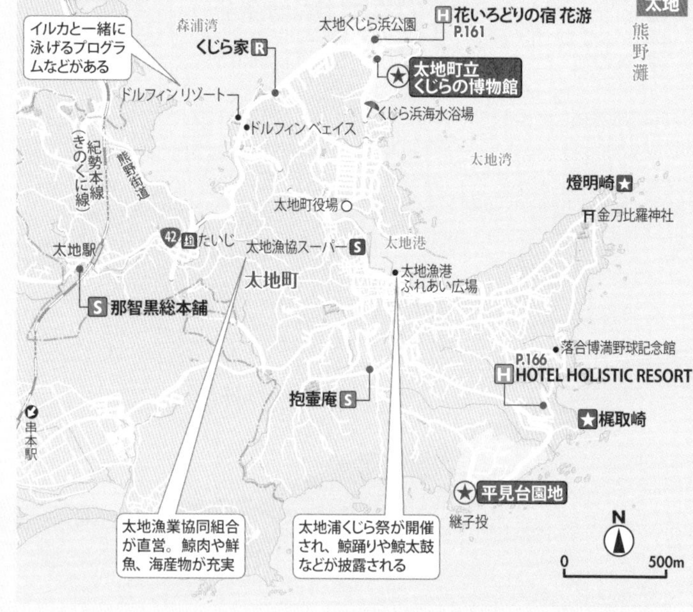

鯨の街のグルメと工芸品

くじら家

くじらや

鯨料理専門の老舗で多彩な鯨グルメが揃う。鯨カツや赤身刺身などが堪能できるランチのほか、尾の身など各部位の刺身も充実。定番の竜田揚げなど一品ものも豊富。

MAP 付録P.22 B-1

☎0735-59-2173
所太地町太地2902-115
営10:30〜14:00(LO)夜は予約営業 休水・木曜
交JR太地駅から町営じゅんかんバスで3分、常渡下車すぐ Pあり

太地町立くじらの博物館からすぐ。広い座敷席もあり

人気のくじら家ランチ4550円。刺身、大和煮、味噌漬けなどが食べられる

店内では鯨の生肉(宅配可)、加工品なども販売している

抱壷庵

ほうこあん

鯨の民芸品などを製造・販売している民藝工房。全国観光土産連盟推奨品の脊美鯨児持土鈴(せみくじらこもちどれい)など数々の賞を受賞した鯨グッズが購入できる。要予約で体験絵付けも可。

MAP 付録P.22 B-2

☎0735-59-2879
所太地町太地2173-1
営8:30〜17:00
休不定休 交JR太地駅から町営じゅんかんバスで15分、西平見下車すぐ Pあり

体験所要時間は30〜60分、1200円より、20名まで可

全国観光連盟会長賞を受賞した吉祥鯨土鈴

国土交通大臣賞を受賞したくじらの貯金箱1430円

和歌山の名物黒あめ・那智黒

明治10年(1877)創業の那智黒総本舗が製造している和歌山県を代表するおみやげ。熊野の特産である那智黒石でできた碁石をかたどり、奄美群島産の黒糖をふんだんに使っている。

那智黒総本舗 なちぐろそうほんぽ

MAP 付録P.22 A-2

☎0735-59-3900
所太地町森浦438
営8:30〜17:00
休土・日曜、祝日
交JR太地駅から徒歩2分 Pあり

昔ながらの製法で素朴な味わいの紙箱入りの黒あめ650円

水飴、黒糖、ハチミツを使いまろやかに練り上げた巻き飴540円

伊勢神宮 いせじんぐう

宇治橋から大鳥居をくぐり、参道の玉砂利を踏みしめ、神宮の森に包まれれば、心は自然と厳粛な気持ちに。清浄な空気に満ちた神域で、最高位の神に詣でる。

日本全国の神社のなかでも別格の存在 日本人の大御祖神(おおみおやがみ)と衣食住の神が住む

正式な名称は神宮。創建は約2000年前とされる、日本最古の神社のひとつだ。皇室が国の平安や五穀豊穣(ごこくほうじょう)を祈る御宮として生まれ、江戸時代には広く庶民に普及。皆がこぞって伊勢へ詣でるおかげ参りが大流行した。神宮の神域は内宮(ないくう)と外宮(げくう)など広域にわたる。内宮の祭神は、最高位の神で日本人の大御祖神である天照大御神(あまてらすおおみかみ)。外宮には天照大御神の食をつかさどる衣食住の神・豊受大御神(とようけのおおみかみ)を祀る。

日本古来の建築様式を伝える社殿や日々の神事には、日本の伝統が息づいている。主祭神を祀る正宮(しょうぐう)以外にも、さまざまな神様を祀る多くの宮社がある。時間を十分とってゆっくり参拝したい。

まずは移動とマナーを予習!

伊勢神宮参拝の前に

伊勢神宮は内宮、外宮の2つの正宮がある。内宮、外宮間のアクセスと参拝作法を知っておきたい。

約4km離れた外宮と内宮間の移動

伊勢神宮のアクセス

伊勢市駅から外宮へは徒歩圏内だが、それ以外の移動はバスの利用が便利だ。

バスでアクセス

外宮と内宮を結ぶバスは、三重交通の路線バスが2系統と周遊バスのCANばすの3種類。途中、徴古館前で下車する場合は、路線バスの51系統またはCANばすを利用。

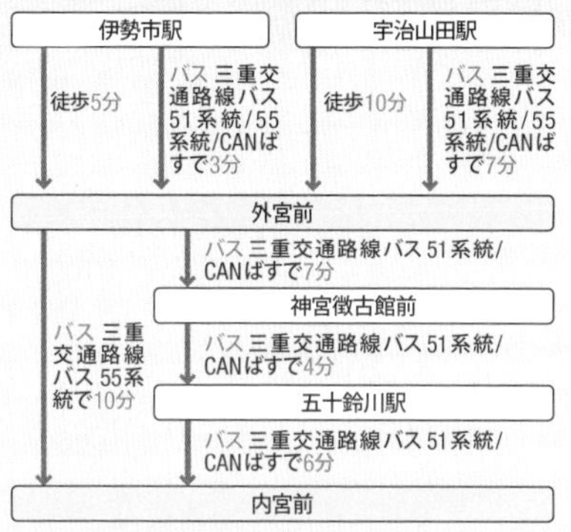

CANばす 宇治山田駅と鳥羽市の鳥羽水族館・ミキモト真珠島を結ぶ周遊バス。鳥羽方面への観光にも利用できる。

月夜見宮 / 伊勢市駅前 / 51/55/CAN 吹上町 / 宇治山田駅前 / 参宮線 / 二見浦駅 / 神宮美術館 / 前田古市口 51/CAN / 神宮徴古館 農業館 / 外宮前 / 伊勢神宮 外宮 / 宇治山田駅 / 岩渕 51/CAN / 皇學館大学前 51/CAN / 神宮文庫 / 51/CAN 神宮徴古館前(倭姫宮前) / 明倫小学校前 55 / 倭姫宮 / 神宮徴古館 / 伊勢病院西口 51/CAN / 庁舎前 55 / 近鉄鳥羽線 / 二見 / 伊勢IC / 勢田町 55 / 五十鈴川駅前 51/CAN / 五十鈴川駅 / 伊勢自動車道 / 鳥羽駅 / 伊勢西IC / 蓮台寺 55 / 月読宮 / つづみが丘 55 / 中村町(月読宮前) 51/CAN / 五十鈴川 / 鳥羽 / 滝倉 55 / お伊勢参り資料館 / 55 猿田彦神社前 / 51/CAN 猿田彦神社前 / 五十鈴公園 / 伊勢志摩スカイライン / 51/55/CAN 神宮会館前 / おかげ横丁 / おはらい町 / 内宮前 / 志摩 / 伊勢神宮 内宮 / 島路川 / 伊勢神宮

路線バス55系統 55系統のみ停車
51系統とCANばすが停車
3路線すべて停車
※51系統には、主要バス停のみ停まる特急便もあるので注意

車でアクセス

外宮から内宮へは県道32号で約10分。外宮は近くに無料駐車場がある。内宮は有料のみで、近くの駐車場は満車のことが多い。朝早めに行くか、市営などの少し離れた駐車場へ。

伊勢神宮 外宮
↓ 県道32号経由5分
伊勢西IC
↓ 県道32号、国道23号経由5分
伊勢神宮 内宮

参拝の作法とマナー

参拝の順番

伊勢神宮では外宮、内宮の順で参拝するのが昔からの風習。一方だけの片参りもなるべく避けたい。

参拝時の服装

神聖な場所なので、肌の露出度の高い服は避けたい。ピンヒールは玉砂利を歩くのに不向き。

手水でお清め

左手、右手の順に洗い、左手に水を受けて口をすすぎ、再び左手、柄杓(ひしゃく)の柄を清める。

宮域内を歩く

外宮では参道の左側、内宮では右側を歩くのが習わし。鳥居は一礼してからくぐるようにしたい。

正宮、別宮の順

最初は最も神聖な正宮(しょうぐう)、続いて第一別宮(べつぐう)、ほかの別宮、摂社・末社の順に参拝するのが正式。

拝礼の作法

深いお辞儀を2回、胸の高さで手を合わせ、右指先を少し下にずらし2拍手、深いお辞儀を1回する。

伊勢神宮ガイド

伊勢神宮の歴史や建築についての深い話はガイドさんに聞こう。観光協会による無料ガイド「お伊勢さん観光ガイドの会」と、検定「お伊勢さん」上級編合格者による有料ガイド「お伊勢さん観光案内人」の2種類がある。「お伊勢さん観光ガイドの会」は外宮のみ当日ガイドの実施。

お伊勢さん観光案内人

☎0596-24-3501(美し国観光ステーション) 開受付10:00～15:00(4日前までに要予約) 料内宮3500円、両宮6000円(1～5人の場合。6人以上は人数により変動あり)

お伊勢さん観光ガイドの会

☎0596-63-6262(外宮前観光案内所) 開9:30～15:00(10日前までに要予約) 料無料(交通費などは別途必要)

市街地に広がる静寂の森に人々の営みを見守る神様が住む

伊勢神宮 外宮

いせじんぐう げくう

お伊勢参りは外宮から。宮域に入ったら、まずは産業の神様の住む正宮へ向かい、毎日の衣食住の恵みに感謝を捧げよう。

天照大御神の食を託されて伊勢に招かれた産業の神様

外宮の正式名称は豊受大神宮。天照大御神の食をつかさどる豊受大御神を祀り、内宮創建から約500年後の雄略天皇22年(478)に鎮座したと伝わる。豊受大御神は、衣食住の恵みを与える産業神ともいわれる。祭神を祀る正宮や別宮などへの参拝後は、式年遷宮記念 せんぐう館へ。外宮御正殿の原寸大模型などの展示は必見。装束、神宝などの一部も見学できる。

MAP 付録P.25 D-2

☎0596-24-1111(神宮司庁) 所伊勢市豊川町 開5:00~18:00(5~8月は~19:00、10~12月は~17:00) 休無休 料無料 交JR/近鉄・伊勢市駅から徒歩5分 Pあり

↑小さな火除橋を渡ったら、手水舎で手と口を清めてから第一鳥居をくぐろう

1 表参道火除橋

おもてさんどうひよけばし

神域と俗界の架け橋

外宮の玄関口。防火の役目を持つ堀川に架かるのが名の由来。

→

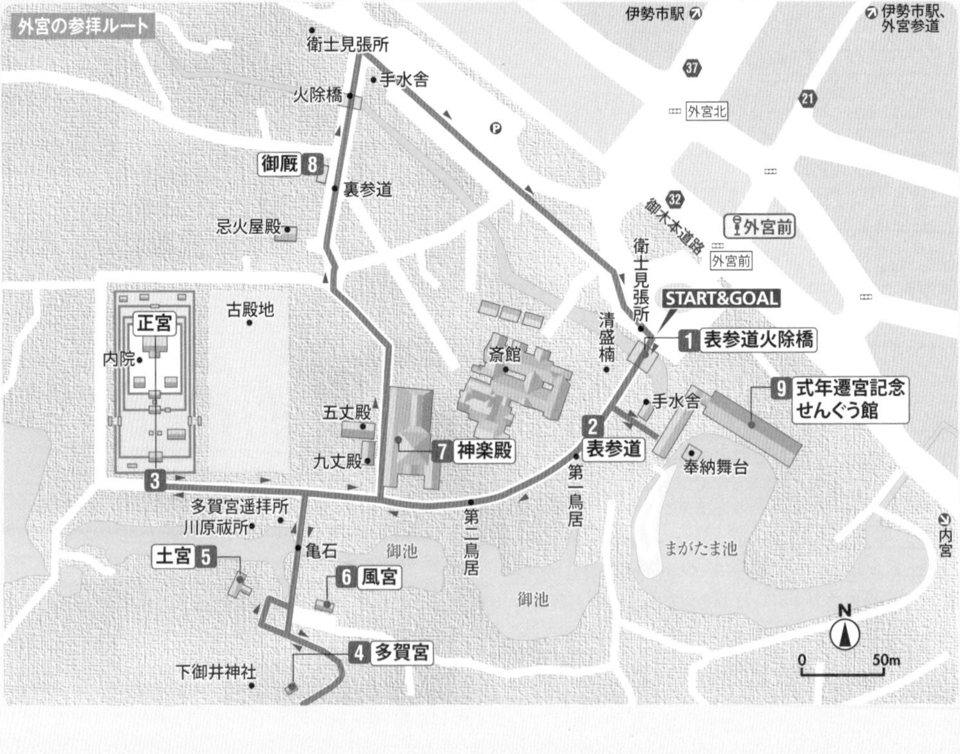

外宮の参拝ルート

伊勢市駅
伊勢市駅、外宮参道
内宮
37
21
32
衛士見張所
手水舎
火除橋
外宮北
御厩 8
裏参道
忌火屋殿
御木本道路
外宮前
外宮前
衛士見張所
START&GOAL
1 表参道火除橋
清盛楠
古殿地
正宮
内院
斎館
9 式年遷宮記念 せんぐう館
手水舎
五丈殿
2 表参道
7 神楽殿
九丈殿
奉納舞台
3
第一鳥居
多賀宮遥拝所
川原祓所
第二鳥居
亀石
御池
まがたま池
土宮 5
6 風宮
御池
4 多賀宮
下御井神社
N
0 50m

拝観の目安◆約1時間

伊勢神宮 外宮 拝観コース

1 表参道火除橋 → 徒歩1分 → 2 表参道 → 徒歩3分 → 3 正宮 → 徒歩3分 → 4 多賀宮 → 徒歩1分 → 5 土宮 → 徒歩1分 → 6 風宮 → 徒歩1分 → 7 神楽殿 → 徒歩3分 → 8 御厩 → 徒歩5分 → 9 式年遷宮記念せんぐう館

2 表参道 おもてさんどう

↑みずみずしい緑とすがすがしい空気に包まれる表参道。聖域に足を踏み入れたことを実感できる

歩きながら心を清める道

第一、第二鳥居に続く参道。足元に敷かれた玉砂利を踏む音が、心を落ち着かせてくれる。

注目ポイント

清盛楠（きよもりぐす）

手水舎向かいの古木は、平清盛が参拝した折、冠にあたった枝を切らせたとの伝説が残る。

3 正宮 しょうぐう 祭神 豊受大御神（とようけのおおみかみ）

P.146に続く

外宮で最も神聖な場所

祭神の豊受大御神を祀る御正殿が建つ。御正殿は唯一神明造（ゆいいつしんめいづくり）と呼ばれる高床式の建築。ただし、四重の御垣に守られて一般の人は近づけない。一般参拝は、外から二重目の御垣にある外玉垣南御門（とのたまがきみなみごもん）から行う。

注目ポイント

正宮の社殿配置

外宮では御正殿の手前に西宝殿(さいほうでん)、東宝殿(とうほうでん)が並び、北東角に神様のお食事を供える御饌殿(みけでん)があるのが特徴。正宮は隣接して2つの敷地があり、式年遷宮で建て替える際に交互に利用している。現在、更地の場所を古殿地(こでんち)といい、次の遷宮の祭典が始まると、古殿地は新御敷地(しんみしきち)と呼び名を変える。

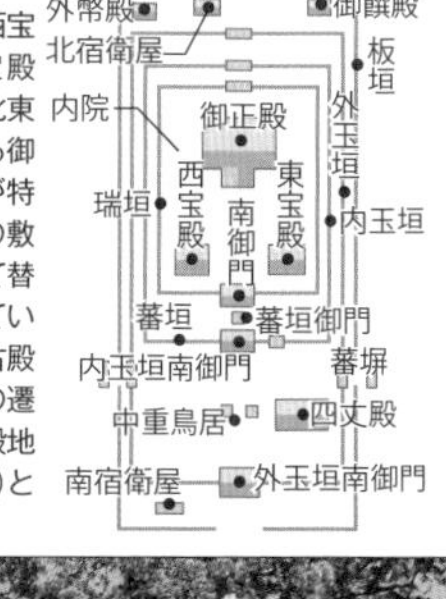

外宮ならではの神様の食堂

外宮には、神様が毎日いただく食事用の台所と食堂がある。神職たちは毎日神様の食事(神饌（しんせん）)を調理し、朝夕に食堂(御饌殿（みけでん）)へ供える。1日2回なのは、古代の人々が1日2食だったからという。

忌火屋殿 いみびやでん

神様に供える食事専用の調理場。特別な器具で清浄な火(忌火)をおこして神職が調理する。内宮の忌火屋殿は特別な祭事のみ利用される。

御饌殿 みけでん

神様の食事を供える食堂の役割。毎日朝夕2回、忌火屋殿で調理された神饌が運ばれ、神事が行われる。

↓一般参拝場所の外玉垣南御門。祭神を祀る建物は御垣の間から屋根をわずかに望むのみ

4 多賀宮 たかのみや 別宮

正宮に次ぐ格式 祭神 豊受大御神荒御魂（とようけのおおみかみのあらみたま）

別宮のなかで最も格式の高い第一別宮（べつぐう）。祭神・豊受大御神の荒御魂（あらみたま）を祀り、行動的で力強い神様といわれる。小高い丘の上にある。

注目ポイント
荒御魂（あらみたま）
神様の穏やかな側面を和御魂(にぎみたま)、行動的な面を荒御魂と呼ぶ。

小川を渡り、98段続く石段を上りきると多賀宮の社殿がある

神明造の古風な社殿が木立の中にたたずむ

5 土宮 つちのみや 別宮

外宮の土地を守る神様 祭神 大土乃御祖神（おおつちのみおやのかみ）

外宮創建前からの土地の守り神。平安末期に、宮川の氾濫から守る堤防の守護神として敬われた。ほかの別宮は南向きだが、ここのみ東を向いている。

東向きに建つ理由は不明のままで、南向きだと正宮に背を向けてしまうためなど諸説ある

6 風宮 かぜのみや 別宮

神風の貢献で別宮に格上げ

農業に重要な風雨をつかさどる神様を祀り、五穀豊穣（ごこくほうじょう）の祈りの場とされた。鎌倉時代の元寇（げんこう）で、蒙古（もうこ）軍に神風（かみかぜ）を吹かせた神様と伝えられる。

祭神 級長津彦命（しなつひこのみこと）、級長戸辺命（しなとべのみこと）

風雨の順調を祈るお宮。土宮の向かいにある

7 神楽殿 かぐらでん

御朱印やお守りも手に入る祈祷所

舞楽（ぶがく）の奉納や御饌（みけ）による祈祷を行う場。授与所があり、御神札（おふだ）やお守り、御朱印の受付も行う。

入母屋造の建物は平成12年(2000)造営

8 御厩 みうまや

毎月3回神馬（しんめ）がお参り

皇室から奉納された神馬を飼育。毎月1・11・21日の朝8時頃、菊花紋章（きくかもんしょう）の馬衣で正宮へ参拝する様子が見られる。

白馬が2頭おり、月に3回、神前に牽参(けんざん)する

9 式年遷宮記念 せんぐう館 しきねんせんぐうきねん せんぐうかん

式年遷宮（しきねんせんぐう）や神宮を紹介する博物館

式年遷宮を紹介する展示や映像、外宮御正殿の原寸大模型など、参拝ではわからない神宮を知ることができる。➡P.157

装飾や神宝なども展示

知っておきたい正宮に次ぐお宮のこと

伊勢神宮の別宮

いせじんぐうの べつぐう

参拝後に時間があれば、伊勢神宮の宮域を離れ、周辺に点在する神宮所属の宮社を訪ねてみたい。

神宮は125社の総称 宮社は伊勢市外にも

伊勢神宮は2所の正宮をはじめ、別宮、摂社、末社、所管社を含めた125社で構成される。正宮に次いで尊いとされるのが別宮で、正宮同様、重要祭典で皇室からの幣帛が供えられ、式年遷宮のたびに社殿の建て替えが行われている。14ある別宮のうち9社が内宮と外宮以外の場所にあり、伊勢市内のほか近隣の街にまで及ぶ。天照大御神にゆかりの深い神々を祀る宮、倭姫命が伊勢への巡幸中に天照大御神を祀った伝承地が選ばれている。

伊勢神宮の宮社の分類

正宮 しょうぐう
神宮の中心的な最も尊い宮。内宮と外宮には、それぞれの主祭神が祀られている。

別宮 べつぐう
正宮の「わけのみや」。正宮に次ぐ尊い宮。

摂社 せっしゃ
延長5年(927)にまとめられた『延喜式神名帳』(官社の一覧表)に記載のある神社。

末社 まっしゃ
『延喜式神名帳』には未掲載だが、神宮の儀式をまとめた『儀式帳』に記載のある神社。

所管社 しょかんしゃ
正宮または別宮が所管。御稲御倉など、天照大御神の衣食住に関わる神様などを祀る。

伊勢神宮の宮社数

	内宮	外宮	合計
正宮	1	1	2
別宮	10	4	14
摂社	27	16	43
末社	16	8	24
所管社	30	4	34
別宮所管社	8	0	8
合計	92	33	125

親子神の4宮が並ぶ　内宮の別宮

月読宮 つきよみのみや

祭神の月読尊は天照大御神の弟神で、夜を支配する月の神様。月夜見宮の月夜見尊と同じ神だが、異なる漢字で表される。境内には4宮が並んで建つ。

五十鈴川駅周辺 MAP 付録P.25 F-3
☎0596-24-1111(神宮司庁)
所 伊勢市中村町742-1
交 近鉄・五十鈴川駅から徒歩10分

月読宮、月読荒御魂宮、伊佐奈岐宮、伊佐奈弥宮の順に参拝を

天照大御神の弟神　外宮の別宮

月夜見宮 つきよみのみや

外宮の別宮で唯一宮域外にあり、天照大御神の弟神・月夜見尊を祀る。月夜見尊の行動的な一面である月夜見尊荒御魂も一緒に祀られている。

外宮周辺 MAP 付録P.25 D-1
☎0596-24-1111(神宮司庁)　所 伊勢市宮後1　交 JR／近鉄・伊勢市駅から徒歩3分

社殿屋根の装飾木は外宮御正殿と同様の特徴を持つ

文化の森にある　内宮の別宮

倭姫宮 やまとひめのみや

内宮と外宮の中央の丘陵地、倉田山に創建。祭神の倭姫命は天照大御神の鎮座地を求めて伊勢にたどり着き、神宮創建の立役者となった。

徴古館周辺 MAP 付録P.25 F-2
☎0596-24-1111(神宮司庁)　所 伊勢市楠部町5　交 JR／近鉄・伊勢市駅から三重交通バス・内宮前行きで10分、徴古館前下車、徒歩5分

静かな森の中にある。付近には神宮関連の文化施設が集まる

神秘的な渓谷に建つ　内宮の別宮

瀧原宮 たきはらのみや

瀧原宮と瀧原並宮の2宮が建ち、いずれも天照大御神御魂を祀る。内宮から離れて祀られているため、遙宮と呼ばれる。

滝原駅周辺 MAP 本書P.3 E-1
☎0596-24-1111(神宮司庁)　所 大紀町滝原872　交 JR滝原駅から徒歩20分／紀勢自動車道・大宮大台ICから車で5分

境内は渓谷の緑が深く神秘的な雰囲気

田植え祭りが有名　内宮の別宮

伊雑宮 いざわのみや

瀧原宮と同じく天照大御神御魂を祀る遙宮。倭姫命が、天照大御神へ捧げる神饌(お供え)の原料を求めて訪れた地とされる。

上之郷駅周辺 MAP 本書P.3 F-1
☎0596-24-1111(神宮司庁)　所 志摩市磯部町上之郷　交 近鉄・上之郷駅から徒歩5分／伊勢自動車道・伊勢西ICから車で30分

6月に行う御田植式は日本三大御田植祭りのひとつ

いよいよ神宮のハイライト。至高至貴の輝かしい神様のもとへ

伊勢神宮 内宮

いせじんぐう ないくう

外宮をお参りしたら、天照大御神を祀る内宮正宮へ。五十鈴川の澄んだ水が参拝前の心と体を清らかにしてくれる。

清流岸辺の美しい森にある 神宮125社で最も尊い聖地

神宮の中心的存在で、正式名称は皇大神宮。約2000年前、清らかな五十鈴川のほとりに広がるこの森に天照大御神が祀られ、伊勢神宮の歴史が始まったという。美しい宇治橋を渡って神苑を過ぎ参道をさらに奥へ進むと、祭神を祀る正宮がある。域内には子授け・安産の子安神社も建つ。

MAP 付録P.25 F-4

☎0596-24-1111(神宮司庁)
所 伊勢市宇治館町1
開 5:00〜18:00(5〜8月は〜19:00、10〜12月は〜17:00) 休 無休 料 無料 交 JR/近鉄・伊勢市駅から三重交通バス・内宮前行きで20分、終点下車すぐ
P 市営駐車場利用

1 宇治橋

うじばし

結界の橋から神宮最上の聖域へ

俗界と聖域を結ぶのは、長さ約100mの純日本風の反り橋。20年に一度、式年遷宮の4年前に架け替えられる。

注目ポイント

宇治橋大鳥居

橋の両端の大鳥居は、内宮・外宮の旧御正殿の棟持柱を再利用したもの。

冬至の日に、宇治橋の鳥居から朝日が昇る神々しい風景が見られる

内宮の参拝ルート

11 大山祇神社/子安神社
神宮司庁
衛士見張所
おはらい町・おかげ横丁
宇治橋 1
START&GOAL
衛士見張所
参宮案内所
内宮前
伊勢街道 23
外宮
神苑 2
参集殿 10
御厩 9
饗膳所
大正天皇御手植松
古札納所
手水舎
五十鈴川
御手洗場 3
4 瀧祭神
斎館
御池
火除橋
手水舎
由貴御倉
御酒殿
五丈殿
8 神楽殿
風日祈宮 7
島路川
荒祭宮 6
御稲御倉
外幣殿
忌火屋殿
四至神
荒祭宮遥拝所
籾だね石
5 正宮
古殿地
12
0 100m

拝観の目安◆約1時間

伊勢神宮 内宮 拝観コース

1 宇治橋 → 徒歩2分 → 2 神苑 → 徒歩3分 → 3 御手洗場 → 徒歩1分 → 4 瀧祭神 → 徒歩5分 → 5 正宮 → 徒歩3分 → 6 荒祭宮 → 徒歩7分 → 7 風日祈宮 → 徒歩3分 → 8 神楽殿 → 徒歩3分 → 9 御厩 → 徒歩1分 → 10 参集殿 → 徒歩3分 → 11 大山祇神社／子安神社

2 神苑 しんえん

春と秋は神楽祭の舞台に

宇治橋を渡った参道両側に広がる、松の植えられた芝生が広がる地。大相撲春巡業の際には、横綱土俵入りがここで奉納される。

緑の芝生が広がる開放的な空間。秋には紅葉が美しい

注目ポイント

大正天皇御手植松（たいしょうてんのうおてうえまつ）

明治24年(1891)、大正天皇が皇太子時代に記念にお手植えした松を神苑で見られる。

3 御手洗場 みたらし

清流で手を清めたい

五十鈴川の岸辺にある清めの場。徳川綱吉（つなよし）の生母・桂昌院（けいしょういん）が寄進したとされる石畳が敷かれている。ここで手を清めるのが古来の作法だった。

五十鈴川上流の豊かな自然が広がる。紅葉の季節には川面が鏡面となって木々の赤や黄色を映し出す

4 瀧祭神 たきまつりのかみ　所管社

P.150に続く

五十鈴川を守る神様を祀る

祭神 瀧祭大神（たきまつりのおおかみ）

五十鈴川の守護神である瀧祭大神を祀る。板垣に囲まれた内部に社殿はなく、石畳に祀られている。

簡素だが所管社で第1位の格式を持つ

注目ポイント

内宮の紅葉

内宮では11月下旬～12上旬に紅葉を楽しめる。御手洗場や風日祈宮橋付近が特に美しい。

5 正宮
しょうぐう

神宮で最も聖なる場所

石段を上ると、四重の御垣に囲まれて、天照大御神を祀る唯一神明造の御正殿が建つ。御正殿には、神職が交代で番をする宿衛屋という建物がある。一般参拝は二重目の御垣にある外玉垣南御門の前で。

祭神 天照大御神

写真撮影は階段の下までなので注意

注目ポイント

正宮の社殿配置

外宮よりも少し敷地が広く、西宝殿(さいほうでん)と東宝殿(とうほうでん)が御正殿の後ろにある。内宮・外宮の御正殿の床下には、心御柱(しんのみはしら)と呼ばれる柱がある。見るのもはばかられるとされる神聖な柱で心御柱に関する祭事は秘儀とされている。

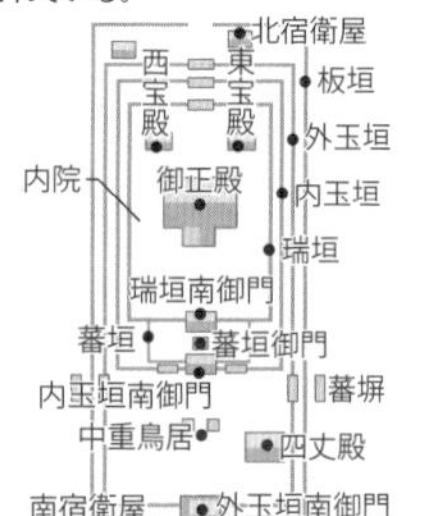

6 荒祭宮
あらまつりのみや　別宮

正宮と併せて参拝したい

別宮で最も格上の第一別宮。天照大御神の一面である、荒御魂(行動的で活発な魂)を祀る。正宮に次ぐ規模の神明造の建物だ。

祭神 天照大御神荒御魂

木立に囲まれて緑の中にたたずむ

7 風日祈宮 かざひのみのみや 別宮

豊穣の祈りが捧げられる

風雨をつかさどる神を祀る。5月と8月には、風雨の順調と五穀豊穣を願う風日祈祭を斎行。外宮の風宮と同様、元寇で神風を吹かせた神。

祭神 級長津彦命、級長戸辺命

↑祭神はともに伊弉諾尊(いざなぎのみこと)の御子神

↑宇治橋に似た風情ある橋。渡った先に風日祈宮がある

注目ポイント

風日祈宮橋

五十鈴川支流の島路川(しまじがわ)に架かる橋の上からは、新緑や秋の紅葉が楽しめる。別名は五十鈴川御橋(いすずがわみはし)。

8 神楽殿 かぐらでん

銅板葺入母屋造の重厚な建物

御神楽や御饌などの祈祷を行う神楽殿と御饌殿が建つ。お守りや御朱印を授ける御神札授与所もある。

↑祈祷の受付所も設けている。予約は不可

9 御厩 みうまや

神馬の参拝風景を見学

皇室から献上された神馬がいる。外宮同様、毎月1・11・21日の8時頃に神職に伴われ正宮へ参拝する。

↑参拝時は神馬も正装して向かう

10 参集殿 さんしゅうでん

参拝途中にここでひと休み

参拝者向けに用意された無料休憩所。中央にある能舞台では、能や狂言の奉納などの行事が行われる。

→ひと休みしたら子安神社へ向かおう

11 大山祇神社／子安神社 おおやまつみじんじゃ／こやすじんじゃ 所管社

↑大山祇神社と子安神社が立ち並ぶ

安産や子授けの神として人気

子安神社は安産・子授けの神・木華開耶姫神を祀る。大山祇神社はその父神で、神路山の入口の守護神・大山祇神を祀る。

祭神 大山祇命・木華開耶姫命

神明造が間近で見学できます

神様を祀る御正殿は、御垣や御幌(絹の布)に閉ざされて参拝場所からは見られない。小規模ながら、近くで見られる同様の形式の建物を紹介。

御稲御倉 みしねのみくら

神宮神田で収穫した稲を納める穀倉。三節祭のときに神様に供える。

外幣殿 げへいでん

古神宝類を納める場所。高床式の建物は、古代の倉庫そのものの趣を持つ。

お伊勢参りの風情と賑わいが楽しめる内宮の門前町

おはらい町&おかげ横丁

美しい石畳の通りに、歴史情緒を感じさせる切妻、入母屋、妻入様式の店が軒を連ねる2つの門前町。江戸時代のお伊勢参り気分に浸りながら、伊勢を代表する名物のグルメやみやげ探しを満喫したい。

参宮街道の終点は年中大盛況

おはらい町 おはらいまち

MAP 付録P.25 F-3

宇治橋の手前から五十鈴川に沿って、約800mの石畳の通りにさまざまなグルメや雑貨の店が軒を連ね、内宮参拝時に立ち寄る人々で大いに賑わう。

☎0596-65-6091(伊勢市駅観光案内所)
所 伊勢市宇治中之切町、宇治今在家町
営休 店舗により異なる 交 JR/近鉄・伊勢市駅から三重交通バス・内宮前行きで20分、終点下車すぐ P 市営駐車場利用

江戸時代の雰囲気満点

おかげ横丁 おかげよこちょう

MAP 付録P.25 F-3

お伊勢さんの「おかげ」という感謝の気持ちをもって開業。江戸から明治期にかけての伊勢路の代表的な建築物を移築・再現し、みやげ物店などが集まる。

☎0596-23-8838(おかげ横丁総合案内)
所 伊勢市宇治中之切町52 営 9:30〜17:00(季節により異なる) 休 無休 交 JR/近鉄・伊勢市駅から三重交通バス・内宮前行きで17分、神宮会館前下車、徒歩1分 P 市営駐車場利用(有料)

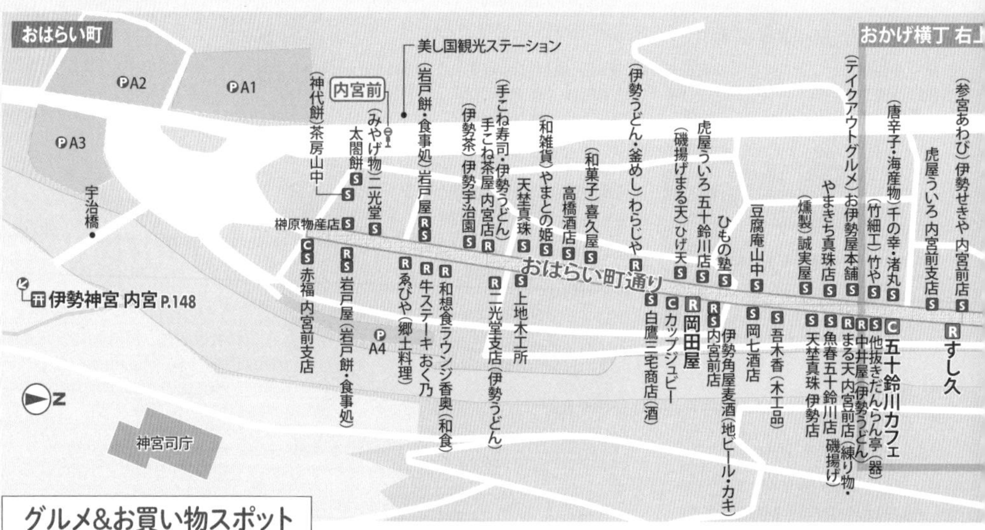

グルメ&お買い物スポット

赤福本店

あかふくほんてん

おかげ横丁 MAP 本書P.153

宝永4年(1707)の創業以来、参宮客の英気を養ってきた伊勢名物の代表格、赤福餅。つくりたての味を本店で味わいたい。

↑お召し上がり「盆」300円。赤福餅2個と香ばしいほうじ茶のセット

↑みやげ「折箱」900円〜。8個入り、12個入りなど

☎0596-22-7000(総合案内)
所 伊勢市宇治中之切町26 営 5:00〜17:00(繁忙期は時間変更あり) 休 無休

五十鈴川カフェ

いすずがわカフェ

おかげ横丁 MAP 本書P.153

五十鈴川を眺めながら、優雅にティータイムが楽しめる純和風カフェ。ハンドドリップコーヒーとケーキが人気だ。

↑和三盆と白豆のくるり220円

→五十鈴川が一望できるカウンター

☎0596-23-9002
所 伊勢市宇治中之切町12 営 9:30〜17:00(LO16:30、季節により異なる) 休 無休

門前町のお楽しみ

情緒あふれる雰囲気でそぞろ歩きだけでも楽しめるが、ポイントを押さえて、より充実したお伊勢参りの思い出に。

名物グルメを食べ比べ

昔からお伊勢参りの旅人が味わってきた赤福餅をはじめ、伊勢志摩の郷土の味から人気の甘味まで名物が豊富。テイクアウトグルメも充実している。

伊勢みやげ探し

お伊勢参りのおみやげは、やはりここで買い求めたい。銘菓などの食べ物からおしゃれな和雑貨まで、多彩な店と品揃えからお気に入りを見つけたい。

神恩感謝の催しをチェック

毎月1日の「朔日(ついたち)参り」早朝はおかげ横丁に朝市が立ち、料理店で限定メニューが登場。毎週末には太鼓櫓(たいこやぐら)で神恩太鼓(しんおんだいこ)が演奏され、特別な気分を味わえる。

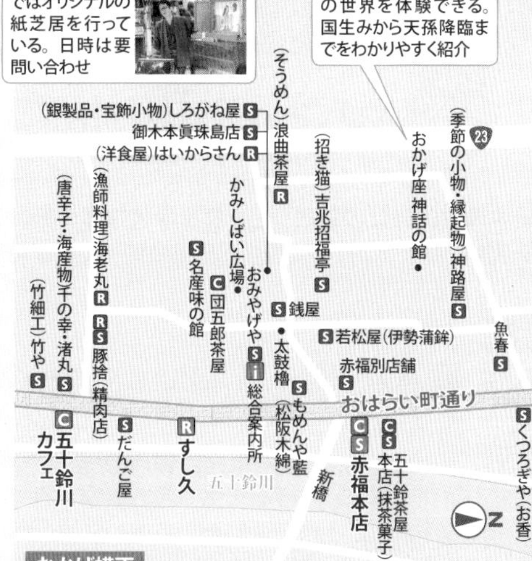

神宮祭主の宿泊所。明治初期に廃寺となった旧慶光院の客殿を利用しており、重要文化財に認定されている。見学は不可

伊勢では、小さな路地を世古(せこ)と呼ぶ。おはらい町通りから世古に足を踏み入れ、街の素顔にふれてみたい

神宮司庁の旧庁舎。現在は神職や神職を志す学生の研修施設として活用されている。見学は不可

H 神宮会館 P.166
神宮会館前
祭主職舎
五十鈴川郵便局
真珠SAKURA S
(和菓子)藤屋窓月堂本店 S
百五銀行
伊勢茶 翠 S
C S 赤福本店
C S 五十鈴茶屋 本店(抹茶菓子)
S くつろぎや(お香)
S カクタパールギャラリー(真珠)
梅谷ノ世古
松谷ノ世古
神宮道場
五十鈴塾左王舎
溝ノ世古
S 村田酒店
S やきもの泰二郎
S へんばや商店おはらい町店(へんば餅)
R とうふや
S 宝彩
五十鈴塾右王舎
五十鈴塾中王舎
手こね茶屋本店(手こね寿司・伊勢うどん) R
P.144 伊勢神宮 外宮
R 武雷庵(的矢カキ・松阪牛)
出入口
地下道
R 野遊び棚
C S 赤福五十鈴川店
P B1 P B2 P B3 P B4 P B5 P B6
五十鈴川
新橋
おはらい町通り

駐車場の利用

おはらい町、おかげ横丁周辺には、宇治橋側のA1～A4と御木本道路側のB1～B6の駐車場がある。A1～A4は満車になると規制がかかるため、混雑時はB1～B6を利用したい。

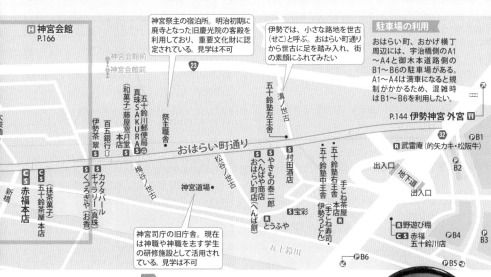

すし久

すしきゅう

おかげ横丁 MAP 本書P.153

伊勢志摩の郷土料理が味わえる食事処。清流五十鈴川が見える場所に江戸時代のたたずまいが残る元料理旅館の歴史ある店内で、てこね寿し、麦とろろなどが楽しめる。

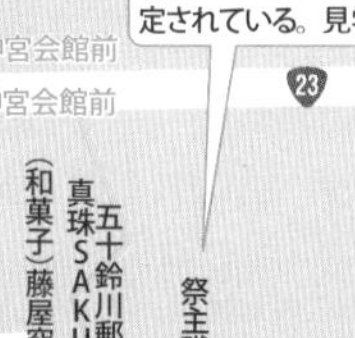

天ぷらと小鉢、赤だしなどが付くてこね寿し 竹平膳 2020円

☎0596-27-0229 所伊勢市宇治中之切町20 営11:00～17:00(LO16:30) 休無休

岡田屋

おかだや

おはらい町 MAP 本書P.152

昭和28年(1953)創業。食堂としてスタートしたが、移転後に店の伊勢うどんがクチコミで評判になり、専門店になった。若き3代目が暖簾を守る。

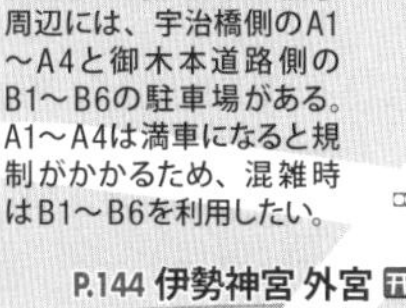

伊勢うどん600円。極太のやわらかな麺にタレがよく絡む

☎0596-22-4554 所伊勢市宇治今在家町31 営10:30～17:00 休木曜(祝日の場合は水曜)、月1度水曜不定休

神話の時代に遡り、伊勢神宮のルーツを探る

永遠の聖地をめぐる2000年の旅

日本最古の神社のひとつとされる伊勢神宮の起源を求め、はるか2000年前へとタイムスリップ。
最高神・天照大御神(あまてらすおおみかみ)の快適な安住の地を探し求める旅から、伊勢神宮の誕生物語は始まる。

伊勢神宮は何故に日本最高の聖地といわれるのか?

八百万(やおよろず)の神のトップが自ら選んだ安住の地 日本の平穏を見守り続ける神様が今も鎮座する

伊勢神宮の祭神は、皇室の祖先神で、日本人の大御祖神(おおみおやがみ)とされる天照大御神(あまてらすおおみかみ)。八百万の神の最上位とされる神、万物に影響を与える太陽神ともいわれ、「天岩戸神話(あまのいわと)」では、日本の秩序をつかさどる神として描かれる。その天照大御神の鎮座地とされるのが伊勢神宮。内宮に祀られる天照大御神は、「今もそこに鎮座する最高神」であることから、特別な天照坐皇大御神(あまてらしますすめおおみかみ)という祭神名を持つ。伊勢神宮が日本最高の聖地とされる所以だ。伊勢神宮は全国の神社の本宗であり、全国の神社のなかでも別格の存在とされている。

紀元前1世紀

神様の鎮座地を求めた巡行 倭姫命(やまとひめのみこと)の旅

太陽の神・天照大御神にふさわしい理想の地を求めて皇女が諸国を駆け巡る

『日本書紀』によると、10代崇神(すじん)天皇の時代に疫病が流行り、多くの犠牲者を出した。崇神天皇は宮中で祈りを捧げたが、願いは叶わなかったという。そんな折、崇神天皇が、宮中に祀る天照大御神を宮中外へ遷すよう命じる。その理由は、「疫病退散のために神が下したお告げ」、あるいは「宮中に天照大御神を祀るのは畏れ多いと感じたから」ともいわれる。大和の笠縫邑(かさぬいむら)に天照大御神を祀る宮が整えられ、皇女の豊鍬入姫命(とよすきいりひめのみこと)が天皇に代わって昼夜奉仕をした。

やがて疫病は止み、人々の生活が豊かになると、11代垂仁(すいにん)天皇は天照大御神をより良い場所へ遷すことにする。候補地探しを命じられた皇女の倭姫命は理想の宮地を求め、伊賀、近江、美濃などを巡行。伊勢の国・度会(わたらい)にある宇治の五十鈴川上流にたどり着いた。倭姫命が巡行の途中に立ち寄り天照大御神を祀ったとされる伝承地が近畿各地にある。それらの地は元伊勢と呼ばれ今も大切にされている。

天照大御神の天岩戸神話

天照大御神は、末弟・須佐之男命(すさのおのみこと)の乱暴な振る舞いに嘆き苦しみ、天岩戸に身を隠してしまう。すると世の中は闇に包まれた。困った八百万(やおよろず)の神は、天鈿女命(あめのうずめのみこと)に愉快な踊りをさせて、天照大御神を天岩戸から外へ出すことに成功する。世の中は明るさを取り戻し、平穏な日常が戻ったという。

踊りが気になり天照大御神が顔をのぞかせたところで、力自慢の手力男命(たぢからおのみこと)が岩戸を開け放った。この伝説の舞台となったとされる岩戸は、全国に数多くある。『大日本名将鑑』〈国立国会図書館所蔵〉

天の岩戸(あまのいわと) 志摩磯部 MAP 本書P.3 F-1

恵利原の水穴ともいわれ、天照大御神が身を隠したという天の岩戸伝説が残る。洞窟から日本の名水百選に選ばれた清水が湧き出る。

☎0599-46-0570(志摩市観光協会)
所 志摩市磯部町恵利原 開休料 見学自由
交 近鉄・志摩磯部駅から徒歩5分の磯部バスセンターから三重交通バス・伊勢市駅前行きで9分、天の岩戸口下車、徒歩20分 Pあり

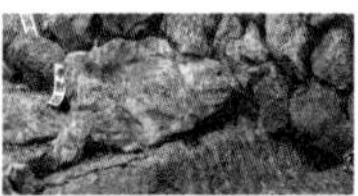

岩戸を開いた手力男命の手形が残る手形石

神宮林に囲まれた神秘的な雰囲気。鳥居の奥にある洞窟から清水が湧く

二見

夫婦岩(めおといわ)の浮かぶ伊勢の二見浦は、倭姫命が巡行で最初に上陸した地と伝わり、参宮前の禊(みそぎ)の場となった。倭姫命が景色の美しさに二度振り返ったのが二見の地名の由来という。

江戸時代の伊勢神宮の内宮(右)と外宮(左)。『伊勢両社宮画』〈斎宮歴史博物館所蔵〉

紀元前1世紀

五十鈴川のほとりに社殿を造営 天照大御神が鎮座

美しい自然に恵まれた「うまし国」伊勢が天照大御神の永住の地「神宮」に選ばれる

倭姫命が伊勢に入ったのは、伝承によれば垂仁天皇26年(紀元前4年)とされている。天照大御神は伊勢にたどり着いた倭姫命に、「この神風の伊勢の国は常世の浪の重浪帰する国なり。傍国の可怜し国なり。この国に居らむと欲う(この神風の伊勢の国は、永遠の国の波が打ち寄せる国である。辺境にあるが、美しく立派な国である。この国に住みたいと思う)」とのご神託を告げたと『日本書紀』に記されている。伊勢は山河や海の幸に恵まれた風光明媚な土地。その伊勢にある別天地、緑の山々に囲まれた清流・五十鈴川の岸辺を天照大御神は自らの永住地とした。天照大御神の暮らす社殿(内宮)が造営され、伊勢神宮が誕生する。

5世紀頃

高倉山の麓に食の神様を祀る 外宮を創建

天照大御神たっての希望によって豊受大御神を山田原の外宮に迎え入れる

天照大御神が鎮座して約500年後、日本がますます繁栄した21代雄略天皇の時代。伝承によると、天皇の夢に天照大御神が現れ、「ひとりでは食事も心もとないので、丹波国の真名井にいる止由気(等由気)大神(天照大御神の食をつかさどる食物神、豊受大御神のこと)を自分のもとに呼んでほしい」と告げたという。雄略天皇は、度会の山田原にお宮(現在の外宮)を建て、豊受大御神を祀った。伊勢神宮の内宮と外宮が整ったのは、今から約1500年前とされている。外宮内にある御饌殿では、豊受大御神の鎮座以来一日も欠かさず、天照大御神の食事が用意されている。

天照大御神に仕えた斎王

天皇に代わり神宮で天照大御神に仕える者を斎王といい、天皇の未婚の皇女または王女が派遣された。神宮鎮座前に仕えた豊鍬入姫命はその原点とされ、倭姫命が後を継いだ。斎王制度は南北朝時代まで続いた。

斎宮歴史博物館(さいくうれきしはくぶつかん) 斎宮駅周辺 MAP 本書P.3 E-1

斎王の宮殿である斎宮跡に建つ。博物館では、斎王の儀礼や暮らしぶり、大勢の供を連れ伊勢へ旅立つ斎王群行などについて、映像や模型を駆使して詳しく紹介している。

☎0596-52-3800 所明和町竹川503 開9:30～16:30
休月曜(祝日の場合は翌日)、祝日の翌日 料340円
交近鉄・斎宮駅から徒歩15分 Pあり

斎王の居室を原寸大に復元した模型を展示

斎宮跡の発掘調査の成果や経過についても紹介している

外宮だけの祭事・日別朝夕大御饌祭

外宮の御垣内にある御饌殿(P.145)では、毎日朝夕に神々へお供えを捧げ、国家平安や国民平穏を祈り、感謝を捧げる「日別朝夕大御饌祭」を神職が執り行う。毎日火をおこし、蒸した米や塩、神域内の井戸水のほか、酒や魚、海藻、野菜などが調理され、御饌殿に1日2回供えられている。

歌川広重筆『伊勢参宮 宮川の渡し』〈かめやま美術館所蔵〉。19世紀前半のブーム年には、当時の人口の約17％にあたる約500万人が伊勢参りをした

写真提供：三重大学附属図書館

紀元前
1世紀頃～

朝廷から庶民へと浸透する参拝

広がる伊勢信仰

歴代天皇が国家の安寧を祈るためのお宮は、天皇家から武家、庶民へと信仰の対象が広がった

伊勢神宮は皇室の祖神・天照大御神を祀る社であり、天皇が国家の安泰や五穀豊穣を祈る公の宮として誕生した。そのため、天皇以外の者が幣帛（神への供物）を捧げることは許されず、「私幣禁断」が習わしだった。たとえ皇后や皇太子であっても、捧げ物をするには天皇の許可が必要だったという。

ところが、10世紀に律令体制の崩壊が始まると、頼りの税収は途絶えてしまう。資金調達の手段とされたのが、皇室以外の一般信者を迎え入れ、広く寄進を集めることだった。神職らは手分けして各地をまわり、武家や有力者に神宮の神徳を説いて寄進を募った。神々を統率する天照大御神は、源氏や足利家など東国武士らから崇敬を集め、伊勢信仰が武家社会へ広まった。

各地に派遣された神職は御師と呼ばれ、主に下級神職がその任に就いた。御師は信者と伊勢神宮との仲介役となり、祈禱やお祓いをし、神宮の神札である御祓大麻を配り、伊勢暦や伊勢のみやげを携えて信者獲得に奔走した。天下泰平の世となった江戸時代には、多くの御師が生まれて全国を飛び回り、一般民衆にも伊勢信仰を浸透させていった。

17～
19世紀

江戸時代の集団参詣

お伊勢参りブーム到来

**御師が旅行代理業を務めて仕掛けた伊勢講
庶民の旅行熱と相まって一大ブームを巻き起こす**

全国に多くの信者を獲得した御師たちは、今度は伊勢への参宮を信者にすすめた。御師は伊勢神宮近くの私邸に参拝者を泊めて食事でもてなし、自宅内の神楽殿で祈禱を行った。旅費を賄えない人々には、御師が伊勢講という集団を組織させた。団体で旅費を積み立て、抽選で選ばれた人が代表で参拝に行く仕組みだ。

江戸時代には五街道や宿場が整備されたこともあり、周辺観光を兼ねたお伊勢参りが大流行する。ほぼ60年周期で熱狂的なブームが起こり、ブームにのってつめかける参詣は「おかげ参り」と呼ばれた。平成25年（2013）の式年遷宮の年にも江戸時代に劣らぬブームを呼び、多くの参詣者が伊勢へと足を運んでいる。

常若を願う行事・式年遷宮

式年遷宮とは、定められた年に社殿を造営し、御神体（神様）を新宮へ遷す祭事のこと。伊勢神宮では、約1300年前から延々と続けられる神宮の最重要祭事だ。建て替えは20年ごとに行い、古代の神殿建築を新たに蘇らせる。再生を繰り返すことで常に若々しく清浄で、未来永劫の永遠を保つとされる「常若」の精神が根底にある。

悠久の歴史にふれられる美術館と博物館

伊勢神宮の歴史と文化を知るスポット

伊勢神宮の歴史を伝えるスポットを紹介。参拝前に立ち寄って知識を深めておくのもいいし、神宮の神聖さにふれてから訪れて、じっくりとその余韻を味わうのもおすすめだ。

神宮徴古館 農業館

じんぐうちょうこかん のうぎょうかん

神宮の精神文化を紹介

徴古館は神宮のお祭や歴史・文化に関する資料を中心に展示。神事に使う祭器具や神様へのお供え物の展示を通じ、神宮の営みを紹介している。農業館は皇室御下賜品(ごかしひん)や神様にお供えする神饌(しんせん)をはじめ、産業資料・農林水産資料を展示する。

徴古館周辺 MAP 付録P.25 F-2

☎0596-22-1700 所伊勢市神田久志本町1754-1
開9:00〜16:30(入館は〜16:00) 休木曜(祝日の場合は翌日休)
料500円(神宮美術館との共通券700円)
交JR/近鉄・伊勢市駅から三重交通バス・徴古館経由内宮前行きで10分、神宮徴古館前下車、徒歩3分 Ｐ神宮美術館と共通

↑農業館の建物は平等院鳳凰堂がモデル

←ルネサンス風の重厚な建物は片山東熊の設計

神宮美術館

じんぐうびじゅつかん

日本最高峰の美術作品が一堂に会する

文化勲章受章者など、それぞれの時代で日本を代表する一流の美術工芸家が神宮に献納した作品を展示。絵画や書、彫刻、工芸品など傑作の数々が見られる。銅板葺(どうばんぶ)きの屋根をいただく日本情緒たっぷりの外観も目を引く。

徴古館周辺 MAP 付録P.25 F-2

☎0596-22-1700 所伊勢市神田久志本町1754-1 開9:00〜16:30(入館は〜16:00) 休木曜(祝日の場合は翌日休) 料500円(神宮徴古館との共通券700円) 交JR/近鉄・伊勢市駅から三重交通バス・徴古館経由内宮前行きで10分、神宮徴古館前下車、徒歩3分 Ｐ神宮徴古館 農業館と共通

↑素木を組み込んだ館内も和の雰囲気

←広くとられた美術館の窓から、日本庭園を一望

神宮文庫

じんぐうぶんこ

日本文化や神道学の膨大な資料が集まる

日本の伝統文化を探る資料となる、神道学や文学・歴史文献など約31万冊の書物を収蔵する図書館。一部の貴重本や特殊本を除き、図書の閲覧ができる。入口の「黒門」は、現存する数少ない御師遺構のひとつとして貴重な建築物だ。

徴古館周辺 MAP 付録P.25 F-2

☎0596-22-2737 所伊勢市神田久志本町1711 開9:00〜16:00 休月〜水曜の図書閲覧、日曜・祝日 料無料 交JR/近鉄・伊勢市駅から三重交通バス・徴古館経由内宮前行きで10分、神宮徴古館前下車、徒歩3分 Ｐあり

↑安永9年(1780)築の旧御師・福島みさき大夫邸の門を移築した「黒門」

式年遷宮記念 せんぐう館

しきねんせんぐうきねん せんぐうかん

式年遷宮の壮大なお祭りの中身がわかる

第62回式年遷宮を記念して平成24年(2012)に開館。式年遷宮のお祭りや社殿建築、御装束神宝などの調製工程品や、映像などで詳しく紹介。外宮御正殿の原寸大模型や外宮殿舎の配置模型もあり、伊勢神宮の建築がよくわかる。

外宮周辺 MAP 付録P.25 D-2

☎0596-22-6263 所伊勢市豊川町前野126-1(外宮まがたま池)
開9:00〜16:30(入館は〜16:00) 休第2・4火曜(祝日の場合は翌日休)
料300円 交JR/近鉄・伊勢市駅から徒歩5分 Ｐ外宮と共通

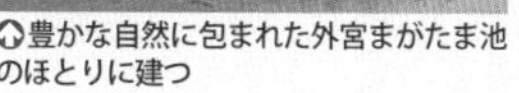

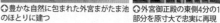

↑豊かな自然に包まれた外宮まがたま池のほとりに建つ

↑外宮御正殿の東側4分の1部分を原寸大で忠実に再現

南紀は日本でも有数の海辺の温泉リゾート。
開放感あふれる海に面した露天風呂はもちろん、
新鮮な海の幸を味わえる磯料理を満喫したい。

潮騒が響く眺望抜群の名湯に身も心も癒やされる

海を望む露天風呂が自慢の宿

白浜ならではの雄大な景観と
由緒ある源泉を満喫できる宿

INFINITO HOTEL&SPA 南紀白浜

インフィニート ホテル&スパ なんきしらはま

白浜 MAP 付録P.15 F-4

白浜の高台に位置し、眼下には白浜の街並や太平洋が広がる。源泉かけ流しの温泉は、白浜で最も古い源泉といわれる「行幸(みゆき)源泉」を引いている。スパリゾートとしてエステルームやジム、プライベートプールも完備。

☎0739-42-2733
所白浜町2018 交JR白浜駅から明光バス・三段壁行きで18分、新湯崎下車、徒歩20分 Pあり(白浜駅から無料送迎あり、要予約)
in15:00 out11:00 室74室(全室禁煙)
予算1泊2食付3万4800円～ 日帰り入浴なし

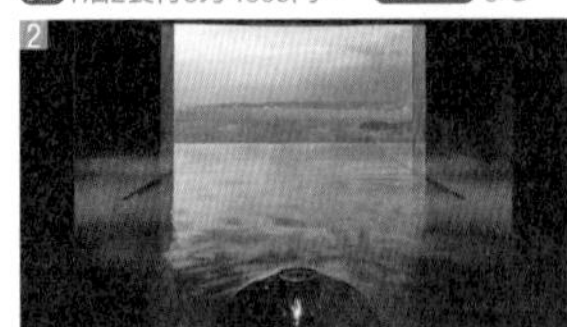

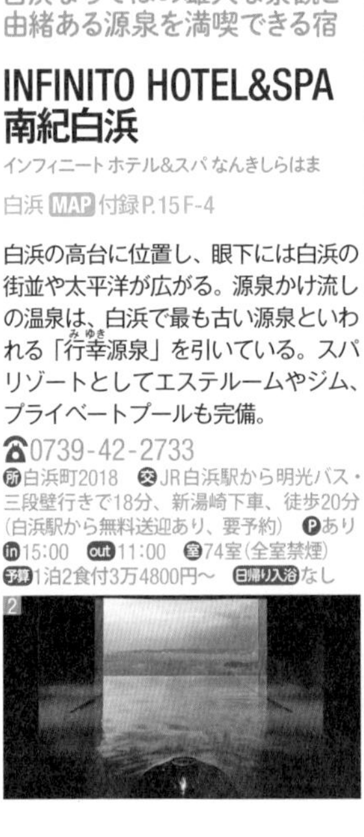

1. 温泉露天風呂付きの客室「ラナイスイート」。温泉に浸かりながら絶景を独り占めできる
2. 幻想的な空間に包まれる、源泉かけ流し展望露天風呂「昴」
3. 地元でとれた新鮮な食材を使った和食がいただける食事処「凪」
4. 季節の食材にこだわった南紀イタリアンガーデンレストラン「ジョヴァンニ」
5. 大浴場「空」は、海と一体化したような景色が満喫できる、開放感抜群のインフィニティ風呂

勝浦湾に浮かぶ緑豊かな島が
まるごと贅沢な一島一旅館

碧き島の宿 熊野別邸 中の島

あおきしまのやど くまのべってい なかのしま

那智勝浦 MAP 付録P.21 E-4

勝浦観光桟橋から専用船で行く、エメラルドグリーンの海に浮かぶ島全体が温泉宿。島内に源泉6本を保有する源泉かけ流しの天然温泉は絶景露天風呂が人気。貸切露天風呂や足湯も用意している。

☎0735-52-1111
所那智勝浦町勝浦1179-9
交JR紀伊勝浦駅から徒歩7分の勝浦観光桟橋から専用渡船で5分 Pあり in15:00 out11:00 室44室(全室禁煙) 予算1泊2食付3万950円～ 日帰り入浴なし

1.作家の藤本義一が名付けた名物露天風呂「紀州潮聞之湯」(男女入れ替え制)
2.新館「凪の抄」。全客室のバルコニーには露天風呂が付いている
3.別館「潮聞亭」。新館「凪の抄」と同様、潮騒を聞きながら、勝浦湾を望む客室が揃う
4.地産の食材を使ったお造りや熊野で育まれた肉づくしが味わえる調理長渾身の会席料理

白浜の海が目の前に広がる
インフィニティ風呂を満喫

SHIRAHAMA KEY TERRACE HOTEL SEAMORE

シラハマ キー テラス ホテル シーモア

白浜 MAP 付録P.15 E-3

太平洋に面して建つ絶好のロケーションで、露天風呂や足湯からの眺望は圧巻。客室も大海原を望み、波音が響く癒やしの空間だ。新たに設けられたテラスやベーカリーなどは、観光客や地元の人々も集える場になっている。

☎0739-43-1000
所白浜町1821 交JR白浜駅から明光バス・三段壁行きで18分、新湯崎下車すぐ Pあり in15:00 out11:00 室160室(禁煙70室)
予算1泊2食付1万5000円～(税別)
日帰り入浴13:00～20:00/1000円/無休

1.その日水揚げされた魚介を中心に使った料理がいただける和食処「いけす円座」
2.美しい白浜の街や海を望むコーナースイートルーム
3.立ち湯の露天風呂「三段の湯」。眼下に広がる海の景色とともに温泉を堪能

岬全体が純和風の高級旅館
紺碧の海を望む混浴露天風呂

浜千鳥の湯 海舟

はまちどりのゆ かいしゅう

白浜 MAP 付録P.15 D-4

空と海が広がる岬に建つ。岬の突端には専用の湯浴み着で入る混浴露天風呂があり、絶景を望む最高のロケーション。ほかにも貸切風呂や露天風呂付客室があり、館内のほとんどの場所から大海原を望む。

☎0739-82-2220
所白浜町1698-1 交JR白浜駅から明光バス・三段壁行きで20分、草原の湯下車すぐ
Pあり in15:00 out11:00
室109室(全室禁煙) 予算1泊2食付2万2000円～(別途入湯税150円) 日帰り入浴要問い合わせ

1.死海水と死海泥を使用した贅沢なオリジナルコースを用意
2.朝日や夕日が海に映える露天風呂付の和洋室タイプの客室「波の抄」
3.家族やカップルで入浴できる広々とした絶景の混浴露天風呂

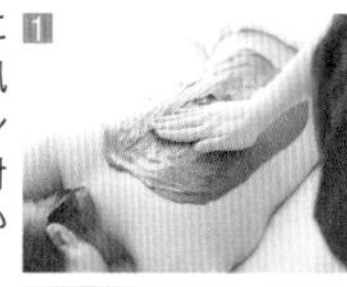

海を望む露天風呂が自慢の宿

那智の山々や熊野灘を望む
露天風呂と料理が自慢の湯宿

かつうら御苑

かつうらぎょえん

那智勝浦 MAP 付録P.21 E-2

海辺に建つ鉄筋10階建てで、庭園露天風呂や露天ジャクジー、西日本最大級の総檜造りの大浴場などを備える。マグロの仲買からの歴史があり、生マグロをはじめとした熊野灘の新鮮な海の幸を使った料理も好評だ。

☎0735-52-0333
所那智勝浦町勝浦216-19
交JR紀伊勝浦駅から徒歩10分 Pあり
in15:00 out10:00 室113室(禁煙14室)
予算1泊2食付1万5400円〜
日帰り入浴15:00〜21:00／1100円／不定休

1.熊野の山々や那智の滝、那智湾を望む庭園露天風呂、滝見乃湯(P.74)
2.熊野灘で獲れた海の幸を中心に熊野地方の旬の味を満喫できる(写真はイメージ)
3.海や神秘的な山々に浮かぶ月を望む露天風呂付の客室「月読」
4.大人が2人で入ってもゆったりできる「月読」の露天風呂

亀をモチーフにした送迎船で
名物の大洞窟露天風呂の宿へ

ホテル浦島

ホテルうらしま

那智勝浦 MAP 付録P.21 F-3

本館をはじめ4つの建物からなる勝浦随一の大型温泉リゾート。忘帰洞(ぼうきどう)と玄武洞(げんぶどう)(P.74)という天然の洞窟風呂はあまりにも有名で、ほかにも趣向の異なるいくつもの温泉があり、広大な館内で湯めぐりや散策が楽しめる。

☎0735-52-1011
所那智勝浦町勝浦1165-2 交JR紀伊勝浦駅から徒歩5分、勝浦観光桟橋から送迎船で5分 Pなし in15:00 out10:00 室398室(禁煙22室) 予算1泊2食付1万6650円〜
日帰り入浴9:00〜19:00(受付は〜18:00)／1500円／不定休

1.約60種類の料理が並ぶバイキングではまぐろ解体ショーも楽しめる
2.比較的リーズナブルに宿泊できる落ち着いた雰囲気の本館の和室
3.間口25m、高さ15m、奥行き50mの天然の洞窟にある露天風呂、忘帰洞

新鮮な海の幸を満喫できる
夕日に映える漁師町の一軒宿

シーサイド観潮

シーサイドかんちょう

和歌山 MAP 付録P.4 A-3

「日本の夕陽百選」に選ばれた素朴な漁師町に建つ湯宿。どの部屋からも海が眺められ、紀州温泉 ありがとうの湯や大浴場から見る海の景色は格別だ。雑賀崎の漁師から直接仕入れる新鮮な海の幸を堪能できる。

☎073-444-0111
所和歌山市田野82 交JR和歌山駅から和歌山バス・雑賀崎経由南海和歌山市駅行きで33分、観潮遊園下車すぐ Pあり in15:00 out10:00 室25室(全室禁煙) 予算1泊2食付1万6500円〜 日帰り入浴11:00〜14:30／1540円／不定休

1.離れの露天風呂付の客室では、静かにプライベート感を満喫できる
2.名物の活きアワビをはじめ、雑賀崎港直送の旬の魚介に舌鼓
3.和歌の浦・雑賀崎の絶景を見下ろす露天風呂、ありがとうの湯

上質な旅を演出してくれる
サービス充実のリゾートホテル

南紀白浜マリオットホテル

なんきしらはまマリオットホテル

白浜 MAP 付録P.15 F-3

世界各地に進出している高級ホテル・マリオットホテルが白浜にも登場。最上階にある露天風呂や5つの貸切風呂で、白浜の美しい景観とともに温泉を満喫できる。全室40㎡以上ある客室はオーシャンビューや和の趣など多彩。

☎0739-43-2600
所白浜町2428 交JR白浜駅から明光バス・三段壁行きで15分、白良浜下車、徒歩3分 Pあり in15:00 out11:00 室182室(全室禁煙)
予算1泊2食付2万6620円～(入湯税別)
日帰り入浴9:00～10:00 12:00(月曜の男湯、火曜の女湯は14:30)～21:00／1100円／無休

1.白良浜や太平洋の景観を満喫しながらくつろげる、ホテル最上階の露天風呂
2.温泉ビューバス付き プレミアルーム ツイン・キング
3.ディナーでは、季節の旬の食材を使用したグリル料理などを用意

四季折々の花が咲く庭園と
黒潮を望む露天風呂が自慢

花いろどりの宿 花游

はないろどりのやど かゆう

太地 MAP 付録P.22 B-1

太地くじら浜公園内にある街を代表する温泉宿。太平洋に面した4500坪の庭園や黒潮迫る庭園露天風呂など、太地を体感でき、料理は太地の鯨や勝浦のマグロ、熊野牛など、熊野の旬の味覚を満喫できる。

☎0735-59-3060
所太地町太地2906 交JR太地駅から町営じゅんかんバスで5分、くじら館下車すぐ(JR紀伊勝浦駅から無料送迎あり、要予約) Pあり
in15:00 out10:00 室40室(禁煙2室)
予算1泊2食付1万6500円～
日帰り入浴15:00～21:00／1100円／不定休

1.海が見える庭園露天風呂から黒潮を望む
2.夕食は熊野の食材を用いた創作料理
3.アジアンテイストの和洋室「花蓮」

海沿いにたたずむスタイリッシュな宿

全客室から海を望む
1日6組限定の隠れ家

海椿葉山

うみつばきはやま

白浜 MAP 付録P.12 B-4

南紀州の岸壁に建つ洗練されたデザインの温泉宿で、少ない部屋数ながら、全室が海に面し、大きな窓やテラスから雄大な太平洋を眺められる。古くから湯治に利用されてきたという泉質にも定評がある。

☎0739-46-0909
所白浜町椿1063-20 交JR白浜駅からタクシー送迎あり(無料、要予約) Pあり in15:00 out11:00
室6室(全室禁煙) 予算1泊2食付2万9850円～ 日帰り入浴なし

1.大浴場は内湯のみだが、窓越しに海を望む開放的なロケーション
2.10畳の和室「海風」は、土間が内路地となりデッキへと続いている
3.夕食は海の幸が中心で、潮騒を聞きながら、個室でいただける
4.グッドデザイン賞など数々の賞を受賞しているデザイナーズ旅館
5.暖炉やソファが置かれたくつろぎのスペースがある和みの宿

すべてのサービスに洗練さが際立つプレミアムステイ

極上空間で過ごす特別な旅

インテリア、美食、リラクゼーションに、
旅人を心からもてなすためのこだわりが光る。
優雅な大人の旅にふさわしい宿泊先はこちら。

1

白浜の岬にたたずむ
全室スイートの宮殿のようなホテル

ホテル川久

ホテルかわきゅう

白浜 MAP 付録P.15 F-1

南紀白浜の豪華ホテルとして知られ、世界各国の建築家やアーティストにより、独自の世界を極めた夢の城で美術館ホテルとも呼ばれ、アートに包まれた至福の時間が過ごせる。リーズナブルに泊まれるプランもある。

☎0739-42-3322
所白浜町3745　交JR白浜駅から明光バス・三段壁行きで10分、白浜桟橋下車、徒歩5分(白浜駅から無料バスあり、1日5便)
Pあり　in15:00　out10:30　室85室
予算1泊2食付2万6000円～
日帰り入浴13:00～20:00／3000円／不定休

2

3

4

5

1.22.5金の金箔が張りめぐらされたエントランスホールの金箔天井。その広さが2020年世界一に認定された
2.田辺湾を望むロケーションで、贅の限りを尽くして建てられた城のような外観
3.最上級スイートルーム・プレジデンシャルスパスイート。予算は1泊2食付で7万円～
4.紀州の高級食材が出逢う豪快、繊細で美しい晩餐会「王様のビュッフェ」
5.ROYAL SPA。城主の露天風呂は目の前に田辺湾の眺望が広がる

里山の風景のなかに
たたずむ宿

山荘 天の里

さんそう あまのさと

九度山周辺 MAP 付録P.5 D-3

高野山の麓の山里・天野に位置する。3棟のコテージからなり、それぞれに2種のツインルームがある。館内にも紀州の材木を贅沢に使った家具が置かれ、紀州杉の貸切風呂もあり、広々とした客室ではゆったりとくつろげる。

☎0736-26-0753
所かつらぎ町下天野1620
交JR笠田駅から車で20分(笠田駅から無料送迎あり) Pあり
in15:00 out11:00
室8室(全室禁煙)
予算1泊2食付9万5832円～(1室2名)
日帰り入浴なし

1.開放感あふれる優雅な雰囲気が楽しめるレストラン
2.高野山麓の山里にたたずみ、四季の風情を感じさせてくれる
3.フレンチと和食の融合をテーマにした見た目にも美しい料理
4.半露天風呂併設の癒やし空間

秋葉山の懐の高台に建つ
1日2組限定の隠れ宿

あきば何求庵

あきばなんぐうあん

すさみ MAP 付録P.22 C-4

館内はデザイン性の高い和モダンのスタイリッシュな空間で、ジャズが流れるラウンジや個室の食事処など、オーナーのセンスが光る。伊勢エビの街、すさみならではの伊勢エビ料理もおいしいと評判だ。

☎0739-55-3257
所すさみ町周参見5345-1 交JR周参見駅から徒歩5分 Pあり in15:00 out11:00 室2室 予算1泊2食付3万9800円～(季節によって料理が変更するため価格も変動あり) 日帰り入浴なし

1.伊勢エビをはじめ、アワビや地魚、熊野牛など地元の味が楽しめる
2.吹き抜けの梁天井と白竹の壁の数寄屋モダンの部屋「弦」
3.日本の伝統美と和モダンが融合した洗練された落ち着いた空間
4.大きな窓からは、すさみの雄大な海景が眺められる「繭」の部屋

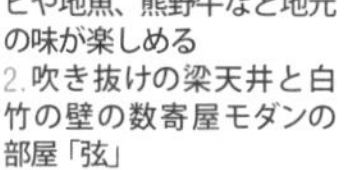

全室オーシャンビューの
デラックスな温泉リゾート

白浜古賀の井リゾート&スパ

しらはまこがのいリゾート＆スパ

白浜 MAP 付録P.15 F-2

小高い丘に広がるリゾートホテル。ビュッフェと会席レストランともに好評で、開放的な露天風呂も人気がある。オープンテラス付きの温水プール や庭一面を彩るイルミネーションなど、優雅な滞在ができる。

☎0739-43-6000
所白浜町3212-1 交JR白浜駅から明光バス・三段壁行きで9分、大浦下車、徒歩5分(白浜駅から無料バスあり、1日5便) Pあり
in15:00 out11:00 室172室
予算1泊2食付1万9050円～
日帰り入浴なし

1.大浴場の露天風呂は、深さが120cmある立ち湯
2.ゆったりとくつろげるスタンダードタイプのツインルーム
3.庭園のプライベートイルミネーションがロマンティックな夜を演出

観光の拠点となる癒やしの宿
ホテルリスト

海沿いの絶景ホテルや、料理自慢の旅館など、魅力あふれる宿泊施設が充実。温泉地が多いエリアなので、日帰り入浴の利用も。

ホテル予約サイトの利用法

予約サイトは多数あるが、まずは掲載施設が多い大手の「じゃらんnet」「楽天トラベル」などで目星を付け、その後ほかのサイトでより魅力的なプランがないか探すのが早道。直接予約限定のプランを提供していることがあるので、ホテルの公式HPもぜひ確認を。高価格帯に絞った「一休.com」や女性向けのプランが多い「オズモール」のような特化型サイトもある。少しでも安い料金を求めるなら、「フォートラベル」「トラベルコ」のような比較サイトで複数サイトを一括検索できる。

中辺路（近露）

民宿ちかつゆ

MAP 付録P.17 E-1

みんしゅくちかつゆ

熊野古道・中辺路の定番宿

日置川の清流に面し、温泉「ひすいの湯」に併設したアットホームな民宿。鮎を使った釜めしも。

☎0739-65-0617 所田辺市中辺路町近露401-12 交JR紀伊田辺駅から龍神バス・本宮大社方面行きで1時間15分、近露王子下車、徒歩3分 Pあり in 15:00 out 10:00 室8室(全室禁煙) 予算1泊2食付1万2000円〜 日帰り入浴なし(要問い合わせ)

湯の峰温泉

あづまや

MAP 付録P.18 A-1

多くの文人に愛された老舗

江戸時代創業の風情あるたたずまいの老舗宿。美熊野牛の温泉しゃぶしゃぶや温泉粥も絶品。

☎0735-42-0012 所田辺市本宮町湯峯122 交JR紀伊田辺駅から龍神バス・本宮大社方面行きで2時間、湯の峰温泉下車すぐ Pあり in 13:00 out 10:00 室22室 予算1泊2食付1万8150円〜(入湯税150円別) 日帰り入浴なし

湯の峰温泉

湯の峯荘

MAP 付録P.18 A-3

ゆのみねそう

上質な温泉が満喫できる

中心街から少し離れた高台に建ち、露天風呂では満天の星が楽しめる。温泉の持ち帰りも可。

☎0735-42-1111 所田辺市本宮町下湯川437 交JR紀伊田辺駅から龍神バス・本宮大社方面行きで1時間45分、下湯峰下車すぐ Pあり in 15:00 out 10:00 室26室 予算1泊2食付1万6650円〜 日帰り入浴12:00〜15:00(宿泊状況によって〜17:00)／1000円／不定休

渡瀬温泉

わたらせ温泉 ホテル ささゆり

MAP 付録P.18 B-3

わたらせおんせん ホテル ささゆり

西日本最大級の露天風呂

渡瀬の自然と開放的な露天風呂で贅沢な時間を楽しめる。吊り橋で結ばれた姉妹館のホテルも。

☎0735-42-1185 所田辺市本宮町渡瀬45-1 交JR紀伊田辺駅から龍神バス・本宮大社方面行きで2時間10分、渡瀬温泉下車、徒歩5分(JR白浜駅から無料送迎あり、要予約) Pあり in 14:00 out 11:00 室30室(全室禁煙) 予算1泊2食付2万4350円〜 日帰り入浴6:00〜22:00／1000円／無休

川湯温泉

山水館 川湯みどりや

MAP 付録P.18 B-4

さんすいかん かわゆみどりや

奥熊野の上質な温泉宿

川面と同じ高さにある露天風呂は開放感たっぷり。客室からは熊野の山々を眺められる。

☎0735-42-1011 所田辺市本宮町川湯13 交JR紀伊田辺駅から龍神バス・本宮大社方面行きで2時間10分、川湯温泉下車、徒歩1分(本宮町内から無料送迎あり) Pあり in 15:00 out 10:00 室90室(禁煙21室) 予算1泊2食付1万2000円〜(税別) 日帰り入浴14:00〜19:00／800円／要問い合わせ

新宮

ホテルニューパレス

MAP 付録P.20 B-1

抜群の立地と大浴場が自慢

新宮市の中心街にあり、観光やビジネスの拠点に最適。大浴場で癒やしの時間を過ごせる。

☎0735-28-1500 所新宮市丹鶴2-2-22 交JR新宮駅から徒歩7分 Pあり in 15:00 out 10:00 室93室(禁煙76室) 予算シングル1万340円〜(1泊朝食付)、ツイン1万8480円〜(1泊朝食付) 日帰り入浴16:30〜23:00／600円／無休

熊野

里創人 熊野倶楽部

MAP 付録P.26 A-4

リゾートくまのくらぶ

熊野を五感で楽しむ宿

「美食・宿泊・体験」をコンセプトに、多彩なイベントを通じて熊野を体感できるリゾート施設。

☎0597-88-2045 所熊野市久生屋町1430 交JR熊野市駅から車で15分(熊野市駅から無料送迎あり、要予約) Pあり in 15:00 out 11:00 室40室(全室禁煙) 予算1泊2食付3万6900円〜 日帰り入浴13:00〜14:30(ランチとのセットのみ)／ランチ1800円〜

龍神温泉

季楽里龍神

MAP 付録P.16 A-1

きらりりゅうじん

地産にこだわる公共宿泊施設

龍神材の香りが大浴場や館内に漂い、ビュッフェスタイルの食事には地元の味が豊富に並ぶ。

☎0739-79-0331 所田辺市龍神村龍神189 交JR紀伊田辺駅から龍神バス・龍神温泉方面行きで1時間20分、季楽里龍神下車すぐ Pあり in15:00 out10:00 室41室(全室禁煙) 予算1泊2食付1万6100円〜 日帰り入浴11:00〜15:00／800円／年に数日休館日あり

那智勝浦

ホテルなぎさや

MAP 付録P.21 D-4

入り江に建つ温泉リゾート

宮様の元別邸跡地に建ち、豊富な湯量が自慢の温泉が入り江の絶景とともに楽しめる。

☎0735-52-0015 所那智勝浦町湯川955-1 交JR紀伊勝浦駅から車で5分(紀伊勝浦駅から無料送迎バスあり) Pあり in15:00 out10:00 室85室(全室禁煙) 予算1泊2食付1万4450円〜 日帰り入浴16:00〜21:00／1100円／不定休

龍神温泉

上御殿

MAP 付録P.16 C-1

かみごてん

800年以上続く由緒ある宿

紀州藩主・徳川頼宣(とくがわよりのぶ)公の命により建築。国の有形文化財に登録された宿で上質な温泉に浸かる。

☎0739-79-0005 所田辺市龍神村龍神42 交JR紀伊田辺駅から龍神バス・龍神温泉方面行きで1時間15分、龍神温泉下車、徒歩1分 Pあり in14:30 out10:00 室10室 予算1泊2食付1万7750円〜(入湯税150円含む) 日帰り入浴なし

龍神温泉

下御殿

MAP 付録P.16 C-1

しもごてん

日本三美人の湯を堪能

隣接する日高川のせせらぎに癒やされる。山の幸、川の幸を使った会席料理も評判。

☎0739-79-0007 所田辺市龍神村龍神38 交JR紀伊田辺駅から龍神バス・龍神温泉方面行きで1時間15分、龍神温泉下車、徒歩2分 Pあり in15:00 out10:00 室17室 予算1泊2食付1万8700円〜(別途入湯税150円) 日帰り入浴12:00〜14:30／1200円／不定休

尾鷲

ホテル ビオラ

MAP 付録P.27 F-1

尾鷲港近くのビジネスホテル

ビジネスはもちろん、熊野古道巡りや釣りなど、東紀州ならではの贅沢をお届け。

☎0597-22-1110 所尾鷲市北浦町1-4 交JR尾鷲駅から徒歩15分 Pあり in15:00 out10:00 室43室(全室禁煙) 予算シングル6900円〜、ツイン1万2500円〜 ※朝食別途900円 日帰り入浴なし

和歌山

ダイワロイネットホテル和歌山

MAP 付録P.6 B-1

ダイワロイネットホテルわかやま

和歌山城の目の前に位置

レストラン、大小宴会場、会議室、チャペルを備え、多様なサービスを提供するホテル。

☎073-435-0055 所和歌山市七番丁26-1 交JR和歌山駅から和歌山バス・和歌山城前経由和歌山市駅行きで10分、和歌山城前下車すぐ Pあり(有料) in14:00 out11:00 室221室(禁煙146室) 予算シングル1万5000円〜(1泊2食付)、ツイン2万2500円〜(1泊2食付) 日帰り入浴なし

※2024年1月4日〜4月10日まで改装工事

和歌山

ドーミーイン PREMIUM 和歌山

MAP 付録P.6 C-1

ドーミーイン プレミアム わかやま

天然温泉を備える駅前ホテル

清潔感あるホテルで、ご当地メニューが揃う朝食を提供。夜鳴きそばの無料サービスも好評。

☎073-402-5489 所和歌山市美園町3-36 交JR和歌山駅から徒歩5分 Pあり(有料) in15:00 out11:00 室141室 予算シングル7500円〜、ツイン1万1000円〜 日帰り入浴なし

和歌山

萬波 MANPA RESORT

MAP 付録P.4 B-3

まんぱ マンパ リゾート

和歌浦湾断崖に建つホテル

自慢の露天風呂は泉質、眺望ともに評判が高い。客室はモダンなテイストで統一されている。

☎073-444-1161 所和歌山市新和歌浦2-10 交JR和歌山駅から車で30分(JR和歌山駅、南海・和歌山市駅から無料送迎あり、要予約) Pあり in15:00 out10:00 室36室(禁煙24室) 予算1泊2食付1万8000円〜 日帰り入浴11:00〜15:00(最終受付)／1400円(税別)／不定休

白浜

白良荘グランドホテル

MAP 付録P.15 D-1

しららそうグランドホテル

白良浜の眺望を楽しむ

白良浜の目の前に建ち、砂浜までは徒歩30秒。白良浜に一番近い露天風呂からの眺めは抜群。

☎0739-43-0100 所白浜町868 交JR白浜駅から明光バス・三段壁行きで13分、白浜バスセンター下車すぐ Pあり in15:00 out10:00 室110室 予算1泊2食付1万5750円〜 日帰り入浴15:00〜21:00／1100円／無休(繁忙期は利用不可)

白浜

オーベルジュ サウステラス

MAP 付録P.15 E-3

太平洋を望むオーベルジュ

海や山の幸に恵まれた地元の食材を基本とした料理と、源泉かけ流しの温泉が自慢。

☎0739-42-4555 所白浜町2998-10 交JR白浜駅から明光バス・三段壁行きで18分、新湯崎下車、徒歩5分 Pあり in15:00 out12:00 室10室(禁煙8室) 予算1泊2食付2万8750円～ 日帰り入浴17:30～21:30(レストラン利用の場合のみ可)／500円／火・水曜

白浜

紀州汐彩の宿 月崎

きしゅうしおさいのやど つきざき

MAP 付録P.15 F-1

1日4組のプライベート空間

贅沢にも全室に源泉かけ流し温泉が付き、日頃の疲れを忘れることができる癒やしの宿。

☎0739-34-2713 所白浜町3745-40 交JR白浜駅から明光バス・三段壁行きで10分、白浜桟橋下車、徒歩5分 Pあり in15:00 out10:00 室4室(全室禁煙) 予算1泊朝食付1万2000円～ 日帰り入浴なし

白浜

ホテル三楽荘

ホテルさんらくそう

MAP 付録P.15 D-2

露天風呂付き客室が充実の宿

白良浜に面した全室オーシャンビューの宿。8・9階にある露天風呂付き客室からの眺めは格別。

☎0739-43-1111 所白浜町3078 交JR白浜駅から明光バス・三段壁行きで16分、走り湯下車すぐ Pあり in15:00 out10:00 室79室(全館禁煙) 予算1泊2食付1万5950円～(入湯税別) 日帰り入浴なし

すさみ

ホテル ベルヴェデーレ

MAP 付録P.22 B-3

地中海風露天風呂が評判

高台に建ち、枯木灘海岸を眼下に抜群の眺望と南国の草花に囲まれたリゾートホテル。

☎0739-55-3630 所すさみ町周参見4857-3 交JR周参見駅から車で5分(周参見駅から無料送迎あり) Pあり in15:00 out11:00 室37室(全室禁煙) 予算1泊2食付1万5400円～(別途入湯税150円) 日帰り入浴15:00～19:30／1000円／不定休

田辺

ホテルハーヴェスト南紀田辺

ホテルハーヴェストなんきたなべ

MAP 付録P.12 C-3

施設充実のシーサイドリゾート

プールやテニスコートなどを備えた複合リゾート。太平洋を一望して食べる多彩な料理も評判。

☎0739-25-6106 所田辺市新庄町2901-1 交JR紀伊田辺駅から無料シャトルバスで20分(1日4便、要予約) Pあり in15:00 out11:00 室180室(禁煙156室) 予算1泊2食付1万4900円～ 日帰り入浴なし

田辺

アルティエホテル紀伊田辺

アルティエホテルきいたなべ

MAP 付録P.13 E-4

繁華街に近い便利な立地

全室にバルコニーが備わったマンションタイプの客室で開放感抜群。無料のモーニングも好評。

☎0739-81-1111 所田辺市下屋敷1-77 交JR紀伊田辺駅から徒歩5分 Pあり in16:00 out10:00 室49室(禁煙29室) 予算シングル7000円～、ツイン1万5000円～ 日帰り入浴なし

みなべ

HOTEL & RESORTS WAKAYAMA MINABE

ホテル & リゾーツ ワカヤマ ミナベ

MAP 付録P.14 A-2

家族で楽しめる大型ホテル

多彩な宿泊プランと充実した施設が自慢のホテル。紀州特産備長炭を贅沢に使った黒湯もある。

☎0739-72-5500 所みなべ町山内348 交JR南部駅から車で10分(南部駅から無料送迎あり、要予約) Pあり in15:00 out10:30 室325室(全室禁煙) 予算1泊2食付1万3000円～ 日帰り入浴なし

※2024年4月よりリブランド予定

太地

HOTEL HOLISTIC RESORT

ホテル ホリスティック リゾート

MAP 付録P.22 C-2

日本初の統合医療ホテル

吉野熊野国立公園内にあり、大自然を満喫できる。健康チェックや断食を行うプランも用意。

☎0735-59-6300 所太地町1426 交JR太地駅から町営じゅんかんバスで20分、梶取崎下車すぐ(太地駅、紀伊勝浦駅から無料送迎あり) Pあり in15:00 out11:00 室17室(全室禁煙) 予算1泊2食付1万9400円～ 日帰り入浴17:00～21:00／1200円／メンテナンス休あり

伊勢

神宮会館

じんぐうかいかん

MAP 付録P.25 E-3

職員解説の早朝参拝も実施

内宮から徒歩5分の場所に建つ参宮の宿。毎朝開催の早朝参拝は6時30分からで所要約1時間40分。

☎0596-22-0001 所伊勢市宇治中之切町152 交JR／近鉄・伊勢市駅／近鉄・宇治山田駅から三重交通バス・内宮行きで17分、神宮会館前下車すぐ Pあり in15:00 out10:00 室52室 予算1泊2食付1万1550円～ 日帰り入浴なし

伊勢

いにしえの宿 伊久

いにしえのやど いきゅう

MAP 付録P.25 F-4

神宮の杜を望む好立地の宿

全室露天風呂付の客室は森林浴も同時に楽しめ、松阪牛などを使った料理も好評。

☎0596-20-3777 所伊勢市宇治館町岩井田山679-2 交近鉄・五十鈴川駅から車で8分(五十鈴川駅から無料送迎あり、1日4便、要予約) Pあり in15:00 out11:00 室58室(全室禁煙) 予算1泊2食付2万8500円～ 日帰り入浴なし

アクセスと交通

南紀の見どころは、広範囲にわたるので、複数のエリアやスポットを巡りたいなら、事前に交通事情を確認して、無理のない旅を心がけたい。海沿いや山中を走る鉄道やバスからの眺めも楽しみだ。

効率の良い移動で、旅をもっと快適に

旅の目的が決まったら、決めておきたいエリアへの入口

南紀へのアクセス

東京からの飛行機の直行便以外は、名古屋か大阪を経由して各エリアに向かうケースが多い。行きたい場所までの乗り継ぎの列車やバスの時間と本数は確認しておきたい。

飛行機でのアクセス

まず名古屋か大阪へ向かう場合がほとんど

● 白浜への直行便を利用

南紀白浜空港が南紀にある唯一の空港で、東京からのみ便が出ている。空港からは、白浜の中心街を経由し、白浜駅へ向かうバスや、熊野本宮大社経由新宮駅行きのバスを利用。

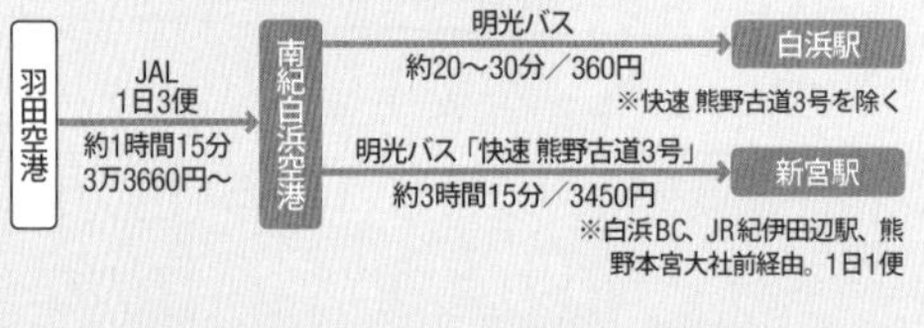

● 名古屋、大阪まで飛行機を利用

南紀各エリアに向かう鉄道やバスが発着する名古屋駅、新大阪駅、難波(なんば)駅などへ各空港から移動するケースが多い。関西国際空港からはJR、バス、南海電鉄の途中駅で乗り換えて、高野山や白浜、新宮などへ向かう。

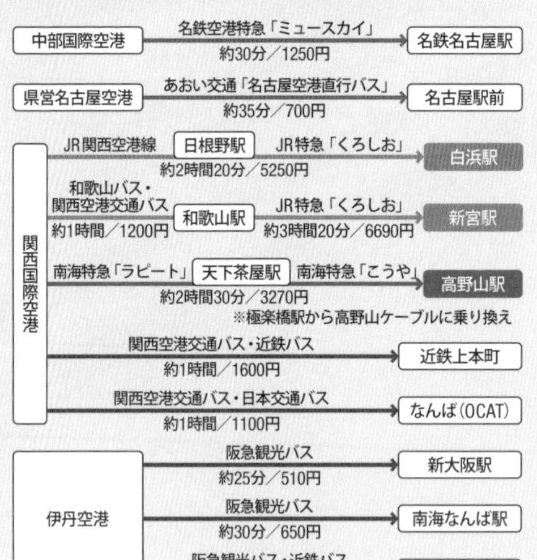

鉄道でのアクセス

目的地に向かうための利用路線をチェック

● 名古屋からのアクセス

名古屋駅から乗り換えなしで向かうほか、新大阪駅か難波(なんば)駅を経由して向かう方法がある。

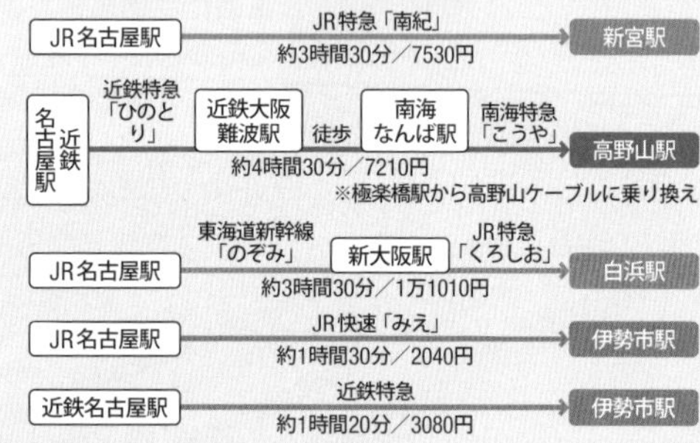

● 大阪からのアクセス

新大阪駅、難波(なんば)駅、大阪上本町駅から出ている鉄道を利用して向かう。

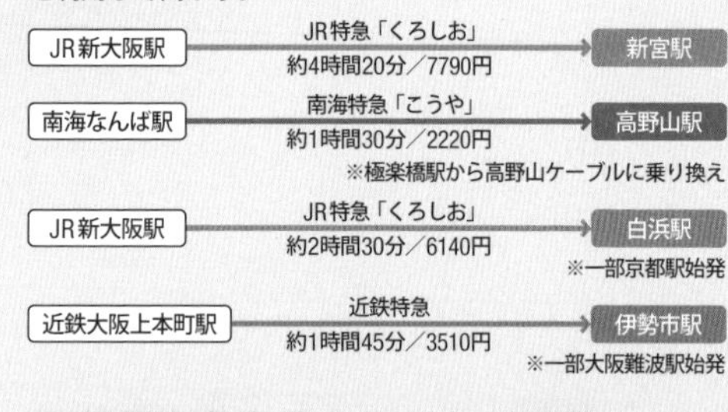

● 紀伊半島を通るJR特急が便利

海沿いにある主要エリアを結ぶので、エリア間移動に利用したい交通手段だ。新大阪駅発の特急くろしお(写真上)は、和歌山、田辺、白浜、すさみ、串本、太地などを経由し、終点の新宮までを結ぶ(半数は白浜止まり)。名古屋駅発の特急南紀(写真下)は、尾鷲、熊野市、新宮などを経由して紀伊勝浦駅まで向かう。

移動時間も楽しめる観光列車

自然豊かな南紀へ向かう際には、観光列車の利用もおすすめだ。快適に過ごせる車内で、移動時間も心ときめくひとときに。運行本数は限られるので、早めの予約を。

こうや花鉄道「天空」

高野山へ向かう南海高野線橋本駅～極楽橋駅を走る観光列車。3～11月は水・木曜を除く毎日運行(水・木曜が休日の場合は運行)、12～2月は土・日曜、休日、年末年始のみ運行。運賃のほかに座席指定料金520円が必要。所要時間約40分で、乗車希望日の10日前～前日までに要電話予約。☎0120-151519(9:00～17:00)

近鉄観光特急「しまかぜ」

大阪難波駅、京都駅、近鉄名古屋駅の各駅から賢島駅まで1日1往復運行する観光特急(運行区間ごとに運休日あり)。展望車両をはじめ席種が豊富。普通運賃・特急料金に加え、しまかぜ特別車両料金が必要。

写真提供:
近畿日本鉄道株式会社

便利なきっぷをチェック

●高野山・世界遺産デジタルきっぷ(南海電鉄)

なんば駅、和歌山市駅、関西空港駅など南海電鉄主要駅から高野山駅までの電車割引往復乗車券に、南海りんかんバスの高野山内路線の2日間フリー乗車券や拝観料の割引券などがセットになったきっぷ。南海HPから購入可能。

●南紀・熊野古道フリーきっぷ(JR)

特急南紀の往復普通車指定席に加え、指定区間内のJR紀勢本線(特急は自由席)と指定路線バスが乗降自由で、中辺路コースと伊勢路コースがある。有効期間は3日間。名古屋市内発の中辺路コースで9970円。

●レール&レンタカーきっぷ(JR)

目的のエリアの起点となる駅までの移動はJRを、到着後は駅レンタカーを利用することで、JRの乗車券や特急券が割引になり、レンタカーもお得に利用できる。

※各きっぷの利用条件や手続の詳細については以下のHPを参照。
南海電鉄おトクなきっぷ www.nankai.co.jp/traffic/otoku
JR東海お得なきっぷ railway.jr-central.co.jp/tickets/
JR駅レンタカー www.ekiren.co.jp/

バスでのアクセス

費用を抑えたい場合に適した手段

関西方面から昼行便が出ている。東京からの夜行便を利用すれば、人が少ない早朝から観光できる。

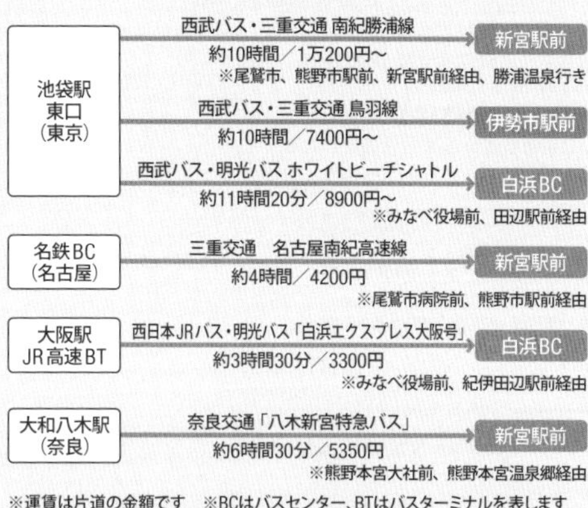

車でのアクセス

多様なルートのなかから最善のものを

名古屋からは紀勢自動車道から国道42号を利用。大阪から高野山へ向かう場合は、橋本市またはかつらぎ町を経由。

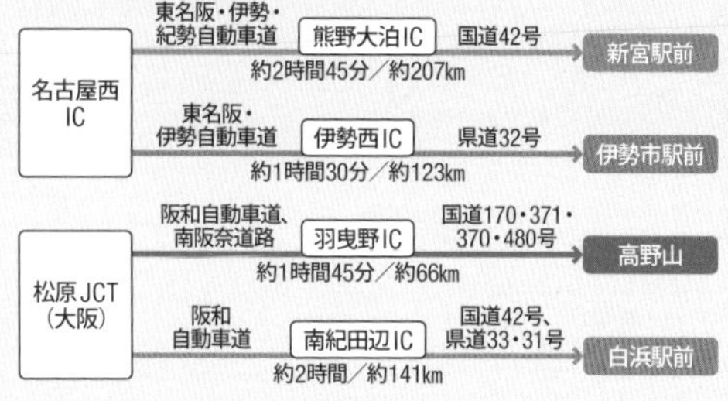

問い合わせ先

JAL(日本航空)………☎0570-025-071
JR西日本お客様センター…☎0570-00-2486
JR東海テレフォンセンター…☎050-3772-3910
南海テレホンセンター…☎06-6643-1005
近鉄電車テレフォンセンター………☎050-3536-3957
名鉄お客さまセンター…☎052-582-5151
明光バス 白浜営業所…☎0739-42-3378
あおい交通 野口営業所…☎0568-79-6464
和歌山バス 和歌山営業所…☎073-445-3131
関西空港交通………☎072-461-1374
阪急観光バス………☎06-6844-1124
近鉄バス 乗合営業課…☎06-6618-5301
日本交通(大阪)………☎06-6576-1181
西武バス案内センター…☎0570-025-258
三交予約センター………☎059-229-5555
西日本JRバス 電話予約センター………☎0570-00-2424
明光バス電話予約センター…☎0739-33-7001
奈良交通 お客様サービスセンター………☎0742-20-3100
日本道路交通情報センター
(和歌山情報)………☎050-3369-6630
(三重情報)………☎050-3369-6624

※飛行機は2023年11月の料金、鉄道は通常期に指定席を利用した場合の料金です。

乗り継ぎ時間や滞在時間に余裕をもって計画を

南紀エリア間の移動

和歌山～高野山
鉄道 約2時間10分
JR和歌山線、南海高野線、高野山ケーブルを利用
車 約1時間15分／56km
京奈和自動車道、県道125号、国道480号経由

九度山～高野山
鉄道 約40分
南海高野線、高野山ケーブルを利用
車 約40分／22km
国道370・480号経由

田辺～龍神温泉
バス 約1時間25分
龍神バスを利用
車 約1時間／45km
県道29号、国道425号・371号経由

龍神温泉～熊野本宮
バス 約2時間
龍神バス（世界遺産「高野山・熊野」聖地巡礼バス）を利用（期間限定の運行）
車 約1時間20分／66km
国道371号、県道198号、国道311号経由

高野山～龍神温泉
バス 約2時間～2時間30分
南海りんかいバス、龍神バスを利用（期間限定の運行）
車 約1時間10分／52km
国道371号経由

田辺～熊野古道（近露王子）
バス 約1時間15分
龍神バス／明光バスを利用
車 約50分／35km
県道35号、国道311号経由

熊野古道（近露王子）～熊野本宮
バス 約30分～1時間
龍神バス／明光バスを利用
車 約30分／23km
国道311号経由

和歌山～九度山
鉄道 約1時間30分
JR和歌山線、南海高野線を利用
車 約50分／43km
阪和自動車道、京奈和自動車道経由

和歌山～白浜
鉄道 約1時間25分
JR特急「くろしお」を利用
車 約1時間20分／84km
阪和自動車道、国道42号、県道33・31号経由

みなべ～田辺
鉄道 約5分
JR特急「くろしお」を利用
バス 約20分
龍神バスを利用
車 約20分／10km
国道42号経由

田辺～白浜
鉄道 約10分
JR特急「くろしお」を利用
バス 約25分
明光バスを利用
車 約20分／9km
県道31・33号経由

白浜～すさみ
鉄道 約20分
JR特急「くろしお」を利用
車 約30分／22km
紀勢自動車道、国道42号経由

すさみ～串本
鉄道 約30分
JR特急「くろしお」を利用
車 約50分／37km
国道42号経由

串本～太地
鉄道 約25分
JR特急「くろしお」を利用
車 約30分／23km
国道42号経由

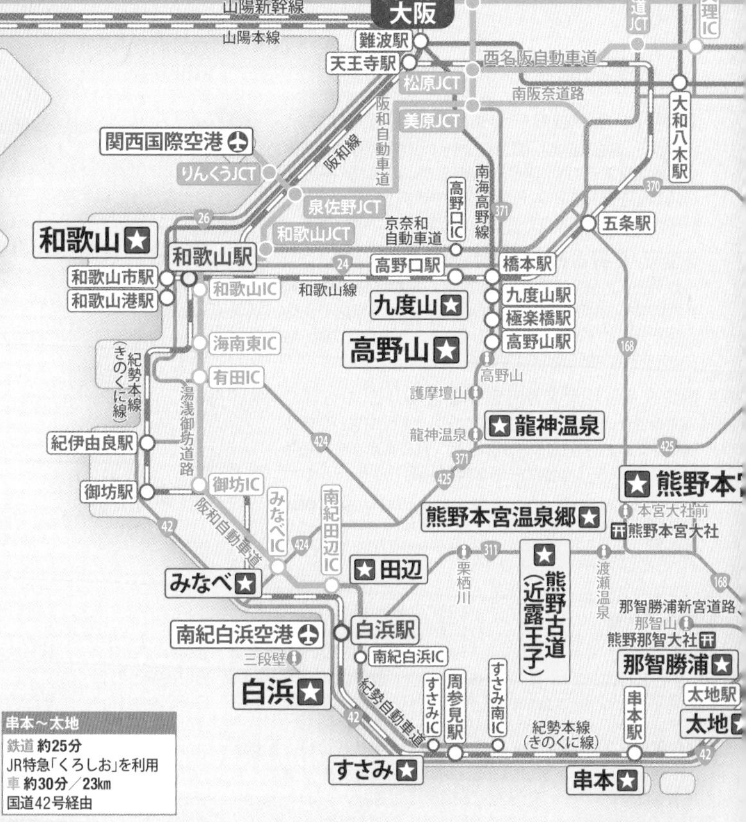

鉄道は紀伊山地を囲むように走るJR紀勢本線がメインとなり、山間部へは路線バスを利用する。車移動も便利だが、高速道路はすさみ南ICまでとなり、幹線道路の国道42号は混雑することも多い。鉄道で観光拠点駅まで向かい、そこからレンタカーを利用するのもおすすめだ。

田辺～熊野本宮
バス 約1時間35分～2時間20分
龍神バス／明光バスを利用
車 約1時間15分／56km
県道35号、国道311号経由
熊野本宮～新宮
バス
約1時間～1時間20分
熊野御坊南海バス／奈良交通バス／明光バスを利用
車 約45分／35km
国道168号経由
和歌山～伊勢神宮
鉄道 約2時間50分
JR特急「くろしお」、JR大阪環状線、近鉄特急を利用
車 約3時間／234km
阪和自動車道、西名阪自動車道、名阪国道、伊勢自動車道、県道32号経由
高野山～伊勢神宮
鉄道 約4時間
高野山ケーブル、南海高野線、JR和歌山線、近鉄特急を利用
車 約3時間30分／167km
国道480号、京奈和自動車道、国道370号・169号、県道16号、国道166号、伊勢自動車道、県道32号経由
熊野本宮～熊野本宮温泉郷
バス 約10～20分
熊野御坊南海バス／奈良交通バス／龍神バスを利用
車 約5～10分／4～7km
国道168・311号経由
東海道新幹線
名古屋
東海道本線
近鉄名古屋線
東名阪自動車道
関西本線
四日市JCT
亀山西JCT
亀山JCT
名神高速道路
新名神高速道路
伊勢湾岸自動車道
草津JCT
名阪国道
伊勢関IC
津IC
近鉄名古屋線
近鉄大阪線
伊勢自動車道
松阪駅
近鉄山田線
伊勢市駅
参宮線
鳥羽駅
多気駅
伊勢自動車道
伊勢神宮
伊勢西IC
伊勢IC
鳥羽IC
勢和多気JCT
紀伊長島IC
紀勢本線
賢島駅
伊勢神宮～新宮
鉄道 約2時間50分
JR参宮線、JR特急「南紀」を利用
車 約2時間10分／127km
伊勢自動車道、紀勢自動車道、国道42号経由
紀勢自動車道
尾鷲
尾鷲北IC
尾鷲駅
尾鷲南IC
熊野尾鷲道路
熊野
熊野大泊IC
熊野市駅
新宮駅
新宮
新宮南IC
那智勝浦駅
熊野～尾鷲
鉄道 約30分
JR特急「南紀」を利用
車 約30分／26km
熊野尾鷲道路経由
那智勝浦～新宮
鉄道 約20分
JR特急「くろしお」／「南紀」を利用
バス 約35分
熊野御坊南海バスを利用
車 約25分／17km
那智勝浦新宮道路経由
新宮～熊野
鉄道 約20分
JR特急「南紀」を利用
車 約35分／23km
国道42号経由
熊野本宮～熊野
車 約1時間／48km
国道168・311号経由
白浜～新宮
鉄道 約1時間50分
JR特急「くろしお」を利用
車 約1時間45分／86km
国道311・168号経由
太地～那智勝浦
鉄道 約5分
JR紀勢本線を利用
車 約10分／6km
国道42号経由
南紀巡りに便利なバス
●世界遺産「高野山・熊野」聖地巡礼バス
高野山と龍神温泉、熊野本宮大社を結び、運行は4～7月中旬・9～11月末で、1日1往復(途中、護摩壇山で乗り換えが必要)。高野山～熊野本宮大社の乗車で約4時間40分5000円(要予約)。
●世界遺産熊野三山めぐり
熊野三山を一日でまわる定期観光バス。紀伊勝浦駅からの出発便は完全予約制で、所要約6時間40分で7600円。記念品などの特典が付く。
※各バスの利用条件や期間、手続きの詳細については以下のHPを参照。
世界遺産「高野山・熊野」聖地巡礼バス
ryujinbus.com/seichijyunrei/
熊野御坊南海バス
kumanogobobus.nankai-nanki.jp/

公共交通機関やレンタカーなどを上手に組み合わせて巡りたい

南紀エリア内の交通

広範囲に見どころが点在する南紀エリアでは、エリア間やエリア内の移動の計画も重要なポイント。電車もバスも運行本数は少ないので、事前の確認を忘れずに。

熊野三山・熊野古道

熊野古道ウォークには路線バスが便利

熊野三山・熊野古道のバス路線図

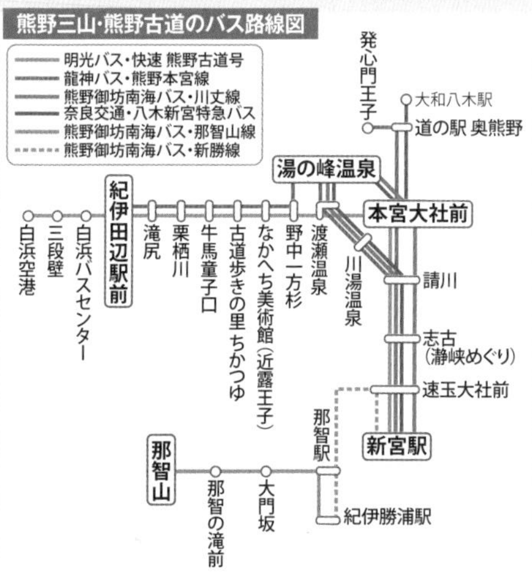

龍神バス・熊野本宮線 **明光バス・快速 熊野古道号**

龍神バス・熊野本宮線は、紀伊田辺駅から熊野本宮大社を結ぶ路線バス。本宮大社までは約2時間20分2100円。観光バス仕様の車両で運行する「快速 熊野古道号」は1日2便。普通運賃と同額で、本宮大社まで約1時間35分でアクセス可能。

熊野御坊南海バス・川丈線 **奈良交通・八木新宮特急バス**

新宮駅から熊野本宮温泉郷を経由(一部の熊野御坊南海バスを除く)し、熊野本宮大社を結ぶ路線バス。熊野本宮大社までは約1時間20分1560円。

熊野御坊南海バス・那智山線 **熊野御坊南海バス・新勝線**

那智山線は熊野那智大社へ向かう場合に利用。JR紀伊勝浦駅から那智山麓の大門坂まで約20分480円。新勝線は紀伊勝浦駅と新宮駅を結び、速玉大社～那智大社の移動に便利。

JR紀勢本線

熊野三山へ向かう起点となる紀伊田辺駅、紀伊勝浦駅、新宮駅を結んでいる路線。新宮駅から紀伊田辺駅まで、特急「くろしお」を利用し約2時間4370円。

高野山・龍神・和歌山

滞在目的や期間によって乗車券を選択

南海りんかんバス・高野山内路線バス

高野山駅前から南海りんかんバス専用道路を通り、高野山内の各所を結ぶ路線で、奥の院前行きと大門南駐車場行きがある。奥の院前までは約20分510円、大門までは約16分470円。高野龍神線は高野山から熊野本宮大社を結ぶ、世界遺産「高野山・熊野」聖地巡礼バス(P.171)の一部にあたる。

高野山のバス路線図

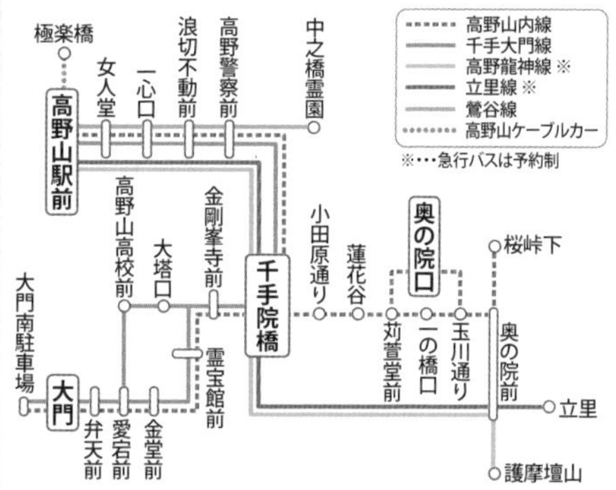

龍神バス・龍神線

紀伊田辺駅から龍神温泉へのアクセスに利用。龍神温泉までは約1時間25分1700円。

和歌山バス

JR和歌山駅や南海和歌山市駅を起点に、和歌山城や和歌浦、和歌山マリーナシティなどに向かう便が出ている。

JR和歌山線

和歌山駅から高野山エリアへ向かう場合に利用。橋本駅で南海高野線に乗り換える。橋本駅まで約1時間860円。

南海電鉄高野線 **高野山ケーブルカー**

なんば駅から極楽橋駅を経由し高野山駅までを結ぶ。橋本駅～極楽橋駅では、こうや花鉄道「天空」(P.169)が運行。

白浜･すさみ･田辺･みなべ･串本･太地

JRと各駅から発着するバスを利用する

明光バス

白浜駅を起点にアドベンチャーワールド、白良浜、円月島など白浜エリアの主要な観光スポットを結び、白浜空港へのアクセスも可能。白浜駅から三段壁まで最短で約20分480円。紀伊田辺駅に向かうバスも運行している。バスの本数が比較的少ない臨海（円月島）バス停は、白浜バスセンターから徒歩15分の位置にある。

白浜のバス路線図

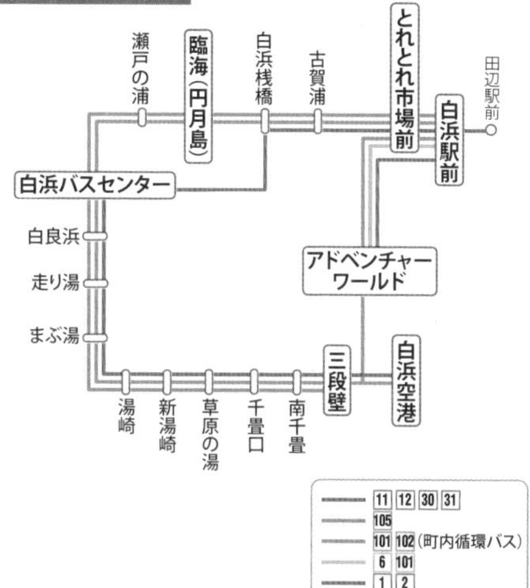

龍神バス・みなべ線

紀伊田辺駅とみなべエリアを結ぶ路線で、南部駅まで約20分510円。季節限定で南部駅から南部梅林へ向かう便もある。

串本コミュニティバス

串本駅を起点として、橋杭岩、潮岬、樫野埼灯台など各方面へ運行している路線バス。一部、停留所以外で自由に乗降できるフリー乗降区間を設けている。1乗車200円。

太地町営じゅんかんバス

太地駅を出発し、くじら浜公園や梶取崎など太地町各所をじゅんかんしている路線バスで、1時間に1～2本の運行。自由乗降バスの運行も開始された（一部区間を除く）。

JR紀勢本線

白浜駅、周参見駅、紀伊田辺駅、南部駅、串本駅、太地駅の行き来ができる。紀伊田辺駅から太地駅まで、特急「くろしお」を利用し約1時間30分3250円。

観光に便利なフリー乗車券

①高野山内1日フリー乗車券（高野山）
価格：1100円　有効期限：1日（発売日当日のみ）
乗り放題範囲：南海りんかんバス・高野山内路線の指定区間（立里線、高野龍神線、ほか季節限定路線・高速路線を除く）
発売場所：高野山駅前バス営業所窓口のみ

②熊野御坊南海バス悠遊フリー乗車券（熊野三山）
価格：3000円（1日乗車券）、3500円（2日乗車券）、4000円（3日乗車券）
有効期限：1日（2日乗車券は2日、3日乗車券は3日）
乗り放題範囲：那智山線、川丈線、新勝線など熊野御坊南海バスの指定区間（定期観光バスを除く）
発売場所：新宮駅、紀伊勝浦駅など

③とくとくフリー乗車券（白浜）
価格：1100円（1日乗車券）、1600円（2日乗車券）、1900円（3日乗車券）
有効期限：1日（2日乗車券は2日、3日乗車券は3日）
乗り放題範囲：白浜駅～紀伊田辺駅を除く左記路線図
発売場所：明光バス白浜駅前案内所、バス車内、白浜空港1階、三段壁バス停前など

④全線フリー1日乗車券（和歌山）
価格：1000円　有効期限：1日
乗り放題範囲：和歌山バス全線（高速バス、リムジンバス、各コミュニティバス受託線を除く）
発売場所：JR和歌山駅前、南海和歌山市駅前など（デジタル券あり）

問い合わせ先

- **JR東海テレフォンセンター**……☎050-3772-3910
- **JR西日本お客様センター**……☎0570-00-2486
- **南海テレホンセンター**……☎06-6643-1005
- **南海りんかんバス 高野山営業所**……☎0736-56-2250
- **明光バス 白浜営業所**……☎0739-42-3378
- **熊野御坊南海バス**……☎0735-22-5101
- **奈良交通 お客様サービスセンター**……☎0742-20-3100
- **龍神自動車**……☎0739-22-2100
- **和歌山バス 和歌山営業所**……☎073-445-3131
- **太地町役場総務課**……☎0735-59-2335
- **串本町役場企画課**……☎0735-62-0556

レンタカーを利用するなら

レンタカー会社名	予約センター
ニッポンレンタカー	☎0800-500-0919
駅レンタカー	Web予約のみ
日産レンタカー	☎0120-00-4123
トヨタレンタカー	☎0800-7000-111
オリックスレンタカー	☎0120-30-5543

伊勢神宮の交通は➡P.143

INDEX

熊野三山・熊野古道

歩く・観る

食べる

買う

泊まる

高野山・龍神・和歌山

歩く・観る

食べる

買う

泊まる

白浜・すさみ・田辺・みなべ

歩く・観る

食べる

買う

泊まる

伊勢神宮

STAFF

編集制作 Editors
(株)K&Bパブリッシャーズ

取材・執筆 Writers
地球デザイン(篠原史紀　篠原由美)
Logosviral(近藤大介　長岡真衣)
50'sNETWORKS(森千秋)
市川さつき

撮影 Photographers
地球デザイン(篠原史紀)
Logosviral(近藤大介)
江崎浩司
風光一宇

執筆協力 Writers
内野究　好地理恵　成沢拓司　遠藤優子

編集協力 Editors
(株)ジェオ

本文・表紙デザイン Cover & Editorial Design
(株)K&Bパブリッシャーズ

表紙写真 Cover Photo
PIXTA

地図制作 Maps
トラベラ・ドットネット(株)
DIG.Factory

写真協力 Photographs
熊野本宮観光協会
関係各市町村観光課・観光協会
関係諸施設
PIXTA

総合プロデューサー Total Producer
河村季里

TAC出版担当 Producer
君塚太

TAC出版海外版権担当 Copyright Export
野崎博和

エグゼクティヴ・プロデューサー
Executive Producer
猪野樹

おとな旅(たび) プレミアム
南紀(なんき)・熊野古道(くまのこどう) 白浜(しらはま)・高野山(こうやさん)・伊勢神宮(いせじんぐう)
第4版

2024年2月5日　初版　第1刷発行

著　　者　TAC出版編集部(しゅっぱんへんしゅうぶ)
発 行 者　多 田 敏 男
発 行 所　TAC株式会社　出版事業部
(TAC出版)
〒101-8383 東京都千代田区神田三崎町3-2-18
電話　03(5276)9492(営業)
FAX　03(5276)9674
https://shuppan.tac-school.co.jp

印　　刷　株式会社　光邦
製　　本　東京美術紙工協業組合

ISBN 978-4-300-10983-0
N.D.C.291

本書に掲載した地図の作成に当たっては, 国土地理院発行の数値地図(国土基本情報)電子国土基本図(地図情報), 数値地図(国土基本情報)電子国土基本図(地名情報)及び数値地図(国土基本情報20万)を調整しました。